POÉTIQUE

ou

INTRODUCTION A L'ESTHÉTIQUE.

I.

Paris. — Imprimerie de Ad. Lainé et J. Havard, rue des Saints-Pères, 19.

POÉTIQUE

OU

INTRODUCTION A L'ESTHÉTIQUE

PAR

JEAN-PAUL FR. RICHTER

TRADUITE DE L'ALLEMAND
PRÉCÉDÉE D'UN ESSAI SUR JEAN-PAUL ET SA POÉTIQUE
SUIVIE DE NOTES ET DE COMMENTAIRES

PAR ALEXANDRE BÜCHNER ET LÉON DUMONT

TOME PREMIER.

PARIS

AUGUSTE DURAND, LIBRAIRE-ÉDITEUR
Rue des Grès-Sorbonne, 7.

1862

TABLE DES MATIÈRES

DU TOME PREMIER.

	Pages
Jean-Paul et sa Poétique, par les traducteurs.......	1
Préface de la première édition..................	95
Préface de la seconde édition..................	107

CHAPITRE PREMIER.

DE LA POÉSIE EN GÉNÉRAL.

§ 1. — Ses définitions........................ 113
§ 2. — Nihilistes poétiques. Négligence de l'étude de la nature............................... 115
§ 3. — Matérialistes poétiques. Reproduction servile de la nature. Son imitation est quelque chose de plus élevé que sa répétition................ 122
§ 4. — Détermination plus précise de ce qu'il faut entendre par imitation belle de la nature. Définitions de la beauté...................... 133
§ 5. — Emploi du merveilleux................... 139

CHAPITRE II.

GRADATION DES FACULTÉS POÉTIQUES.

§ 6. — De l'imagination reproductrice............. 145
§ 7. — Imagination productrice ou fantaisie......... 145

§ 8. — Degrés de l'imagination productrice. — Le premier : conception................................ 149
§ 9. — Le second : le talent........................ 150
§ 10. — Le troisième : génies passifs................ 153

CHAPITRE III.

DU GÉNIE.

§ 11. — Multiplicité de ses facultés.................. 162
§ 12. — La réflexion. Réflexion du génie et réflexion vicieuse.. 164
§ 13. — L'instinct de l'homme...................... 170
§ 14. — Instinct ou matière du génie. Des vues nouvelles sur le monde sont la marque du génie.. 175
§ 15. — L'idéal du génie............................ 181

CHAPITRE IV.

DE LA POÉSIE GRECQUE OU PLASTIQUE.

§ 16. — Les Grecs. Leur caractère esthétique........ 185
§ 17. — Les quatre qualités principales de la poésie grecque. La première : sa plasticité ou objectivité.. 193
§ 18. — La seconde : sa beauté ou son idéal.......... 199
§ 19. — La troisième : son calme et sa sérénité...... 204
§ 20. — La quatrième : sa grâce morale............. 208

CHAPITRE V.

DE LA POÉSIE ROMANTIQUE.

§ 21. — Le rapport entre les Grecs et les modernes.... 214
§ 22. — Essence de la poésie romantique. Différences entre celle du Nord et celle du Midi............. 223

§ 23. — Source de la poésie romantique............ 234
§ 24. — La poésie de la superstition.............. 237
§ 25. — Exemples de romantisme................. 244

CHAPITRE VI.

DU RISIBLE.

§ 26. — Définitions du risible.................... 251
§ 27. — Théorie du sublime considéré comme le contraire du risible...................... 257
§ 28. — Théorie du risible. Ses trois éléments : contraste objectif, contraste subjectif et contraste sensible............................. 264
§ 29. — Différence de la satire et du comique........ 276
§ 30. — Source du plaisir dans le risible............ 284

CHAPITRE VII.

DE LA POÉSIE HUMORISTE.

§ 31. — De l'humour......................... 293
§ 32. — Les quatre éléments de l'humour. Le premier : son universalité........................ 294
§ 33. — Le second : son idée anéantissante ou infinie... 301
§ 34. — Le troisième : sa subjectivité.............. 307
§ 35. — Le quatrième : sa perception. Individualisation comique au moyen des parties des parties, des noms propres, de la paraphrase............ 320

CHAPITRE VIII.

DE L'HUMOUR ÉPIQUE, DRAMATIQUE ET LYRIQUE.

§ 36. — Mélange de tous les genres................ 330
§ 37. — Le comique épique : l'ironie et son apparence sérieuse. Prédominance du contraste objectif... 338

	Pages
§ 38. — La matière de l'ironie. Le persiflage.........	348
§ 39. — Le comique dans le drame. Prédominance simultanée du contraste objectif et du contraste subjectif..	352
§ 40. — Le Hanswurst ou Arlequin, considéré comme chœur comique...............................	359
§ 41. — Le comique lyrique, ou la *Laune*, et le burlesque. Les marionnettes. Valeur comique des mots étrangers et des locutions populaires.........	362

CHAPITRE IX.

DE L'ESPRIT.

§ 42. — Ses définitions...........................	368
§ 43. — Esprit, sagacité, profondeur...............	371
§ 44. — L'esprit non figuré ou de réflexion.........	376
§ 45. — De la concision du langage................	380
§ 46. — Le cercle d'esprit........................	387
§ 47. — L'antithèse..............................	388
§ 48. — La finesse...............................	391
§ 49. — L'esprit figuré. Sa source..................	393
§ 50. — Les deux routes de l'esprit figuré : 1° Personnification; 2° Matérialisation. — Esprit français, esprit anglais, esprit allemand................	397

JEAN-PAUL

ET

SA POÉTIQUE [*].

De tous les auteurs nationaux de l'Allemagne, Jean-Paul est peut-être celui qu'on connaît le moins en France. Quelques pages de madame de Staël, quelques travaux de M. Philarète Chasles, deux études de M. Henri Blaze, quelques renseignements dans les histoires de la littérature allemande, la traduction de quelques pensées détachées [**], telle est l'énumération à peu près complète des sources qui ont répandu chez nous une vague notion de l'existence et du caractère

---

[*] *Vorschule der Aesthetik* (*Introduction à l'Esthétique*). 1804, 3 vol. 1812, 3 vol. etc.
[**] *Pensées de Jean-Paul*, traduites en français par le traducteur du *Suédois à Prague*, Paris, F. Didot, 1829, in-32.

d'un écrivain unique dans son genre. On répète les titres de ses romans, quelques considérations générales sur leur style; mais cela ne sert le plus souvent qu'à détourner le public français de la lecture de ses œuvres, en leur attribuant, au plus haut degré, ce caractère d'obscurité que nous avons l'habitude, à tort ou à raison, de reprocher à la littérature allemande, et qui nous inspire souvent tant de défiance à l'égard de ses meilleures productions. Les romans de Jean-Paul ont chez nous la réputation d'être d'une lecture difficile pour les Allemands eux-mêmes; et, comme les auteurs qu'on est le moins en état de juger sont souvent ceux qu'on juge de la manière la plus tranchante, on a été jusqu'à se demander si Jean-Paul se comprenait bien lui-même.

A côté de ces romans, déjà trop négligés, se trouve une œuvre à part, capitale, que les juges les plus compétents placent au premier rang parmi les productions de Jean-Paul, mais dont la critique française paraît à peine soupçonner l'existence. Et, en effet, la nature même de ce livre semble en contradiction avec l'idée que nous nous faisons du génie de son auteur. Comment expliquer une œuvre régulière et méthodique de la part d'un auteur qu'on se représente comme essentiellement bizarre, fantasque et capricieux ? Il est arrivé à Jean-Paul ce qui arrive généralement aux auteurs étrangers que l'on veut faire connaître autrement que par des traductions [*] : les critiques sont portés à saisir chez eux les qualités les plus saillantes et qui frappent le plus fortement l'imagination, et à présenter l'ensemble de ces qualités comme constituant à elles seules leur génie tout entier ; quant à ce qu'ils offrent de commun non-seulement avec la majorité des écrivains, mais aussi avec l'humanité en général, ils le laissent de côté, et, précisément parce qu'ils

---

[*] M. Philarète Chasles a publié une traduction du *Titan* (1834-38, 3 vol. in-8°). Cette entreprise n'eut point de succès ; en supprimant un grand nombre de passages, et notamment ces réflexions générales qui ont tant de valeur dans un écrivain comme Jean-Paul, M. Chasles n'a laissé subsister que le squelette du roman. « M. Chasles, dit H. Blaze, se méprit sur les conditions de la tâche qu'il avait acceptée. Il traita le chef d'œuvre de Jean-Paul un peu comme il aurait fait d'un roman de Walter-Scott, et, se contentant de le traduire avec esprit, le jeta, sans autre forme de procès, dans le torrent de la publicité. Or, c'était se tromper de courant. S'il y a une voie en France pour conduire Jean-Paul à cette haute estime qui ne peut lui manquer tôt ou tard, à coup sûr ce n'était point le cabinet de lecture. »

auraient à en parler à l'égard de la plupart des auteurs ou même à l'égard de tous, il est naturel qu'ils n'en parlent jamais.

Cette œuvre à part dans les œuvres de Jean-Paul, c'est l'*Introduction à l'Esthétique*; au fond c'est une véritable *poétique*, et nous préférons lui attacher désormais ce dernier nom, qui offre une signification plus exacte et plus précise. Plusieurs autorités critiques (Bouterweck, Koeppen, etc.), ont déjà remarqué que c'est là le titre qui lui convient réellement. Jean-Paul dit à la vérité que son livre, pour être une *poétique*, devrait renfermer de longues considérations sur la versification, sur la ballade, l'idylle, la poésie descriptive; mais il a précisément, dans sa seconde édition, ajouté un chapitre nouveau qui traite de ces différents points (ch. XIII); et, quant à la versification, elle forme à elle seule un art particulier, aussi indépendant que la musique et la danse, qui peuvent, comme elle, s'associer à la poésie. « C'est la composition de la fiction, dit avec raison Aristote (*Poétique*, ch. IX; cf. ch. I), qui fait le poëte, et non celle des vers. » La versification est un ornement dont l'histoire, les sciences, et même le commerce de la vie peuvent se servir aussi bien que la poésie ; d'un autre côté la poésie peut se passer d'elle, et même, dans les temps modernes, s'en passe le plus souvent. Chaque langue a sa prosodie particulière, et une poétique n'a à présenter que des considérations générales sur l'utilité de la versification dans la poésie : les considérations de ce genre ne font pas défaut dans l'ouvrage de Jean-Paul.

Quelle que soit la dénomination que l'on attache à ce livre, il contient véritablement ce que l'on peut appeler rigoureusement la théorie *moderne* de la poésie. Nous ne connaissons point d'autre ouvrage qui puisse mieux remplir, à l'égard de la poésie moderne, le rôle que la *poétique* d'Aristote a rempli à l'égard de celle de l'antiquité. Nous sommes persuadés que la comparaison de ces deux *poétiques*, étudiées dans leurs rapports et dans leurs divergences, fournirait le meilleur tableau que l'on puisse tracer de la différence des goûts dans les deux grandes périodes de la civilisation. Hillebrand, un des premiers historiens littéraires de l'Allemagne, considère le livre de Jean-Paul comme l'*Abécédaire du romantisme* (*Die Fibel der*

Romantik [*]. Écrit sur la fin de la grande époque poétique de cette nation, après les essais de théorie élaborés par les plus grands génies, par Lessing, Goethe, Schiller, Herder, Schlegel, il présente pour ainsi dire le résumé et les conclusions d'une longue et brillante polémique; œuvre d'un penseur qui était lui-même un grand poëte et un écrivain plein d'esprit, il est, par sa forme, également éloigné de l'appareil scientifiquement spécieux des esthétiques récemment publiées en Allemagne, et du manque presque absolu de théorie auquel nous ont trop habitués les pages purement élégantes ou spirituelles de nos vieux cours de littérature. Sa publication fut accueillie avec un vif intérêt, et donna lieu à un grand nombre de critiques : deux éditions se succédèrent dans l'espace de quelques années; puis vinrent de nombreuses réimpressions dans les éditions générales des œuvres de l'auteur. Le temps n'a rien ôté à la réputation de ce livre qui paraît même de nature à vivre plus longtemps que les romans de Jean-Paul; on n'a pas appelé des ju-

---

[*] *Deutsche national Literatur* (1831); t. II, p. 584.

gements qu'il a prononcés sur les chefs-d'œuvre des littératures modernes, et les critiques les plus distingués (Hillebrand, Gervinus, Koberstein, etc.) se plaisent à le citer comme une des plus hautes autorités dans les matières de goût. « Son *Introduction à l'Esthétique*, dit la *Revue d'Édimbourg*, est un ouvrage basé sur des principes d'une profondeur et d'une largeur peu ordinaires, plein de grandes vues, et qui, malgré ses nombreux écarts, se distingue par une critique aussi déliée que solide. »

Nous ne voulons pas étudier ici les romans de Jean-Paul ; il serait inutile de refaire un travail que M. Henri Blaze a fait, il y a quelques années, avec autant d'érudition que de justesse *. M. Blaze connaît à fond le talent poétique de notre auteur ; mais il est étrange qu'il n'ait pas fait une seule fois mention de l'*Introduction à l'Esthétique*. C'est de ce dernier ouvrage que nous avons exclusivement à nous occuper ; ce n'est pas comme poëte et comme romancier, mais seulement comme critique et comme théoricien que nous devons

---

* *Revue des Deux Mondes*, septembre 1842 et mars 1844.

considérer Jean-Paul. Au premier point de vue, il est relativement connu ; au second, il est resté, jusqu'à présent, un étranger pour nous.

La *Poétique* se rattache en quelque sorte à trois mouvements littéraires : 1° à la vie poétique de son auteur, aux développements et aux productions de son propre génie ; 2° à l'histoire littéraire de l'Allemagne, dont elle étudie et critique plus spécialement les chefs-d'œuvre ; 3° au mouvement général du goût moderne, dont elle nous présente les lois en opposition avec celles du goût antique. Elle est le code littéraire d'un individu, d'une nation, d'une civilisation. Les romans de l'auteur nous offrent l'application de ses théories ; d'un autre côté on retrouve, dans ces dernières, l'influence de cette activité brillante et toute exceptionnelle qu'imprimaient alors à l'esprit de toute une nation l'existence simultanée de plusieurs grands génies, et un passé riche de souvenirs poétiques ; enfin ces théories ont été généralisées sur l'étude des chefs-d'œuvre des différents peuples modernes. Nous diviserons par conséquent notre travail en trois parties : nous rappellerons les principaux traits de la vie et du génie de Jean-

Paul, en vue surtout de leur influence sur la composition et les théories de la *Poétique*; nous esquisserons d'une manière rapide les différentes phases de la littérature allemande, en insistant principalement sur la brillante période au milieu de laquelle ce livre a été écrit; enfin nous analyserons les principes sur lesquels il se fonde, et qu'on peut considérer en général comme ceux du goût moderne ou romantique, et nous les comparerons avec ceux du goût antique ou rigoureusement classique.

I.

« Les qualités comme les défauts de cet ouvrage, dit Spazier, le neveu et le biographe de Jean-Paul, résultent des circonstances qui lui ont donné naissance. Il est évident que l'auteur a souvent créé une règle générale, là où il ne faisait réellement que se plier à une loi propre à son génie. Mais, d'un autre côté, ce livre est le produit des exigences de son talent, de son inspiration, et de la coexistence, en lui, de la pratique et de la théorie poétiques. C'est cette coïncidence qui lui suggère une foule de notions esthétiques nouvelles, aussi profondes que justes, ainsi qu'un grand nombre de classifications et de déterminations nouvelles *. » Jean-Paul, lui-même, paraît attacher une grande importance à sa double qualité de philosophe et de poëte, et il insiste, à plusieurs reprises, sur la réunion en lui-même de ces deux mérites, le plus souvent séparés **. Peut-être n'est-ce que la conscience de ce double pouvoir qui l'a conduit à attaquer ouvertement cette erreur de Kant, qui prétend que le génie philoso-

---

* R.-O. Spazier, *J.-P.-Fr. Richter : Commentaire biographique de ses œuvres*, Leipsick, 1833, 15 vol., t. V, page 38.

** « La véritable esthétique ne pourra être écrite un jour que par un homme qui sera tout à la fois poëte et philosophe ; il offrira aux philosophes une esthétique appliquée, et aux artistes une esthétique plus appliquée encore..... Le philosophe pur qui possède seulement la doctrine sans la mettre en pratique, se trouve, en définitive, dans une situation analogue à celle de l'artiste, car son goût s'est formé avant qu'il ait produit sa théorie; il a été croyant avant d'être savant, sujet avant d'être législateur. C'est pourquoi, de tout temps, la force exécutive a été la meilleure pour devenir la force législative.»

phique et le génie poétique supposent chacun la prédominance de facultés différentes, et ne peuvent coexister chez le même individu *.

Spazier nous apprend encore que la *Poétique* fut écrite en très-peu de temps; commencée en octobre 1803, elle était achevée en juillet 1804. Bien que Jean-Paul ait apporté la même rapidité à la composition de ses autres ouvrages, nous avons lieu de nous en étonner davantage, quand il s'agit d'un livre de nature presque purement spéculative; mais l'auteur nous fournit, lui-même, l'explication de ce fait surprenant : « J'ai mis, dit-il, à composer cet ouvrage autant de jours qu'à composer tous mes autres ouvrages ensemble, c'est-à-dire plus de dix mille ; il est autant le résultat que la source de mes autres travaux ; il est leur parent en ligne ascendante non moins qu'en ligne descendante. » Il faut distinguer, en effet, entre le temps qu'un auteur met à composer un livre, et le temps qu'il met à l'écrire : « Ma pièce est finie, disait un poëte français, je n'ai plus que les vers à faire. »

* *Poétique*, § II. — *L'allée de Campan* (Œuvres de J.-P., éd. de Paris, II, p. 316).

Ainsi, de l'aveu de l'auteur lui-même, nous devons retrouver dans sa *Poétique* l'influence de ses qualités de poëte. Mais ces qualités sont celles du romantisme, portées à un très-haut degré. Jean-Paul est plus romantique que Goethe et que Schiller eux-mêmes, auxquels il reproche plus d'une fois de se rapprocher de « *la forme sèche des anciens.* » Comme Shakespeare, comme Swift, comme Sterne, Jean-Paul se propose, avant tout, la variété pour règle; à l'unité correcte et régulière des édifices classiques, il préfère le désordre bizarre d'une imagination capricieuse. Il n'a composé dans sa vie qu'une seule œuvre réellement homogène et méthodique, et elle a été consacrée à l'apologie des chefs-d'œuvre plus ou moins irréguliers de la poésie moderne; toutefois l'existence même de cet ouvrage prouve que Jean-Paul réunissait toutes les qualités qui lui auraient été nécessaires pour suivre la voie contraire, et que s'il a choisi celle du romantisme le plus franchement avoué, c'est un fait dont nous devons chercher l'explication dans son caractère et les principales circonstances de sa vie.

Jean-Paul perdit son père à l'âge de dix-huit

ans. Le pauvre pasteur laissait une famille nombreuse, et le peu de ressources qu'il lui avait léguées disparurent en peu de temps, dévorées en partie par des procès malheureux. Pour échapper à la misère, un de ses fils se fit soldat, un autre eut recours au suicide ; quand à Jean-Paul, il se trouvait déjà prêt à embrasser tant bien que mal le métier précaire d'écrivain. Il avait été préparé à recevoir une de ces instructions solides, si répandues dans le siècle qui produisit les Heyne, les Wolf, et tant d'autres princes de la philologie. Possédé dès l'enfance d'un insatiable désir de savoir, et en quelque sorte de la manie de noircir du papier, il se trouvait, dès le gymnase, possesseur de douze énormes in-quarto de notes et d'extraits. La pauvreté vint interrompre ces études universitaires : il ne s'agissait plus de travailler pour soi-même, mais de travailler pour vivre. La plus funeste qualité de la faim, c'est de ne pas savoir attendre : elle oblige les hommes à faire trop tôt ce qu'ils auraient mieux fait plus tard ; elle les force à parler, quand ils n'ont rien à dire encore ; elle entrave le développement du génie, et le condamne à se transformer pour toujours en un simple talent. On est né pour conduire un siècle, et il faut flatter les préjugés d'une coterie.

Si, au milieu de ces circonstances difficiles qui décidèrent de toute sa vie, Jean-Paul sut conserver un caractère indépendant, et rester un des plus grands écrivains de l'Allemagne, ne faut-il pas attribuer à sa jeunesse une droiture et une énergie extraordinaires, qui sont rarement le partage de la maturité elle-même? Pendant longtemps, nous le voyons lutter avec persévérance contre les embarras de sa nouvelle carrière, et s'efforcer de tirer le meilleur parti possible de la position qui lui est faite. De même qu'il refusera d'abord de faire aux modes de son temps le sacrifice de son costume négligé et de sa chevelure flottante, il va jusqu'à dédaigner de cultiver la faveur des grandes autorités de Leipsick, alors un des foyers de la littérature allemande. S'il se résout, d'un côté, à adopter pour ses ouvrages, afin de cacher son ignorance du monde et l'insuffisance de son érudition, un style singulier, une forme presque bizarre, il semble qu'il ait, d'un autre côté, voulu braver les dangers et courir au-devant d'eux : il se fait satirique et romancier avant l'âge de vingt ans.

« Si l'on se représente, dit une des bonnes autorités de la critique allemande, K.-L. Immermann, les premières circonstances de sa vie, et qu'on y ajoute un esprit tout disposé d'ailleurs à de nombreux caprices, on sera moins étonné de voir qu'avec toute sa sensibilité, toute sa sagacité, tout son esprit et son génie, il n'ait jamais rien produit de purement beau. Il faut aller visiter Baireuth et le Fichtelgebirg pour apprendre à connaître Jean-Paul dans sa genèse, pour apprendre à l'excuser [*]. » Il faut considérer aussi l'ingénieuse méthode de composition à laquelle le jeune auteur dut avoir recours : sa connaissance de la vie, des hommes et des livres n'était pas complète, et il n'avait pas le temps d'attendre qu'elle le fût devenue ; il trouve le moyen de s'en passer ; il adopte ou plutôt il se crée un genre capricieux, une forme libre, où la fantaisie est la seule règle. Là, il est permis de commencer sans savoir comment on finira ; de présenter des idées, des faits, non dans l'ordre où la

---

[*] Immermann, *Gesammelte Schriften*, 1834-43, t. XIII, 113.

régularité les enchaîne, mais dans l'ordre où elles viennent s'offrir à l'esprit de l'auteur ; on dépense à mesure qu'on acquiert ; on enseigne le lendemain ce qu'on a appris la veille, et l'écrivain jette ses pensées sur le papier à mesure que ses lectures ou les circonstances de sa vie viennent les lui suggérer. Jean-Paul se met donc à l'œuvre : il accumule à la hâte, et sans rien approfondir, les connaissances les plus hétérogènes, *multa, non multum*. Le seul ordre qu'il introduise dans ses nombreux extraits, est celui que lui impose le besoin d'en tirer parti; son génie vit au jour le jour ; il ne s'instruit, comme il l'avoue lui-même, que de ce qui peut directement servir à son métier d'écrivain. Il lit de tout, prenant son bien où il le trouve. Il va même, comme nous l'apprend Spazier, jusqu'à puiser la plus grande partie de son savoir dans cette même *Bibliothèque universelle allemande*, cette même encyclopédie des philosophes de Berlin, dont on le verra plus tard médire à tant de reprises, et peut-être avec trop de liberté. Ses modèles de prédilection, ses sources ordinaires de pensées ne sont pas les anciens, mais les humoristes et satiriques anglais Sterne, Swift, Young, que d'assez bonnes traductions viennent justement de faire connaître en Allemagne; il se passionne pour Ossian et pour Jean-Jacques Rousseau; enfin le satirique Hippel, qui ne tardera pas à reconnaître en Jean-Paul un frère ou un fils, devient, parmi les Allemands, un de ses auteurs favoris.

Il ne faut pas s'étonner de le voir d'abord, comme tous les jeunes imitateurs, exagérer les défauts de ses maîtres, et Bouterweck ne lui fera pas tort en disant que Sterne, comparé à Richter, est un Cicéron pour la régularité de sa pensée et de son style. C'est la rapidité forcée de ces travaux de jeunesse, c'est cette espèce de polygraphie conseillée par les nécessités de la vie, qui fit perdre à Jean-Paul l'habitude de régler son imagination, si féconde et si brillante d'ailleurs : tantôt elle se répand avec trop de profusion, et l'auteur, à force d'être explicite, devient ou banal ou diffus; pour nous servir ici d'un vieux proverbe allemand : « On ne voit plus la forêt, à force de voir des arbres. » Tantôt elle s'élance avec la légèreté d'une gazelle, et ses bonds sont trop grands pour qu'un pied humain puisse les suivre; c'est dans ces moments que le style de Jean-Paul ressemble à certains passages justement vantés de la tragédie grecque, où l'animation du dialogue ne laisse pas à la réponse le temps d'arriver, où des séries d'expressions disparaissent tout entières comme sous une corruption de texte, et doivent être sous-entendues par l'imagination de l'auditeur. Au premier regard que l'on jette, on ne comprend rien : au second, on saisit un commencement et une fin, avec absence totale de milieu, et ce n'est qu'à l'aide de la réflexion qu'on arrive à reconstituer la pensée, qui, une fois saisie dans sa totalité, nous frappe et nous retient par sa hardiesse et sa grandeur. Si le style de Jean-Paul fait souvent le désespoir de ces esprits nets et précis qui demandent à chaque phrase, à chaque expression, ce qu'elles signifient par elles-mêmes, il est, d'un autre côté, plein d'un charme magique pour les âmes un peu mystiques, pour les imaginations plus vagues qui aiment à s'imbiber pour ainsi dire de la substance d'un livre, en n'en regardant que les pages entières. La négligence et l'irrégularité deviennent si bien le fond de son caractère que, malgré ces dispositions lyriques que trahit chaque ligne de ses romans, il ne peut s'assujettir aux lois de la versification.

Spazier nous apprend que son oncle, s'étant laissé arracher un jour la promesse de faire un petit poëme de circonstance, ne s'exécuta qu'en présentant un thème en prose*, et qu'une autre fois ** on ne parvint qu'à grand'peine à lui faire composer, pour une fête musicale, deux petites pièces lyriques; et encore choisit-il pour cela la forme peu convenable du vers blanc ïambique, très-voisin de la prose, qu'on ne tolère ordinairement que dans le genre tragique et dans l'épopée.

Aussi des critiques sévères, souvent même trop acerbes, n'ont elles pas fait défaut à notre auteur. La jeune école romantique, éclose à la fin du siècle dernier, ne lui conserve pas toujours, autant qu'elle devrait le faire, le souvenir de l'affinité qui la fait en partie descendre de lui : l'*Athenæum*, la revue des deux Schlegel ***, lui reproche de ne rien entendre aux premiers principes de son art, et d'être incapable de bien exprimer un bon mot, de bien raconter une histoire; on y lit, avec quelque étonnement, des jugements comme celui-ci :

---

* Spazier, *Commentaire biographique*, II, 204.
** *Ibid.*, v. 52.
*** *Athenæum*, Berlin, 3 vol. 1800.—II, 131.

« Jean-Paul est l'astre sanglant de ce manque complet de poésie dont souffrent notre siècle et notre nation... La foule n'aime peut-être ses romans qu'à cause des aventures qu'ils présentent. » Lichtenberg, le satirique tant admiré par Jean-Paul lui-même, lui reproche de vouloir enlever le succès par un coup de main, plutôt que par une attaque régulière. Hegel l'accuse de brûler sa poudre sans motif et sans but. Gervinus, que nous voyons d'ailleurs avec surprise comparer notre auteur à Rabelais, lui reproche de rester jeune toute sa vie et dans tous ses écrits, et de ne jamais arriver à la virilité ; et, pour ajouter un trait de détail à ces critiques générales, Solger, philosophe de l'école de Schelling, relève en lui un penchant trop prononcé pour des caractères maladifs : « On remplirait, dit-il, de ses héros et de ses héroïnes souffrants, contrefaits, aveugles, bossus, phthisiques et languissants, un hôpital tout entier. »

Cependant il faut se garder de croire que ces traits absorbent le caractère tout entier de notre auteur ; ce sont là des défauts que les circonstances de sa jeunesse suffisent à excuser ; mais on trouve en lui des qualités que le génie seul peut expliquer, et, quand on considère combien d'esprit il a dépensé dans la forme qu'il a dû choisir, on ne peut, quelque défectueuse que soit cette forme, lui refuser son admiration. Quand on s'est une fois résigné à ne pas chercher dans ses romans l'unité de l'action, le rapport intime des différentes parties, en un mot la beauté de l'ensemble, on trouve encore dans les détails assez de traits excellents, remarquables par l'esprit ou par le sublime, pour qu'on lui laisse le titre de grand poëte, et qu'on lui conserve une des premières places parmi les écrivains classiques de l'Allemagne. Une grande partie de cette nation, si éclairée et si riche en chefs-d'œuvre poétiques, n'a pu se détacher encore de ses nombreux romans, tant de fois réédités. Irons-nous jusqu'à dire, avec M. Blaze, que Jean-Paul est plus Allemand que Goethe et que Schiller ? C'est précisément parce qu'il ne suit aucune méthode dans la succession des pensées, et parce qu'il s'abandonne aux influences les plus diverses, que les choses les plus éloignées se rapprochent dans ses œuvres, et qu'il fait jaillir, entre les objets les plus hétérogènes, des rapports nouveaux et singuliers que toute autre imagination que la sienne n'aurait jamais conçus ; ces traits se succèdent, se pressent, sans qu'il paraisse les avoir cherchés ; à force d'être ingénieux, ils semblent naturels, et l'on dirait que l'auteur est de ces bonnes gens à qui le bien vient tandis qu'ils sommeillent. Telle est la tournure d'esprit qui fait de Jean-Paul un écrivain à part, et qui prête un charme singulier à la lecture de ses œuvres. On y marche de surprise en surprise, et les éclairs du style font oublier les défauts de la composition. Ce n'est qu'une mine, dit Knebel, mais c'est une mine d'or. S'il ne procure pas le plaisir du beau, il donne celui de la variété : il y a, dans cette manière d'écrire, quelque chose de pittoresque qui paraît procéder de la nature plus que de l'art. Le sérieux et le plaisant s'y heurtent et s'y confondent. « Dans l'intérieur de Richter, dit le dernier de ses biographes, régnaient deux êtres différents et en apparence ennemis, mais qui au fond étaient unis et unis par la vie même. Le premier le rendait taciturne, timide, modeste, trop sensible, porté à se consumer dans des sentiments et des désirs vagues, dans la poésie et dans les larmes ;

cet être le rendait, dans le commerce de la vie, roide, pesant, sans savoir-vivre et parfois ridicule. L'autre, au contraire, pouvait être ardent, ironique, gai outre mesure, plein d'une hardiesse et d'une vigueur qui se révélèrent par les éclairs et les coups d'un esprit tranchant et de la satire la plus mordante. Son *humour* ne résultait que de la fusion de ces deux êtres, harmonieusement réunis *. » Et, en effet, le romancier des fleurs, des montagnes, des astres et des nuits embaumées, est généralement reconnu, même par les critiques les plus sévères, pour un des plus grands humoristes de l'Allemagne. Quand Herder, sur la fin de sa vie, rassembla dans son *Adrastée* tout ce que le dix-huitième siècle avait offert de remarquable en politique, en religion, dans les sciences et dans les arts, il n'oublia pas Jean-Paul : « En lui s'agitent, dit-il, en commun avec son ironie, celles de Swift, de Fielding et de Sterne. » Quoiqu'on ait avec raison reproché à ses peintures de mœurs d'avoir souvent quelque chose de trop naïf pour son siècle **, on ne peut s'empê-

---

* Héribert Rau, *Jean-Paul, roman.* 1851, t. 1, p. 94.
** Mme de Staël, *de l'Allemagne.*

cher de reconnaître que ses œuvres abondent en observations pleines de finesse sur le cœur humain : « Ce que j'aime surtout en lui, écrivait encore Herder à Knebel, c'est l'extrême pénétration avec laquelle il saisit les caractères d'autrui. »

Goethe, parvenu à cette sûreté de critique qui le distingua dans les dernières années de sa carrière, attribue à Jean-Paul une grande analogie avec les poëtes de l'Orient. « Un esprit si bien doué jette, dit-il, sur ce monde, d'une manière véritablement orientale, des regards pleins de hardiesse et de vivacité ; il crée les rapports les plus étranges, il combine les choses les plus incompatibles ; mais de telle sorte qu'il s'y mêle secrètement un fil moral qui conduise le tout à une certaine unité. Il y a toutefois cette différence entre les anciens poëtes de l'Asie et notre ami, que les premiers se sont développés dans une région pleine encore de fraîcheur et de simplicité, tandis que Jean-Paul a dû vivre et parler au milieu d'une société toute formée, trop civilisée, trop raffinée et déjà corrompue : aussi doit-il se rendre maître des éléments les plus étrangers... Si, par conséquent, on admet que notre écrivain, aussi estimable que fécond, n'a pu, dans ces temps modernes et pour être spirituel aux yeux de son siècle, se dispenser de jeter dans ses œuvres les allusions les plus variées à un état social aussi compliqué que le nôtre, aussi divisé par l'art, la science, la technique, la politique, les relations de guerre et de paix, et par la corruption, nous croyons avoir suffisamment prouvé toute l'originalité que nous lui attribuons. Nous insisterons cependant sur la différence qui existe entre les procédés de la prose et ceux de la poésie. Le poëte, dans le chemin duquel le parallélisme, la cadence, la rime, paraissent jeter les plus grands obstacles, obtiendra tout d'abord, et par ce fait même, les plus grands avantages ; s'il réussit à dénouer les nœuds énigmatiques que lui proposent son propre choix ou le nôtre, nous lui pardonnons la métaphore la plus hardie en faveur d'une rime inattendue, et nous nous réjouissons du calme que le poëte a su conserver dans une situation aussi difficile. Le prosateur, au contraire, a ses coudées franches, de sorte qu'il devient responsable de chacune de ses hardiesses ; tout ce qui pourrait blesser le goût est mis sur son compte. Mais puisqu'il est, dans ce genre, impossible d'établir une distinction absolue entre ce qui est convenable et ce qui ne l'est pas, tout dépend ici de l'auteur qui ose courir de pareils risques. Si c'est un individu comme Jean-Paul, tout à la fois remarquable par son talent et estimable comme homme, le lecteur se sent attiré et se livre à lui tout d'abord ; tout lui devient permis ; on fait bon accueil à toutes ses paroles ; on se sent à l'aise près de cet homme bienveillant; sa sensibilité se communique à nous; il excite notre imagination ; il flatte nos faiblesses et stimule nos forces. On exerce son propre esprit en cherchant à trouver le mot des énigmes singulières qu'il pose ; et on se réjouit de trouver dans et derrière un monde bizarrement compliqué, comme derrière une charade, quelque chose qui amuse, stimule, émeut et même édifie [*]. »

Personne n'a mieux jugé Jean-Paul que madame de Staël ; personne n'a mieux fait la part de ses qualités et celle de ses défauts : « Au fond de tous ses ouvrages, on trouve une foule d'idées nouvelles, et, si l'on y parvient, on s'y enrichit

---

[*] Goethe, notes sur le *Divan*.

beaucoup. Jean-Paul Richter est souvent sublime dans la partie sérieuse de ses ouvrages, mais la mélancolie continuelle de son langage ébranle quelquefois jusqu'à la fatigue. Lorsque l'imagination nous balance trop longtemps dans le vague, à la fin les couleurs se confondent à nos regards, les contours s'effacent, et il ne reste de ce qu'on a lu qu'un retentissement, au lieu d'un souvenir. La sensibilité de Jean-Paul touche l'âme, mais ne la fortifie pas assez. La poésie de son style ressemble aux sons de l'harmonica, qui ravissent d'abord et font mal au bout de quelques instants, parce que l'exaltation qu'ils excitent n'a pas d'objet déterminé. L'esprit de Jean-Paul ressemble souvent à celui de Montaigne. Les auteurs français de l'ancien temps ont, en général, plus de rapport avec les Allemands que les écrivains du siècle de Louis XIV, car c'est depuis ce temps-là que la littérature française a pris une direction classique [*]. »

« L'Allemagne entière, dit M. H. Blaze, porte

---

[*] *De l'Allemagne*, 2ᵉ partie, ch. 28. — Rappelons en passant que, de son côté, Jean-Paul a écrit sur ce livre de *l'Allemagne* et sur *Corinne* d'intéressantes critiques.

Jean-Paul dans son cœur : c'est un homme de sentiment et d'observation, qui revêt d'illusions charmantes la réalité positive des existences les plus simples, que les femmes surtout affectionnent ; car il est leur confident le plus intime ; car il lit dans le cœur de la jeune fille, de l'épouse, de la mère, et sait y surprendre, dans leur expression naturelle et puissante, d'innombrables trésors d'amour et de dévouement qui, avec lui du moins, ne se dépensent jamais en dehors de l'ordre et de la loi légitime. »

Nous avons cherché, dans les premiers événements de la jeunesse de Jean-Paul, la raison des principaux traits de son talent ; ne convient-il pas maintenant de chercher, dans le caractère de ce même talent, l'explication du reste de sa vie ? Ne doit-on pas s'attendre à le voir transporter dans ses habitudes, dans sa conversation, dans toutes ses relations sociales, l'originalité, la bizarrerie, qui forment le fond de ses écrits ? Ne retrouvera-t-on pas tout d'abord, dans les inégalités de son style, l'image, et peut-être le secret des vicissitudes qui l'attendaient à son entrée dans la carrière ? Ne sont-ce pas ses incorrections, ses irrégularités qui prolongent pour lui les années dures à passer, riches en privations et en déceptions, pendant lesquelles il végète humblement de son maigre salaire d'instituteur privé? Il lui faut passer en effet par les déboires les plus rebutants de la vie littéraire : « La lime dont les auteurs négligent de se servir dans leurs ouvrages, dit-il avec amertume et en même temps en songeant peut-être à sa propre manière d'écrire, cette lime, les éditeurs l'emploient assidûment pour rogner les pièces d'or qu'ils leur comptent en échange. » Le premier de ses romans qui eut quelque succès fut *la Loge invisible*, qui parut en 1793; mais c'est seulement de l'année 1795, et de la publication de son *Hesperus*, que date le commencement de sa célébrité. C'est la *Gazette littéraire d'Iéna*, journal critique qui gouvernait alors le goût, édité à deux pas de Weimar, qui en proclame la première l'incontestable mérite.

Grandi à ses propres yeux par ces premières louanges, Jean-Paul se sentit à l'étroit dans les petites localités qu'il avait habitées jusqu'alors. « D'abord on ne voudrait quitter son village que pour aller à la ville voisine; ensuite on voudrait

se transporter à Weimar, ensuite en Italie. »
C'est lui-même qui s'exprime ainsi. Le voilà donc
en route pour Weimar, véritable centre de la jeune
littérature allemande, groupée avec enthousiasme
autour du duumvirat tout récent encore de Goethe
et de Schiller. Il s'attendait à être accueilli comme
un égal; pourquoi ne peuvent-ils s'entendre? Les
grands hommes ont besoin d'un large espace autour d'eux, et plusieurs génies, trop rapprochés
les uns des autres, sont comme des arbres plantés
sur un sol trop étroit, qui se brisent mutuellement
les branches. Or à Weimar, « où les servantes
même causaient théâtre en allant à la fontaine, »
il n'y avait déjà que trop de grands arbres sur un
petit terrain. Mais ce n'est point là la seule raison qui empêche notre nouveau venu de plaire à
ses hôtes, et de se plaire auprès d'eux; les deux
coryphées du Parnasse allemand étaient alors arrivés à un état de calme et de sérénité intérieure
qui ne fut jamais le partage de Jean-Paul. Il ne
vit dans Goethe qu'un homme avare de paroles,
froid à l'égard de tout le monde et de toutes choses, « un dieu dans un palais » qui, comme poëte,
« a le tort de n'être que le Properce de la nation

dont il devrait être le Tyrtée. » Schiller ne produit pas sur lui une impression plus heureuse : il le trouve dur, tranchant, rude dans sa vigueur, mais dépourvu d'amour et d'expansion. Eux, de leur côté le proclament bizarre, « iroquois, comme un homme tombé de la lune, bon diable au fond et le plus excellent cœur du monde, mais porté sur toute chose à ne rien voir par l'organe dont tout le monde se sert pour voir. » Dans leur correspondance, ils ne désignent l'*Hesperus* que sous le nom de Tragélaphe (monstre moitié bouc, moitié cerf), le considérant comme une alliance des éléments les plus inconciliables. Ils reconnaissent cependant en lui de grandes qualités. Nous avons déjà cité plus haut le jugement tout autrement favorable que Goethe porta sur lui dans la suite, et quand il le connut davantage. Dans sa correspondance avec Schiller [1], il exprime le regret que Jean-Paul, excellent dans les détails, n'ait pas un goût plus correct ; et, lorsque ces deux grands poëtes lancent, en 1796, leur recueil satirique des *Xénies*, contre les platitudes ou les exagérations

[1] I, 170.

de la littérature contemporaine, ils le proclament d'une grande richesse, malheureusement mal administrée : « Si tu ménageais tes trésors seulement avec la moitié du soin que d'autres mettent à ménager leur pauvreté, tu serais digne de notre admiration. »

Il y avait alors à Weimar un autre génie plus voisin de celui de Jean-Paul, un homme pour lequel il avait ressenti de tout temps une véritable vénération. Herder, doué de la plus heureuse sagacité pour la critique plutôt que d'un talent purement philosophique, s'était, depuis quelque temps, éloigné de son ancien ami Goethe, non-seulement à cause de leurs différences dans la manière d'envisager certaines questions brûlantes, mais aussi par suite de certains accidents de leurs relations personnelles. Séparé de tout temps de Wieland et de Schiller, il se trouvait alors isolé au milieu de cette brillante société littéraire. Bien qu'à une certaine époque de sa jeunesse il eût été, à Kœnigsberg, le disciple et l'ami de Kant, il ressentait d'un autre côté l'influence mystique de Hamann, le mage du Nord. Devenu de plus en plus ennemi de la philosophie critique du premier, dont « les principes désespérés, écrivait-il à Jean-Paul, anéantissaient toute réalité sérieuse en matière de sentiment », il devait accueillir avec empressement le nouvel allié qui venait au-devant de lui. Notre romancier paraissait cependant peu fait pour devenir un des champions d'une lutte philosophique. Toute sa philosophie ne consistait qu'en une série d'idées fixes, qu'il défendait avec une grande obstination. Jamais il n'était moins aimable que lorsqu'il se laissait entraîner dans une discussion de ce genre*.

A ces deux alliés vint s'ajouter Jacobi, esprit profondément religieux, penseur éloquent, mais trop porté à prendre pour des êtres réels les créations de sa propre imagination ; c'est lui que leur enthousiasme proclame le Platon moderne. Ce qui réunit ces trois amis, c'est une antipathie commune à l'égard de ce qu'on appelle en Allemagne la seconde manière ou la seconde époque de Goethe, où commencent à dominer une tendance classique et l'admiration de l'antiquité. « Il y a dans vos poésies lyriques, écrit Jean-Paul à Her-

---

* Steffens, *Was ich erlebte* (Mémoires). 10 vol., 1840-43. T. VIII, p. 159.

der, de la *musique du cœur*. C'est de la poésie comme Goethe en faisait autrefois. Mais à présent il n'aime plus la matière qu'en tant qu'elle se rapporte à son corps, et il ne cesse de nous tourmenter avec l'aridité de sa sagesse à la grecque. J'espère prouver quelque part que nous confondons le maximum des arts plastiques et de dessin, qui peut être atteint par un peuple ou par quelques individus, avec le maximum de la poésie qui doit s'élever et devenir de plus en plus difficile par l'augmentation de nos connaissances et par la suite des siècles. Une statue d'Apollon peut avoir une perfection terrestre, mais aucun poëme ne peut être parfait, parce que notre goût, qui se développe avec les siècles, devient plus exigeant, du moins à l'égard de la matière; nos yeux restent les mêmes pour les statues, mais nos imaginations vont au-devant d'une poésie supérieure. Les seules choses que les Grecs puissent nous apprendre, sont la pureté et l'harmonie des contours, et le sentiment de l'humanité; quant à l'exiguïté de leur matière, la richesse de notre siècle devrait en avoir honte [*]. » On re-

---

[*] *Correspondance de Herder* (Aus Herders Nachlass), — Francfort, 1856, 3 vol. 1, 287.

trouve les mêmes idées exprimées avec beaucoup d'esprit et de vivacité dans la seconde préface de *Quintus Fixlein*. C'est là que Jean-Paul appelle Goethe « un modeleur de formes grecques ».

Herder aime son nouvel ami avec ferveur; il écrit à Jacobi : « Le ciel m'a donné en lui un trésor que je ne méritais pas et auquel j'étais loin de m'attendre. C'est en lui que les trois rois saints habitent ensemble, et leur étoile marche toujours au-dessus de sa tête; » et à Knebel : « Richter est l'enfant de prédilection de la fortune, le favori des hommes. Je n'ai peut-être jamais vu un homme plus spirituel et en même temps d'une candeur aussi enfantine; son genre d'esprit, auquel on s'habitue vite, me fait du bien. » Jean-Paul, de son côté, plein d'admiration et de respect pour les brillantes qualités de Herder, ne tarit pas sur son éloge; on le retrouve à chaque page de la *Poétique*; il semble que pour lui il n'y ait pas de plus grand nom dans la littérature allemande : « C'est un homme céleste, dit-il, réunissant en lui seul toute une demi-douzaine de génies. »

Cependant le séjour de Weimar, où l'alliance conclue entre Schiller et Goethe devenait de plus en plus prépondérante, ne pouvait toujours convenir à notre romancier ; il finit bientôt par prendre cette petite Athènes en horreur, surtout lorsqu'eut échoué un projet de mariage qu'il devait y conclure sous les auspices de Herder et de sa femme. Jean-Paul avait cru découvrir, au dernier moment, que le caractère de sa fiancée était incompatible avec le sien. Après avoir erré quelque temps de ville en ville, il arriva, en 1800, à Berlin, alors la seconde capitale de l'Allemagne littéraire.

Cette ville, qui était destinée à devenir, quelques années plus tard, le quartier général des romantiques les plus fougueux et les plus extravagants, présentait, au moment où Jean-Paul vint s'y fixer, un spectacle précisément contraire. On y voyait régner encore cette école toute nationale, éclectique, pleine de libéralisme, rationaliste et même un peu athée, sortie à la vérité de Lessing, mais qui commençait à tomber dans la platitude et à devenir pour ainsi dire étroitement utilitaire. Au milieu d'une telle société, notre nouveau venu n'avait pas à espérer la réception la plus bienveillante; cependant son empire sur la jeunesse et surtout sur les femmes, auxquelles il venait d'offrir son *Titan*, était déjà si considérable qu'il attira facilement sur lui l'attention générale. Quant à l'impression que de son côté il reçut de sa nouvelle résidence, nous ne croyons pouvoir mieux faire que de le laisser parler lui-même : « Le sans-gêne de Berlin dépasse de beaucoup celui de Weimar; la noblesse se mêle ici avec la bourgeoisie, non pas comme l'huile avec l'eau, et de telle sorte que la première surnage et se montre toujours au-dessus de la seconde; mais ces deux états se trouvent aussi intimement confondus que l'eau et la graisse le sont dans le savon par l'intermédiaire des alcalis. Savants, militaires, rabbins, conseillers intimes, gentilshommes, tout ce qui partout ailleurs, Weimar excepté, ne songe qu'à s'entretuer, ne fait ici que s'embrasser; ou du moins tous ces éléments vivent paisiblement les uns à côté des autres, autour des tables à thé et à manger.... La philosophie, la poésie, la peinture, ne trouvent ici que du sable pour leurs fondements; la musique seule rencontre les oreilles dont elle a besoin *. » Le temps était passé où la cour de Prusse accueillait Voltaire par des fêtes et le comblait de libéralités. Cependant Jean-Paul trouva à s'y marier avec la fille d'un magistrat assez haut placé ; et cette excellente reine Louise, modèle des vertus princières et domestiques tout à la fois, après avoir voulu servir elle-même de *cicerone* à notre romancier, à travers son parc de Sans-Souci, eut le soin de lui envoyer un cadeau de noces. Malgré toutes ces avances, Berlin ne put réussir à le conserver plus longtemps que Weimar. En 1804 il quitte cette capitale pour revenir à Baireuth, dans son sol natal chéri, et c'est là qu'il se fixe définitivement, non sans faire de temps en temps, à travers l'Allemagne, quelques excursions le plus souvent triomphales. Autant sa jeunesse avait été dure, autant ses dernières années furent heureuses ; la gloire vint embellir sa retraite ; déjà les petits princes de Saxe lui avaient conféré à l'envi des titres honorifiques, la seule chose qu'ils eussent à donner. Maintenant c'est le grand-duc de Francfort qui lui fait une pension de mille florins ; il est vrai qu'en 1815,

* *Lettres à madame Herder*, 12 et 23 janvier 1810.

quand le congrès de Vienne eut rendu à Francfort son indépendance et éloigné le prince primat, les princes allemands rivalisèrent de zèle pour n'avoir point à grever leurs budgets de cette dette ; mais enfin le roi de Bavière consentit à s'en charger. L'Académie de Munich le reçut au nombre de ses membres ordinaires. En 1817, il fut fêté avec enthousiasme par les professeurs et les étudiants de l'université d'Heidelberg ; les premiers, parmi lesquels se trouvaient le doyen Voss, Hegel, Kreuzer, Paulus, Schwarz, Thibaut, lui conférèrent un diplôme de docteur en philosophie. Nous extrayons de cet acte l'énumération assez curieuse de tous les mérites de Jean-Paul : « Poetam immortalem, lumen et ornamentum seculi, decus virtutum, principem ingenii, doctrinæ, sapientiæ, Germanorum libertatis assertatorem acerrimum, debellatoremque fortissimum mediocritatis et superbiæ, virum qualem non candidiorem terra tulit, ut dotibus ejus omni concentu consensuque laudis nostræ sublimioribus tribueremus amorem, pietatem, reverentiam, etc. »

Jean-Paul fut visité successivement par les plus grands écrivains de son temps ; son crâne devint chauve sous les coups de ciseaux des dames qui voulaient porter dans leur sein une mèche de ses cheveux, et qui, ne pouvant toujours en obtenir, devaient se contenter de quelques poils arrachés au fidèle compagnon du poëte, à son gros barbet blanc. Les moindres habitudes de Jean-Paul, les moindres particularités de son costume et de son régime, devinrent les objets de la plus minutieuse attention, et furent soigneusement consignées dans les souvenirs de voyage ou dans la correspondance de ses visiteurs. Quelques-uns, trop prévenus en faveur de son extérieur, éprouvaient à son aspect une véritable déception. Jean-Paul avait, il est vrai, des traits harmonieux, des yeux petits, pleins tantôt de feu, tantôt d'une indolence bienveillante; une bouche gracieuse, où l'on pouvait apercevoir une légère agitation, même lorsqu'il gardait le silence. Mais il avait une figure pleine; il était corpulent, et son langage rapide jusqu'à la précipitation, et par cela même un peu saccadé, conservait quelque empreinte des idiomes de la Saxe et de la Franconie [*]. « A mon retour de Paris, raconte

[*] Varnhagen von Ense, *Denkwurdigkeiten*, 1843-46. T. II, p. 26.

Steffens, j'allai voir Jean-Paul. Je m'étais attendu à trouver en lui un homme maigre et pâle, et non ce personnage robuste qui ressemble trop à un brasseur ou à un boulanger. » Comme Jean-Jacques Rousseau, Jean-Paul aimait à travailler au grand air; on le voyait sortir, suivi de son gros barbet, les poches munies de deux bouteilles, l'une pleine de rack et l'autre de vin rouge. Ajoutons toutefois que, s'il cultivait la dive bouteille, ce n'était pas en buveur comme Hoffmann, et par amour du vin lui-même; mais parce qu'il croyait trouver en lui un puissant auxiliaire pour son besoin d'écrire, un stimulant fécond pour son imagination et sa pensée.

Il va y avoir cent ans que Jean-Paul est né, et trente-six années se sont écoulées depuis sa mort. Sa gloire n'a pas diminué. Il passe encore, aux yeux de bien des gens, pour le plus grand peintre de la sensibilité; et il s'est formé autour de son nom, comme pour Goethe et pour Schiller, toute une littérature de commentaires, de correspondances et de biographies, dont le dernier produit, un roman (*Jean-Paul*, par Héribert Rau), vient récemment de paraître.

II.

« Quant à cette esthétique que je présente au public, dit Jean-Paul, je n'ai rien à dire, si ce n'est que je l'ai faite de mon chef, plutôt que du chef d'autrui, et qu'elle est mienne ; si toutefois, dans ce siècle de papier imprimé, où la table sur laquelle on écrit est toujours si près de la bibliothèque, il est permis à un homme de dire qu'une pensée est à lui. » Il est impossible, en effet, à un auteur de se soustraire entièrement à l'influence du pays et du siècle où il a vécu. Ce n'est pas seulement comme poëte que Jean-Paul est de son temps ; dans un ouvrage de théories, n'est-il pas obligé, pour généraliser ses règles, d'étudier les œuvres des génies qui se pressent autour de lui? D'où viennent d'ailleurs tous ces noms qui fourmillent à chaque page de la *Poétique?* Où a-t-il puisé tous ces exemples ? Assurément, ce n'est pas seulement dans ses propres romans : ses principes ne lui ont pas été fournis, mais suggérés par tous les grands poëtes de l'Allemagne ; et, à cet égard, son livre n'est pas seulement une œuvre individuelle, mais une œuvre nationale.

C'est seulement depuis le milieu du siècle dernier qu'un sentiment de nationalité a commencé à ébranler et à renverser en Allemagne l'autorité des goûts étrangers qui régnaient chez elle, surtout depuis la guerre de Trente-Ans. Une étude et une interprétation étroite des modèles antiques, leur amplification plutôt que leur imitation, un respect outré du style métaphorique de certains poëtes italiens, tels que Marino, qui sont loin d'être les premiers de leur nation; enfin, une admiration toujours croissante pour les productions françaises du siècle de Louis XIV, un soin scrupuleux d'associer, dans les arts, l'utile à l'agréable, l'exclusive préoccupation, dans l'art dramatique, d'observer la règle des trois unités, tels avaient été jusque-là les seuls éléments de la poésie allemande. L'exagération de ce goût cosmopolite avait donné à cette littérature, au dix-septième siècle, et dans la première partie du dix-huitième, une physionomie véritablement carnavalesque; comme une Babel littéraire, elle existait à la façon de tout le monde, et non à sa propre manière. De même que chaque petit prince, plus ou moins émancipé de l'autorité suprême de l'empire, cherchait à singer sur son territoire les allures aristocratiques, les fêtes somptueuses, les monuments, les jardins et le règne des maîtresses des rois de France, tout poëte qui se respectait devait de même traduire au moins une pièce de Racine, et imiter toutes les autres, composer des odes froides à l'exemple de Boileau, et cultiver exclusivement ce vers alexandrin, dont la structure répugne au génie de sa langue. Cet état de dépendance, qui produit une sorte de basse littérature française écrite en langue allemande [*], arrive à son comble au milieu du siècle dernier. C'est surtout dans le nord de l'Allemagne, plus froid, plus méthodique, auquel une poésie de convention était de nature à sourire davantage ; c'est surtout à Leipsick, là où en 1774, on mettra encore le *Werther* à l'index, là où règne le puissant chef d'école, Gottsched, véritable dictateur littéraire, esprit étroit et sans vues profondes, intolérant jus-

---

[*] *Poétique*, § 89.

qu'au fanatisme, et qui qualifiera de folie le sublime de Klopstock.

De pareils excès devaient amener une réaction non moins excessive et injuste à l'égard de la France; et, quand nous rencontrerons dans la *Poétique* [*] une série d'attaques sévères et passionnées contre « le feu de paille artificiel » de la poésie de la rive gauche du Rhin, il faudra nous rappeler que nous nous trouvons au milieu d'une jeune génération qui vient de briser, pour la littérature nationale, les chaînes d'une servitude volontaire. Ce n'est pas la France que Jean-Paul attaque, c'est l'Allemagne devenue française; il ne veut pas prouver que nos grands génies ne sont pas des génies, il veut rappeler aux Allemands que leur esprit national diffère de celui de leurs voisins, et qu'ils ont quelque chose de mieux à faire que de copier servilement des modèles étrangers.

D'ailleurs, Jean-Paul n'est pas le premier qui élève la voix; il ne fait que suivre un courant qui s'était formé en Allemagne dès le milieu du dix-huitième siècle. Lessing, Winckelmann, Klopstock,

---

[*] *Poétique*, §§ 88 et 89.

Hamann, avaient depuis longtemps enseigné à mieux interpréter l'antiquité, et appelé les regards de leurs compatriotes sur l'Angleterre et ses Shakespeare, ses Milton, ses Sterne, ses Young, ses Ossian, vers l'histoire biblique et sa poésie naïve et sublime, enfin vers les monuments énormes, mais presque oubliés, du moyen âge littéraire de l'Allemagne elle-même. Alors s'était formée une grande école, nationale et éclectique en même temps, également pénétrée des mérites des anciens, des Français et des Anglais, remarquable surtout par sa belle prose et la justesse de sa critique. C'est elle que Jean-Paul compare à l'école de peinture des Pays-Bas[*]; la critique allemande l'appelle école réaliste ou du bon sens; on pourrait lui donner le nom d'école de transition et aussi d'école du juste milieu. Son chef est Lessing, et à ses côtés se rangent des savants comme Lichtenberg et Zimmermann, les humoristes Knigge, Hippel, Thümmel; les poëtes Haller, Ramler, Wieland; les philosophes Mendelssohn et Kant, et tant d'autres. Mais ce qui faisait la force de cette école dans la critique fai-

---

[*] *Poétique*, § 72.

sait en même temps sa faiblesse dans la production purement poétique ; au théâtre, elle tombe dans la comédie fade ou le drame larmoyant; ses romans imitent le genre utilitaire et sentimental de Richardson ; le seul de ses champions qui soit un véritable poëte, c'est Klopstock. Mais sa poésie séraphique et transcendante, imitée par toute une école qui affecte de se renfermer dans les matières bibliques, offre trop de vide dans sa sublimité, trop de vague dans son azur; elle se trouve trop écrasée sous la grandeur de ses sujets pour ne pas devenir ennuyeuse, et par cela même bientôt impossible ; Klopstock lui-même ne se traîne que péniblement jusqu'à la fin de sa Messiade ; il semble qu'il accomplisse avec lenteur une tâche sainte, mais difficile ; et il se repose de tant de fatigues en reportant son attention vers les intérêts plus terrestres de la philologie et de la nationalité allemande [*]. Cette école réaliste, dès que l'instigation puissante de Lessing vient à lui manquer, devient de plus en plus prosaïque; elle n'exerce plus sa critique qu'avec la haine ou la complaisance

---

[*] *Poétique*, § 67.

d'une coterie, ou bien elle se réduit à imiter les encyclopédistes français, en répandant des lumières et des connaissances utiles. Son encyclopédie, c'est la *Bibliothèque allemande universelle,* publiée à Berlin, à partir de l'année 1765, par Nicolaï, écrivain aussi médiocre que fécond.

Cela n'était plus de l'art; et la poésie, qui vit de fictions, ne pouvait se contenter du bien réel qui devait résulter de pareilles entreprises. De tous côtés, s'élèvent des voix qui appellent platitude et sécheresse l'aversion des réalistes pour tout ce qui n'est pas clair; faiblesse et lâcheté, leur modération et leur tolérance éclectiques ; stérilité et vulgarité, la simplicité et la moralité de leurs rares fictions. C'est en 1768, l'année la plus révolutionnaire qui ait jamais été en littérature, qu'Herder se jette le premier dans cette nouvelle voie. Une jeunesse bouillante, la tempête littéraire, comme on l'a désignée depuis, se pressant sur ses traces, proclame l'autonomie et l'indépendance du génie dont la force naturelle doit rester rebelle à toutes les lois. Tout ce qui a l'apparence d'être une autorité dans l'art est proscrit avec acharnement. Quelques grands noms, quelques grandes choses, survivent à peine aux coups de ces iconoclastes : c'est l'architecture gothique ; c'est Ossian, qui passe de nouveau pour authentique, et que l'on place à cent lieues au-dessus d'Homère ; c'est enfin et surtout Shakespeare, qui ne peut tousser sans frapper de stupéfaction tous ses admirateurs. La civilisation, Rousseau l'a dit, a nui à l'art comme à toutes choses ; revenons donc, sans tarder, à la bonne et belle nature, délivrée de tout préjugé moral ou religieux. Lessing, et surtout Winckelmann, ont démontré que la seule qualité de la Grèce était son sans-gêne, sa nudité ; nous érigerons donc en thèse, comme le romancier Heinse, un culte de la volupté et des sens qui ira jusqu'au priapisme, un sensualisme raffiné par l'art, et en particulier par l'art plastique, comme celui que pratique la vie peu scrupuleuse des peuples du midi. D'un autre côté, ces jeunes têtes s'inspirent d'un vif sentiment de patriotisme pour une Germanie telle que Tacite l'a rêvée, telle que des bardes hypothétiques l'ont chantée après la défaite de Varus, et pour les gloires de ce moyen âge allemand tout bardé de fer ; Goethe lui-même donne le mot d'ordre par son *Goetz de Berlichin-*

gen; on voit se succéder dans le roman et sur la scène d'innombrables aventures de chevaliers et de brigands, dont les grands mots et les grands coups ne nous font pas trop regretter la féodalité perdue. Tels sont encore les premiers héros de Schiller et tous ceux de ce sombre Klinger, appelé par Wieland, avec autant de justesse que d'esprit, « l'homme qui se gorge du sang des lions (Der Loewenblutsaeufer) »; enfin tous ces grands souffre-douleurs de l'humanité, Prométhée, Ahasvère, Faust, ou tous ces héros intrépides qui luttent contre l'ordre si peu naturel des choses humaines, brigands philanthropes, burgraves corrigeant les travers du monde à grands coups de lance ou d'épée. La *titanomachie*, la *théophagie*, deviennent des termes de prédilection. Enfin, à l'adresse des cœurs plus tendres, on présente, surtout dans les romans, des âmes mélancoliques qui n'aperçoivent la terre qu'à travers les brouillards d'une douleur universelle.

On conçoit quelle anarchie littéraire dut se produire dans un milieu où le désordre prenait la place de la beauté, où la caricature passait pour de la vigueur, où étaient préférés les sujets les plus violents (par exemple l'*Ugolino* de Gerstenberg), où se pressaient en foule de beaux monstres que les « *Linnés de la critique* » étaient inhabiles à classer. C'est en vain, du moins pendant un certain temps, que des esprits plus modérés tentent de s'opposer à cette agitation révolutionnaire ; c'est en vain qu'un homme d'une grande autorité en matière de goût, Wieland, flétrit tous ces écrivassiers « qui se donnent l'air d'être habitués à jouer au colin-maillard avec Shakespeare » ; c'est en vain que Frédéric II s'indigne contre « les dégoûtantes platitudes de *Goetz de Berlichingen*, cette imitation des mauvaises pièces anglaises (de Shakespeare, etc.) ». La fièvre du génie règne ; le vent est au vertige de toutes les idées ; Caliban l'emporte sur Ariel dans ce chaos d'idées politiques, religieuses, philosophiques, poétiques, où s'agite tumultueusement une jeunesse pleine d'une sève désordonnée, intolérante à l'égard de tout le monde, sans en excepter elle-même, portant souvent l'incohérence jusqu'à la véritable folie.

Une pareille maladie ne pouvait être guérie que par elle-même. Les deux grands chefs de la révolution sont les premiers à s'en rendre maîtres, et à la ramener aux justes proportions d'une réforme utile. Après avoir été solidaires de ses tendances et avoir participé, dans les productions de leur jeunesse, à tous ses égarements, ils vont devenir les législateurs d'un ordre nouveau. Que les talents inférieurs continuent à se plaire dans le désordre de la « *littérature facile* », que des gens d'une « insigne extravagance » érigent en dogme l'inséparabilité du génie et de l'irrégularité ; qu'ils proclament que le goût et le travail ne sont d'aucune importance dans les arts : les esprits distingués se corrigent des erreurs brillantes, mais stériles et monstrueuses, des années précédentes ; et, tout en conservant de la vigueur et de l'originalité, ils savent se plier au frein de la pensée philosophique et à l'étude des grands modèles. Goethe, depuis son séjour en Italie, est devenu plus calme ; la contemplation des chefs-d'œuvre de la statuaire antique l'a ramené à lui-même. Schiller a trempé son esprit trop vigoureux dans la méditation de la philosophie de Kant ; ces deux grands poètes, en se liant d'une étroite amitié, s'engagent à contrôler réciproquement les élans de leur génie. Ils ont joué suffisamment avec la foudre dangereuse de l'inspiration soudaine et irréfléchie ; il s'agit maintenant de régler la liberté par la raison, de montrer dans l'artiste la conscience de son art, et de confirmer par leurs œuvres les excellents enseignements de leur critique. C'est à cette époque que leurs meilleurs ouvrages sont écrits, ou du moins préparés ; c'est alors (1796) que paraît leur fameux « Almanach des furies », contenant le recueil de leurs *Xénies*, épigrammes satiriques qui rompent en visière, d'un côté, avec la platitude ennuyeuse et la morale étroite de l'école éclectique et réaliste, de l'autre côté, avec toutes les extravagances de leurs anciens amis, de ces jeunes révolutionnaires dont les désordres et les excès durent toujours. Et Jean-Paul, un des épigones de cette phalange tumultueuse, se trouve, comme nous l'avons vu, atteint par cette satire, quoiqu'à son égard le blâme soit tempéré par la reconnaissance de son mérite.

Nous sommes arrivés à la fin du dix-huitième siècle. Il reste trois partis en présence : d'un côté, le réalisme de l'école utilitaire a toujours ses adhérents ; de l'autre, Schiller et Goethe continuent à s'élever, avec force, mais aussi avec mesure, vers l'idéal de la perfection. Enfin, un troisième parti reste encore sous la première impulsion de « *la tempête,* » et continue son mouvement en lui conservant toute son irrégularité ; c'est lui qui reçoit plus particulièrement le nom d'école romantique ; c'est lui qui poussera jusqu'à ses dernières conséquences le principe du romantisme, c'est-à-dire le refus de voir dans la beauté correcte et régulière la fin unique de l'art. Cette école, dont le programme, essentiellement versatile et fécond en discordes intérieures, manquait d'une base ferme et solide, allait se livrer à tous les excès possibles. Son premier chef, Novalis, érigea tout d'abord en dogme la solidarité de l'art et de la religion ; d'après lui, le don poétique était un don de prophétie, voisin du sentiment religieux et même un peu de la folie ; l'artiste devenait un apôtre, un pontife, et par cela même le premier des hommes. Du moment où ce principe était admis, l'art devait être considéré comme la seule carrière digne d'une âme bien née ; et l'amour-propre devait persuader à chacun qu'il était doué, au suprême degré, du talent poétique. On devait s'éloigner avec dédain de cette réalité basse et vulgaire, méprisable

bête de somme, sur le dos de laquelle le poëte né
consentait plus à monter que pour harceler ses
flancs avec les éperons satiriques de son humour
divin et universel. Pareils à certains esprits français et anglais qui, pour ne s'être jamais comparés
à autrui, ne connaissent ni les autres ni euxmêmes, ces jeunes poëtes n'ont d'admiration que
pour eux-mêmes, ou pour les génies du passé avec
lesquels ils croient avoir quelque analogie. L'antiquité classique, dont l'inspiration ne s'élevait pas
assez haut pour exclure le bon sens, devait paraître bien inférieure au mysticisme de l'extrême
orient; et Homère, déjà sacrifié à Ossian, devait
bientôt se voir détrôné par Bouddha. On devait
attribuer à ces ténèbres pittoresques du moyen
âge plus de goût et d'inspiration qu'aux siècles
modernes, trop vivement éclairés par les progrès
de la philosophie et des sciences. Les nations enthousiastes du midi de l'Europe étaient placées
bien au-dessus de ces lourds Germains et de ces
Français sceptiques, gâtés, les premiers par Kant,
les autres par Voltaire. Quant à la littérature allemande, rien n'y était bon, à l'exception des vieux
poëmes de chevalerie, ou du cordonnier mystique

de Goerlitz, qui comprend l'infini à force de contempler fixement une assiette d'étain bien nette. Tout ce qui dépassait le seizième siècle n'était plus digne d'être mentionné; Schiller n'était qu'un phraseur ridicule, et dans Goethe même il n'y avait d'admirable que le vague de ses premières productions.

Voilà jusqu'où ont été poussés en Allemagne les excès du romantisme. Tout devait être extraordinaire dans la vie et dans les œuvres du poëte. Arrière ces maisons modernes avec un nombre égal de fenêtres anguleuses à chaque étage ! Mieux vaut un vieux donjon des siècles de féodalité; on n'y voit pas clair en plein jour; à un de ses angles, une brusque saillie menace le nez des passants; mais cela est pittoresque, et à une fenêtre ogivale une belle attend le retour de son époux ou de son amant, parti pour les guerres lointaines. Détournons nos regards de ces hommes grossiers qui se remuent sur la surface de la terre pour y gagner de quoi vivre ; il n'y a qu'un seul travailleur qui puisse nous intéresser : c'est ce noble mineur, il descend dans les entrailles de la terre; il n'est vu par personne, lui-même ne voit pas grand'chose;

mais il entend les murmures sourds des forces de la terre, le bruit des torrents cachés, la voix des esprits qui veillent sur des trésors enfouis pour l'éternité. Il serait le premier des mortels, s'il n'avait pas à travailler. Mais la perfection est de ne rien faire : « Une certaine paresse divine, dit F. Schlegel, est la consommation de la science de la vie. » L'homme devrait pousser sur la terre comme les plantes, ou imiter le quiétisme contemplatif de ces sages orientaux, dont toute l'activité se borne à prononcer de temps en temps la syllabe mystique om. Les événements politiques de ce bas monde ne peuvent plus émouvoir des âmes pénétrées d'une sagesse si indolente. Que les orages grondent de tous les côtés, que le vieil édifice de l'empire germanique craque et s'effondre, que l'Autriche et la Prusse soient renversées l'une après l'autre sous les coups d'un nouveau Charlemagne, — peu leur importe ! Ils continuent à vivre dans un monde peuplé d'êtres bizarres, qui n'ont souci ni des baïonnettes françaises, ni de l'embargo, ni de la Confédération du Rhin. Pour eux, le vrai bonheur n'habite qu'avec les spectres et les revenants, les chasseurs noirs et les dames blanches, les bohémiennes et les hommes sans ombre, les bourreaux et les pendus, les hiboux, les forêts vierges et les fleurs de couleur bleue.

Cette indifférence et cette paresse devaient conduire au culte de l'ignorance. On est poëte ou on ne l'est pas; et, du moment où on l'est, rien ne doit venir du dehors. Dès l'âge de vingt ans on est aussi avancé que les sexagénaires; « le génie, dit Jean-Paul lui même, possède dès sa première fleur la connaissance des hommes. » Sans avoir rien appris, sans avoir même étudié son art, il doit se mettre d'abord à noircir du papier ou à barbouiller une toile. Une pareille ignorance, décorée des termes euphoniques d'originalité immédiate, de spontanéité, de naïveté céleste, finit par engendrer cette suffisance exclusive, cette impertinence grossière, mais soi-disant divine, qui forme le dernier des dogmes de l'école; et c'est là le point le plus fidèlement observé dans ses nombreuses productions critiques et satiriques.

Tels sont à peu près les caractères généraux de cette jeune école, qui prit naissance en Allemagne, comme nous l'avons dit plus haut, vers la fin du dix-huitième siècle. Mais, comme le fond en était une indépendance absolue, on trouve, dans le sein même de ce parti littéraire, des divergences innombrables et de toute espèce, et, en particulier, un scepticisme d'une hardiesse qui ne recule devant rien. Cette école pourra être, par conséquent, mystique et frivole à la fois, féodale et cosmopolite, ultramontaine et nihiliste ; d'un côté, elle se retranchera dans une nonchalance et une indifférence extrêmes ; et, de l'autre côté, elle ira chercher, dans toutes les nations et dans tous les siècles, tout ce qui est assez bizarre et assez grotesque pour frapper son goût blasé. Nous voyons des jeunes gens pleins de sève arriver à la démence ou au suicide ; d'autres se promènent, comme Rousseau, entre deux professions de foi ; Hoffmann nous offre son « Bedlam littéraire » ; F. Schlegel, Gentz, Werner, ne pouvant réussir dans l'ascétisme des premiers siècles chrétiens, se mettent à prêcher un évangile mystique des sens, à l'adresse des danseuses du théâtre de Vienne ; proclament un culte de la volupté identique, d'après eux, avec la véritable innocence ; portent, pour des raisons métaphysiques, l'art érotique jusque dans le mariage ; traitent enfin toutes les questions qui se rapportent aux relations des deux sexes, avec une témérité auprès de laquelle George Sand elle-même ne paraît plus qu'une ingénue. C'est dans cette école que Jean-Paul se range lui-même, mais non sans de nombreuses restrictions. Il ne faut pas s'attendre, en effet, à rencontrer dans sa *Poétique* le code de toutes ces extravagances, dont l'essence est d'ailleurs d'échapper à tout essai de systématisation. Chaque goût individuel se livrant à sa fantaisie et à tous ses caprices, chacun aurait une théorie particulière et qui ne serait applicable qu'à lui-même. Si Jean-Paul partage quelques-uns de leurs défauts, il attaque plus d'une fois leurs exagérations. Dans un certain sens, il marche à leur tête, et cependant il leur reproche de tomber dans le nihilisme. Placé, par son âge et par les circonstances, entre la naissance de cette école romantique et l'époque où Goethe et Schiller se rapprochent de la poésie antique, il se laisse entraîner pour toujours dans la voie nouvelle, et ne présente pas, comme eux, dans sa carrière, deux périodes distinctes d'exagération et de mesure.

Dans sa *Poétique*, Jean-Paul se pique d'éclectisme : mais cet éclectisme est moins un mélange du classicisme et du romantisme qu'un juste milieu entre les différents degrés de romantisme qui se développaient autour de lui. Il se borne à prescrire de ne pas tomber dans certains excès. Peu soucieux de l'unité dans la composition des œuvres poétiques, il exige du moins que leurs éléments soient vraisemblables. Il s'attaque à ceux qu'il appelle des nihilistes, qui, ne tenant aucun compte des lois de la nature, ne présentent dans leurs produits que des créations monstrueuses et impossibles ; il n'est pas nécessaire que la fiction soit régulière et homogène, mais il faut du moins qu'elle emprunte ses matériaux à la réalité* ; l'observation est la condition de l'invention. « Pour que le cristal pur et transparent du poëte puisse devenir le miroir de l'univers, il a besoin d'être posé sur le fond sombre de la vie. » Jean-Paul avait lu énormément et acquis une somme considérable de connaissances dont il savait tirer parti dans ses romans ; ses lectures lui tenaient lieu d'observation et d'expérience, et peut-être avait-il senti en lui-même que l'inspiration, réduite à ses propres forces, sans la connaissance des hommes

---

* *Poétique*, § 2.

et des choses, ne pourrait enfanter que des êtres sans valeur, ou être frappée de stérilité. Toutefois autre chose est connaître la nature pour ne pas violer ses lois, autre chose la reproduire et la copier servilement; l'histoire n'est pas un roman; la poésie emprunte ses matériaux à la nature, mais elle les choisit; et ce sont précisément les différents principes que l'on adopte pour diriger son imagination dans ce choix qui déterminent les différences des écoles poétiques *.

Cette tendance nihiliste, cet amour du monstrueux et de l'invraisemblable, cette affectation du laid et du faux, qu'il reproche à la jeunesse de son temps, il en cherche la cause dans la nouveauté du romantisme lui-même. Il croit vivre dans un moment de transition entre l'émancipation récente encore de l'imagination, et le règne prochain de la perfection poétique **. Ce règne n'est pas encore venu; cette perfection ne s'est réalisée que dans l'esprit des critiques; et aucun siècle n'a eu, plus souvent que le nôtre, l'occasion de sentir et de répéter qu'une connaissance pré-

* *Poétique*, § 87.
** *Poétique*, § 91.

cise de la nature et des lois de la poésie ne suffit pas pour faire un grand poëte.

Le goût de cette école pour le vide, son étalage d'ignorance, étaient poussés à un tel point que certains auteurs ne se donnaient même pas la peine d'écrire correctement leur propre langue, ou écrivaient sans harmonie et avec une rudesse d'expression choquante. Il n'y avait pas loin de ces excès à cette folie dont nous avons déjà parlé, et dans laquelle finissaient par tomber les plus ardents adeptes de la poésie nouvelle. Jean-Paul l'attribue à l'embarras que donne à la raison humaine, par la découverte de tant de vérités nouvelles et mal systématisées, le progrès des sciences, et aussi à l'affaiblissement des croyances religieuses, qui prive les âmes souffrantes de toute consolation. « Autrefois un homme pouvait perdre tout son bien et plus encore ; il disait seulement : « C'est Dieu qui le veut, » se tournait vers le ciel, pleurait et se calmait. Mais que reste-t-il aux hommes d'aujourd'hui quand, après avoir perdu le ciel, il leur arrive de subir les pertes de la terre ? Ils n'ont plus rien qui les soutienne, et ils tombent dans la folie..... Rien ne reste debout; les hauteurs romantiques s'enfoncent dans le sol terrestre, et tout se trouve mélangé comme dans un amalgame de couleurs différentes; c'est comme un vertige où des formes diverses se succèdent rapidement; ce ne sont que des rêves qui rêvent des rêves. »

Un autre défaut de cette école, c'était un aveugle dédain pour tout ce qui ne lui appartenait pas, et même pour ses propres adeptes. Le sentiment de l'indépendance individuelle était porté à un si haut degré, que chaque poëte se trouvait conduit à se considérer comme supérieur à tous les autres, comme le seul grand, et à ne promener sur l'histoire des arts que le regard d'un universel mépris. Ce défaut, si Jean-Paul l'avait partagé, aurait corrompu toute la *Poétique*, et même l'aurait rendue impossible. Son esprit était trop élevé et trop juste en même temps pour se plier à ces vices de faux poëtes et d'âmes vulgaires; loin de tomber dans ce travers ridicule, il le reproche sévèrement aux auteurs de son temps. On a, au contraire, à louer en lui un grand fonds de modestie et d'impartialité; s'il cite souvent ses propres ouvrages, c'est moins pour en faire l'éloge que pour l'utilité du lecteur, et pour renvoyer à des passages où la même question se trouve traitée. Il avoue même, quelque part, que sa théorie vaut mieux que sa pratique. « Comme l'auteur de ce livre aime mieux être partial pour tout autre que pour lui même, il engage ses lecteurs à ne pas s'attendre à rencontrer, dans cette construction philosophique, un édifice esthétique d'honneur et de science pour servir de soutien à ses romans, ou un discours de charpentier prononcé du haut d'un bâtiment achevé. Un professeur de morale irait-il fonder une théorie de morale sur ses propres défauts ? Ne peut-il pas arriver qu'il reconnaisse des lois et qu'il les transgresse en même temps, et qu'il les transgresse par faiblesse et non par ignorance ? Or les chaires d'esthétique se trouvent dans les mêmes conditions. »

III.

Il n'y a pas, entre le goût antique et le goût moderne, une différence absolue : parmi les chefs-d'œuvre de la Grèce, il en est beaucoup qui sont de nature à plaire encore aujourd'hui au goût populaire, quoique cependant on puisse douter qu'ils produisent sur nous le même effet esthétique que sur le peuple auquel ils étaient primitivement destinés ; et, d'un autre côté, parmi les productions de la poésie et en général de l'art moderne, on peut en signaler plus d'une que les anciens n'auraient pas désavouée. Il est arrivé plus d'une fois, dans les temps modernes, que le goût antique a été proposé comme un modèle, qu'on s'est efforcé de le prendre pour guide, et qu'on a voulu y conformer entièrement le sien ; mais le fait même de voir formuler et recommander cette règle par certaines écoles, par certains théoriciens, prouve qu'elle n'est pas naturelle à notre goût, et qu'elle ne s'impose à lui que par suite d'une volonté réfléchie ou de l'éducation. Au fond, la différence entre les deux goûts est une différence de degré ; certaines facultés, moins exercées, moins développées chez nous, nous rendent moins sensibles à certaines qualités des œuvres d'art, et nous conduisent à les y chercher et à les y mettre moins ; notre attention ne s'en reporte que plus vivement sur les autres qualités, auxquelles nous sommes portés, par conséquent, à attacher une plus grande importance.

Les différences qu'on peut établir entre ces deux goûts ne sont donc ni universelles ni nécessaires ; elles ne peuvent outre-passer la portée d'observations générales ; les individus peuvent facilement s'y soustraire ; on pourrait même distinguer, dans l'histoire littéraire d'une nation, certaines périodes qui n'offrent point ce que nous croyons pouvoir considérer en général comme le goût moderne. Ce sont là des faits exceptionnels, et dont les *poétiques* n'ont point à s'occuper, si ce n'est pour les signaler comme des singularités. La poétique n'est qu'une science de faits, une collection d'observations : c'est l'histoire du goût et de toutes ses variations. En cela, elle est opposée à l'*esthétique* qui, en tant que science des lois essentielles de la sensibilité, s'élève à des généralisations universelles et absolues : une poétique est l'application particulière à la poésie et à la poésie déterminée d'une nation ou d'une époque des lois générales de l'esthétique. Chaque goût a, par conséquent, sa poétique à lui ; on pourrait assigner à chaque nation, à chaque siècle une poétique particulière. « On peut affirmer que chaque siècle est romantique d'une manière différente; de même que, moitié sérieusement, moitié plaisamment, on pourrait mettre dans chaque planète une poésie différente *. »

On pourrait concevoir enfin un goût idéal qui serait celui d'un homme parfait et d'une société parfaite, et une poétique renfermant les lois que la poésie devrait observer pour satisfaire ce goût; quelle que soit la méthode que l'on emploierait pour déterminer cet idéal, la poétique qui lui correspondrait serait un véritable système d'éclectisme, empruntant aux poétiques de chaque nation, de chaque siècle, ce qu'elles offriraient de meilleur et de conforme à la perfection. En attendant, il est évident que la poétique des anciens doit se trouver différente de celle des modernes; nous ne voulons pas décider ici lequel de ces deux goûts est supérieur à l'autre, c'est-à-dire se rapproche davantage de ce goût idéal dont nous venons de parler; et nous nous proposons de considérer ici la préférence pour telle ou telle

---

* *Poétique*, § 21.

forme comme un fait à expliquer, plutôt que comme une règle à prescrire.

On peut appeler le goût des anciens goût classique, et le goût des nations modernes goût romantique. Avant de déterminer les caractères de chacun, nous devons, dans le but d'éviter certaitaines ambiguïtés de langage, faire sur ces dénominations quelques observations. Le mot *classique* offre différents sens, suivant qu'il n'est pas ou qu'il est opposé au mot *romantique*. Dans le premier cas, *classique* signifie excellent; après la renaissance des lettres, on a donné ce nom aux auteurs du premier ordre (*auctores primæ notæ, auctores præstantissimi*); appliqué d'abord aux meilleurs auteurs de l'antiquité, il a fini par s'étendre aux chefs-d'œuvre des littératures modernes; dans ce sens, ce n'est pas une qualification propre aux œuvres de goût : il y a des historiens, des philosophes, des théologies classiques, des orateurs classiques, etc., et, dans ce sens encore, des écrivains romantiques peuvent être appelés classiques : Goethe et Schiller sont les deux plus grands classiques de l'Allemagne, et Shakespeare est un classique anglais. Quand, au contraire, ce mot est opposé au mot *romantique*, il ne s'applique qu'aux œuvres d'art ; il désigne les poëtes de l'antiquité, et quelquefois ceux des temps modernes qui témoignent d'un goût semblable au leur, que ce goût soit naturel ou le résultat d'un système réfléchi. Nous ne voulons pas tracer ici l'histoire de cette nouvelle acception du mot : chacun sait qu'elle a pris naissance en Allemagne. Quant au nom de *romantisme*, il est d'une origine aussi accidentelle et aussi arbitraire que ceux de *jacobins*, de *gueux*, d'*Yankees* et tant d'autres. Goethe, dans ses entretiens avec Eckermann, en revendique la création : « La notion de poésie classique et de poésie romantique, qui actuellement fait le tour du monde pour y causer tant de bruit et de dissensions, ne vient, au fond, que de moi et de Schiller. Je considérais le procédé objectif comme le seul valable en poésie; Schiller, qui avait une méthode tout à fait subjective, regardait cette dernière comme la seule qui fût bonne ; et c'est pour se défendre contre moi qu'il écrivit son *Traité de la poésie sentimentale et de la poésie naïve*. Il me prouva que j'étais romantique en dépit de moi-même, et que mon *Iphigénie* n'était ni aussi classique ni composée aussi strictement dans le goût des anciens qu'on pourrait le croire, attendu que le sentiment y dominait. Les Schlegel se sont emparés de cette idée pour la pousser plus loin, de sorte que depuis elle s'est répandue dans tout le monde littéraire *. »

Le classicisme a sa base dans une seule littérature, la litérature grecque : car la littérature latine elle-même n'est qu'une imitation de la première, et le classicisme moderne n'est que la continuation de la tradition antique ; il s'ensuit que le classicisme est un et ne se subdivise pas. Le romantisme, au contraire, tout en offrant d'abord certains caractères généraux, présente autant de branches qu'il y a de littératures modernes : on peut distinguer les romantismes italien, espagnol, français, anglais, allemand **. Mais, si la poésie de chacune de ces nations offre, en général, des qualités spéciales, elles ont néanmoins toutes certains caractères communs, et c'est par ces derniers qu'elles diffèrent de la poésie classique. On peut appeler romantique tout ce qui n'est pas

* *Gespræche mit Goethe.* — 2 vol. Leipsick, 1836.
** *Poétique*, § 21.

classique, c'est-à-dire n'offre pas les qualités ordinaires de l'art grec, ne remplit pas les conditions que le goût classique exige de toute production ; c'est ainsi que la poésie de l'Inde elle-même est considérée comme romantique [*]. Le classicisme, parce qu'il est un, peut être nettement défini ; le romantisme, au contraire, peut suivre mille voies différentes et embrasser toutes les formes possibles ; mais, au sein de cette sphère vaguement limitée, les diverses écoles de romantisme qui se développent prennent au contraire des caractères nettement dessinés qui les distinguent les unes des autres ; ici il n'y a plus seulement l'absence des caractères propres au classicisme, il y a la présence de certains caractères particuliers. La distinction du romantisme en général d'avec le classicisme est purement négative ; la distinction de chaque romantisme particulier d'avec les autres est véritablement positive.

Personne n'a mieux résumé et expliqué les différences des deux goûts que William Hamilton, le dernier chef de la philosophie écossaise, et l'un

---

[*] *Poétique*, § 22.

des plus illustres penseurs de l'Angleterre : « Dans les meilleurs siècles de l'antiquité, dit-il, la perfection, la beauté de toutes les œuvres de goût, dans la poésie, l'éloquence, la sculpture, la peinture, la musique, étaient principalement estimées d'après la symétrie ou la proportion de chacune des parties relativement aux autres, et au tout qu'elles constituaient ensemble ; et c'était seulement en vue de cette harmonie générale que la beauté des différentes parties était appréciée. Dans la critique moderne, au contraire, c'est l'inverse qui a lieu, et nous sommes disposés à accorder plus d'attention aux qualités les plus frappantes des détails, qu'à l'ensemble et à l'harmonie du tout. Nos œuvres d'art sont en général faites en quelque sorte de pièces rapportées ; ce ne sont pas des systèmes de parties toutes subordonnées à une totalité idéale, mais des coordinations de fragments indépendants, parmi lesquels un *purpureus pannus* se rencontre parfois hors de propos. La raison de cette différence de goût paraît être, ce qui, au premier abord, semblerait le contraire, que, dans l'antiquité, ce n'était pas la raison, mais l'imagination qui avait le plus de vigueur ; que l'imagination était capable de représenter simultanément un ensemble plus compréhensif*; et ainsi, les différentes parties étant considérées et estimées seulement en tant qu'elles contribuaient au résultat général, elles n'obtenaient jamais cette importance individuelle qui leur aurait été attachée si elles avaient été seulement créées et considérées pour elles-mêmes **. »

En un mot, les œuvres classiques présentent plus d'unité; les œuvres romantiques, plus de variété. Et ce caractère se fait d'autant plus sentir en elles qu'elles appartiennent à des nations, ou à des temps, ou à des auteurs qui sont restés plus étrangers à l'influence de la tradition antique. En peinture, par exemple, les chefs-d'œuvre de l'école italienne se rapprochent plus de cette beauté si estimée des anciens, que les tableaux pittoresques des écoles flamande et hollandaise; le désordre est

---

* Peut-être faut-il chercher la cause de ces différences d'imagination dans des différences de la faculté d'attention. Nous paraissons avoir moins que les anciens l'habitude de nous attacher longtemps à la considération d'un seul et même objet, et plutôt celle d'en parcourir rapidement un grand nombre. Leur imagination avait plus de force; la nôtre, plus de vivacité.

** *Lectures on logic*. — Édimbourg, 1860. — T. II, p. 131.

plus grand dans l'architecture du moyen âge que dans celle de la renaissance ; et les poëtes de notre dix-septième siècle, nourris des modèles de l'antiquité, ont produit des œuvres plus correctes que les poëtes un peu rudes, mais plus franchement originaux, des siècles antérieurs. Il semble que ce qu'il y a de capricieux dans notre génie soit naturel et spontané, tandis que ce qu'on y trouve de régulier paraît être le résultat de notre connaissance des anciens. Une poétique réellement romantique, c'est-à-dire qui soit, non un commentaire de celle d'Aristote, mais l'expression véritable de nos goûts nationaux, devra par conséquent offrir des règles plus larges que la poétique grecque ; elle devra laisser au poëte plus de liberté, lui imposer moins rigoureusement l'obligation d'une correction et d'une harmonie parfaites. Ce ne sera plus strictement l'art d'éveiller par une fiction le sentiment du beau ; ce sera plus vaguement l'art de plaire par une composition, d'éveiller un sentiment de plaisir, quel qu'il soit. Une œuvre n'a plus à produire un plaisir rigoureusement déterminé, il suffit qu'elle produise un plaisir quelconque ; elle n'a plus pour fin exclusive d'être belle, elle se propose tour à tour de causer le sentiment du sublime, de faire rire, d'être spirituelle, élégante, pittoresque, souvent un peu de tout cela en même temps. Relativement à la *Poétique* d'Aristote, celle de Jean-Paul sera par conséquent un véritable Code d'affranchissement. Ce sera moins un recueil de prescriptions positives que la négation des règles proposées dans la critique des érudits; ce sera une œuvre de comparaison et même de polémique, s'efforçant de présenter, non comme absurdes, mais comme inutiles et superflues, ces conditions auxquelles continuent à se soumettre encore les admirateurs de l'antiquité.

Dans le langage de la philosophie de Schelling, qu'il arrive quelquefois à Jean-Paul de parler, le romantisme est appelé la poésie de l'infini, et le classicisme, la poésie du fini *. Toutefois cet infini n'est qu'une pure négation; ce n'est même pas, dans un certain sens, la négation du fini en général, mais celle de l'unité et de l'harmonie.

---

* *Poétique*, § 22. — Et § 31 : « En opposition avec la poésie plastique, nous avons assigné à la poésie romantique l'infinité du sujet comme un espace où le monde objectif perd ses limites de même que dans un clair de lune. »

Le poëte romantique est, à la vérité, plus libre de s'abandonner aux caprices de son imagination, à son goût individuel, à l'influence des circonstances dans lesquelles il se trouve; il n'est pas contraint de se soumettre aux chaînes de l'harmonie, et il peut suivre également toutes ses associations d'idées. Mais, au lieu du fini de la beauté, nous n'avons encore qu'une collection, une série d'éléments finis; et une collection d'êtres finis ne constitue nullement un infini.

Ce caractère d'unité et de perfection de la poésie classique, Jean-Paul l'appelle plasticité; il trouve que la poésie grecque ressemble davantage aux arts du dessin, et la poésie moderne à la musique. Dans les poëmes grecs, toutes les figures paraissent sur la terre comme autant de statues de Dédale qui marchent et sont pleines de corps et de mouvement; tandis que, dans les poëtes modernes, les figures s'élèvent plutôt vers le ciel comme des nuages, dont les contours immenses, mais indécis, se modifient au gré de l'imagination de chaque lecteur*. Le but du poëte antique

---

* *Poétique*, § 17. — Jean-Paul a, d'ailleurs, parfaitement défini la beauté : « La beauté humaine, comme la sphère, ren-

étant déterminé d'une manière précise, il bannit rigoureusement tout ce qui n'est pas essentiel à son œuvre :

<blockquote>Quod non proposito conducat et hæreat apte;</blockquote>

le poëte s'efface complétement, et va jusqu'à s'oublier lui-même ; tout ce qui se rapporte directement à sa personnalité est étranger à sa création et en détruirait la pureté. Le poëte moderne n'est pas arrêté par le même scrupule; il aime à faire penser à lui; au milieu d'une épopée, il prend ouvertement la parole ; dans ses drames, nous sentons souvent que c'est lui-même qui parle. Il juge les caractères qu'il a créés, il réfléchit sur ses propres œuvres et dans ces œuvres mêmes. On pourrait même dire qu'il y a dans la poésie romantique plus d'éléments lyriques, en ce sens que le poëte

---

ferme la plus grande richesse de matière dans une forme relativement minime.... La beauté est fille de l'ensemble et des rapports; il ne peut y en avoir là où le regard n'embrasse pas en même temps plusieurs parties cohérentes. La sérénité, la symétrie, le calme, la beauté, sont tour à tour les unes pour les autres des moyens ou des fins. Dans le monde poétique, le calme devient même une partie ou une condition de la beauté.... La simplicité est aussi un de ses éléments. »

s'en sert plus souvent comme d'un moyen pour exprimer ses propres sentiments. Il en résulte que son caractère se fait connaître en grande partie dans ses ouvrages, tandis qu'il serait impossible de deviner l'individualité d'un Sophocle au moyen de ses tragédies [*]. C'est là ce que Jean-Paul appelle l'objectivité des Grecs et la subjectivité des romantiques.

Le même soin d'écarter tout ce qui n'était pas un élément de la beauté imprimait aux œuvres des anciens un caractère de simplicité qu'on retrouve rarement dans les nôtres. Les personnages de leurs fictions étaient plus souvent les représentants d'un type général, parce qu'ils écartaient avec soin, comme superflus, les signes trop individuels [**]. Comme le plus général est en même temps qu'il y a de plus haut, leurs œuvres, à mesure qu'ils rejetaient l'accidentel, grandissaient en éclat et en beauté.

Telles sont les principales différences qui concernent la forme poétique elle-même, qui ont leur source dans des fins diverses proposées à l'art, et qui constituent des systèmes de poétique vérita-

---

[*] *Poétique*, § 17.
[**] *Poétique*, §§ 18 et 21.

blement distincts. Quant aux autres différences que l'on peut établir entre la poésie grecque et la poésie moderne, elles ne se rapportent pas proprement à la poésie elle-même, mais aux matériaux que celle-ci doit mettre en œuvre. Elles viennent de la diversité des idées qui appartiennent à deux civilisations différentes. On retrouve, dans les personnages des fictions antiques, ce calme, cette sérénité que les Grecs apportaient dans toutes les affaires de la vie*; dans la plupart des littératures modernes, au contraire, et en particulier dans celles de l'Allemagne et de l'Angleterre, règne une espèce de mélancolie et de mépris de la vie. Si l'homme est un mélange de grandeur et de faiblesse, il semble que les anciens n'aient considéré que le premier de ses éléments, et que les modernes n'aient songé qu'au second. La plaisanterie, chez ces derniers, paraît elle-même souvent inspirée par la tristesse, et c'est là ce qui donne naissance à l'humour, que Jean-Paul définit le comique du romantisme **. Ces différences dans la sensibilité générale d'une nation n'appartiennent qu'indirectement à la poé-

---

* *Poétique*, § 19.
** *Poétique*, § 31. « Quelle hauteur, quelle fermeté, quelle

tique; il en est de même des différences de mœurs *, d'institutions, de religions **, qui se font également sentir dans les poëmes, sans néanmoins modifier en rien leur forme et leur mode de composition.

Jean-Paul n'a pas seulement déterminé avec beaucoup de bonheur les caractères du classicisme et du romantisme, il a complété son livre par d'excellentes observations sur les goûts particuliers des différentes nations modernes. Ce manque d'unité qui est, comme nous venons de le voir, la qualité essentielle de la poésie romantique, laisse aux plus grandes diversités de goût une latitude suffisante pour se développer librement. « Il est naturel que les différents romantismes, bien qu'enfants d'un même père, soient autres dans le Nord que dans le Midi. Dans cette Italie, parente, par son

beauté sont nécessaires au poëte comique, pour qu'il puisse exprimer son idéal en l'alliant d'une manière régulière à des grimaces de singe et à un langage de perroquet; et pour continuer, semblable à la grande nature, l'image de Dieu à travers le règne animal des sots ! Le poëte doit savoir écrire sa propre écriture à rebours, afin qu'elle devienne lisible par un second renversement dans le miroir de l'art. »

* *Poétique*, § 20.
** *Poétique*, § 22.

climat, de la Grèce, le romantisme doit être porté par un souffle plus gai, doit s'éloigner moins de la forme antique, que celui du Nord, dans Shakespeare. Sous un ciel méridional, dans la brûlante Espagne, il revêt la hardiesse de l'Orient. La poésie et le romantisme du Nord sont comme une harpe éolienne, agitée par les tempêtes de la réalité, où des mugissements se résolvent en sons mélodieux, mais où tremble une douce mélancolie, et parfois même le cri déchirant de la douleur *. » Mais les deux goûts sur lesquels Jean-Paul a le plus insisté sont le goût français et le goût allemand.

Le romantisme français se distingue surtout par deux caractères : par l'extrême valeur qu'il attache à l'esprit, chose essentiellement de détail, et par l'importance qu'il donne au style, qui est, de toutes les qualités de la composition, celle qui importe le moins à la beauté poétique d'une œuvre. Ces caractères se retrouvent jusque dans ceux de nos écrivains qui ont pris les anciens pour modèles; ils ont même une grande influence sur notre manière d'étudier et d'apprécier les littératures étrangères,

* *Poétique*, § 23.

qui se trouvent, par le génie même de leur langue, dans des conditions de style tout à fait différentes. Les qualités que nous estimons le plus chez les anciens ne sont pas celles auxquelles eux-mêmes attachaient le plus de prix. Nous mettons au-dessus de la beauté l'esprit et le style, ou plutôt nous avons l'habitude d'appeler belle toute œuvre qui est spirituelle et bien écrite. Jean-Paul a très-bien saisi le rapport qui se trouve entre notre goût et nos mœurs ; il décrit longuement l'influence qu'a eue sur notre poésie cette vie de salons qui occupe une si grande place dans notre existence sociale. Les qualités que nous cherchons dans un poëme sont celles que nous avons l'habitude de demander à la conversation *. « L'esprit, dit-il, est une logique de femme ; » et ailleurs, dans la *Loge invisible* : « La plupart des poésies françaises ne sentent pas la lampe du pauvre savant qui veille, mais elles exhalent un parfum de gants et de jarretières, etc. » L'art du style est un art à part ; nous n'avons pas l'intention d'en atténuer ici la valeur : le talent de bien écrire exige un développement

---

* *Poétique*, §§ 87 et 88.

considérable de l'imagination et de l'esprit ; mais il ne faut pas pour cela le confondre avec le génie, ni absorber en lui toute l'activité du poëte. Commun à l'artiste, au philosophe, à l'historien, il est complétement distinct de la composition poétique d'une œuvre, qui consiste uniquement dans le choix et la distribution de ses matériaux. Chacun a son style à lui ; mais ce n'est pas ce style, c'est la fiction qui fait le poëte. Cependant nous attachons si peu d'importance à cet élément essentiel de la poésie, qu'il nous arrive souvent, au spectacle, de nous préoccuper moins de la pièce elle-même que du jeu des acteurs. Nous appelons grands poëtes des hommes qui ne sont que d'habiles écrivains. Ce n'est pas seulement dans les œuvres d'art qu'on accorde la première place au style, à l'esprit et en général aux qualités de la forme, dont le principe est la variété ; la vérité est abandonnée de tous, quand elle ne s'exprime pas avec talent ; l'utile même n'est bien accueilli que sous le vêtement d'un style amusant et agréable ; et, dans nos assemblées politiques, on a vu ceux qui parlaient bien entraîner la majorité plus souvent que ceux qui pensaient juste. « Pour un Français, dit Jean-Paul, la vraie logique, c'est un bon mot... Cette confusion de la forme poétique avec la perfection du style éteint les soleils dans l'univers de la littérature, et n'y laisse subsister que des lunes. Car les choses vulgaires sont toujours celles qui sont les plus faciles à exprimer, d'autant plus qu'elles ont déjà été exprimées plusieurs fois *. »

Le goût de l'Allemagne présente des caractères tout à fait différents. Là, la poésie a surtout pour objet de satisfaire ce caractère sentimental propre à cette nation. Son romantisme a quelque chose de mystique; il est fils de la rêverie. Autant le poëte français met de soin à être élégant et spirituel, autant le poëte allemand en met à être vague et sublime. Cette disposition particulière de l'âme, que les Allemands appellent *Gemueth*, devient facilement pour eux le principe de la poésie. Laissons parler Jean-Paul lui-même : « Toute modification forte de la sensibilité offre de la poésie en abrégé. Il y a dans le premier amour, quelquefois dans la musique, dans les grandes résolutions, dans les transports, des éclairs dont la trace fugitive ouvre

* *Poétique*, § 93.

le ciel entier que nous cherchons. La poésie produit ce même effet, mais avec plus de douceur, de fermeté, de pureté et de durée. » — « La poésie est une ascension, dit-il ailleurs*, ou plutôt ce n'est pas l'homme qui monte vers le ciel, c'est le ciel qui descend chez nous. Il y a en nous une faculté dont la toute-puissance peut vous construire des cieux aussi bien que des enfers, c'est l'imagination. Dans la vie, cette imagination peut obscurcir nos jours les plus sereins, en rappelant les ombres du passé et en prévoyant celles de l'avenir ; elle peut rendre nos joies minces et transparentes, nos peines épaisses et ténébreuses. Qu'on lui donne donc, à cette puissante déesse, l'empire de la poésie à gouverner ! Là elle peut et doit devenir l'antipode de la vie, non-seulement en augmentant les joies et en diminuant les peines, mais aussi en les transfigurant les unes et les autres. Mais elle n'en serait que plus répréhensible, si elle voulait transporter dans ces hautes régions ces désenchantements qu'elle procure ici-

---

* Ce passage est extrait d'un recueil de notes publiées par Jean-Paul pour servir de supplément à sa *Poétique*. (*Kleine Nachschule zur æsthetischen Vorschule.*)

bas. Le sol de notre monde porte et présente déjà assez de monstres osseux aux dents tranchantes, assez de longs spectres de reptiles ; il ne faut pas que l'imagination aille défigurer et décomposer en longues et larges difformités, en masques de furies gigantesques, ces nuages vaporeux et mobiles de la région céleste ; qu'elle les laisse passer sur les montagnes lourdes et sombres de la terre, tantôt comme de blancs et paisibles troupeaux d'agneaux, tantôt comme des chaînes de montagnes légères et brillantes ! Pauvre grand poëte Byron, pourquoi as-tu, comme une carte d'astronomie, divisé et groupé par des lignes l'armée des astres, pour en faire des monstres ? Hélas ! je dois en dire autant de moi-même : n'ai-je pas commencé par pécher en ne me contentant pas de montrer le ciel et en ouvrant trop souvent les tombes ? Mais c'est là la faute que la vieillesse pardonne le plus volontiers, elle qui, semblable à l'éphémère, aime à passer, en dansant sous les chauds rayons du soleil couchant, les dernières heures de son soir. C'est pour cela que les vieillards, comme les nations les plus sérieuses, aiment mieux fréquenter la comédie que la tragédie.

« Seulement, il ne faut pas que cette voie nous conduise dans les erreurs des imitateurs de Goethe. Le poëte ne doit pas seulement nous rendre gais, il faut qu'il nous élève, comme fait Klopstock. Il ne doit pas se contenter, comme Goethe, de peindre cette verdure qui tient à la terre; il faut qu'il peigne aussi cet azur du ciel, qui dure plus longtemps et qui ne se fane pas comme le feuillage.

« Aussi je me dis à moi-même : Va, dans tes jours qui vont en diminuant, fais comme s'ils allaient en croissant! Fais tout ce que tu pourras faire pour cette poésie sublime, qui soulage et ranime les hommes déjà pauvres et qui s'appauvrissent de plus en plus! N'hésite point à dépenser le reste de tes années, de tes forces et de tes yeux mourants*, pour des semailles dont la peine n'est rien au prix de la moisson qu'attendent les amis de ton cœur. »

L'Allemagne est la nation où le romantisme a rencontré le moins d'entraves et a pu, par conséquent, se développer de la manière la plus franche

---

* Jean-Paul devint aveugle sur la fin de sa vie.

et la plus complète. Nulle part les mœurs et les arts n'ont été plus exactement le reflet de ces idées nouvelles, apportées dans la civilisation par ces masses germaines qui, au moyen âge, envahirent le midi et l'ouest de l'Europe. Chez elle, ces idées n'ont guère eu à s'associer qu'à un seul élément étranger, qui lui-même n'était pas classique, le christianisme. Aucune nation moderne n'a conservé à un plus haut degré cet amour pour le merveilleux et pour les aventures; ses vieilles poésies nationales témoignent d'une aspiration constante vers un but étranger à ce monde. On y retrouve partout cette tendance chevaleresque à redresser généralement les torts; ce grand courage allié à une fidélité sans bornes à l'égard des amis, et à une loyauté inébranlable à l'égard des ennemis. Son héroïsme fait pâlir celui de l'antiquité; ses guerriers ne sont pas rendus invulnérables par les soins d'une mère aimante; il faut qu'ils tuent eux-mêmes le dragon dont le sang doit les garantir des blessures. Pour qu'ils parcourent l'univers, il n'est pas nécessaire qu'un dieu irrité les égare dans des mers lointaines; il suffit qu'ils entendent parler des périls de Charybde et de Scylla, pour qu'ils éprouvent l'envie de courir les braver.

Ce qui était sublime au moyen âge serait de la Don Quichottade aujourd'hui ; des influences étrangères, le courant de la civilisation, ont modifié ces caractères ; mais l'Allemagne en a conservé le fond, et les réformes du dix-huitième siècle n'ont servi qu'à le mettre davantage en lumière. Le but que poursuit la poésie allemande a toujours plus d'élévation que de certitude et de clarté. Le poëte lui-même, plein du sentiment de son indépendance et de foi dans son propre génie, n'a point souci des autres ni des règles conventionnelles que la majorité elle-même voudrait lui imposer. Il aime mieux faire fausse route que se plier aux exigences d'un arbitraire étranger. Si le génie gagne quelque chose à cet amour de l'originalité, ce procédé a d'un autre côté l'inconvénient de rendre la médiocrité bien plus médiocre encore. Toutes ces qualités se retrouvent dans l'école appelée plus spécialement romantique, et elles s'y combinent, comme nous l'avons vu, avec d'autres qualités qui tiennent aux dispositions particulières de ses sectaires.

L'étude de ces différentes formes du romantisme ne pouvait former qu'une partie secondaire d'une poétique. Celle de Jean-Paul devait par conséquent être consacrée avant tout à l'exposition des différents caractères par lesquels le romantisme en général, et non tel romantisme particulier, se distingue de la poésie classique. Que les poëtes mettent dans leurs œuvres leurs sentiments personnels, leurs opinions individuelles, la poétique doit seulement tracer le cadre où viennent s'agiter tous ces éléments ; et encore, quand il s'agit de romantisme, le caractère essentiel de ce cadre est-il de n'avoir pas de détermination précise, ou, pour parler la langue de certains systèmes philosophiques, d'être infini. Après des considérations sur la poésie en général (ch. I) et sur les facultés dont elle est le produit (ch. II et III), Jean-Paul esquisse à grands traits les différences de la poésie grecque et de la poésie moderne (ch. IV et V) ; puis il montre quels sont les caractères généraux du romantisme dans le genre comique (ch. VI, VII et VIII), dans l'esprit (ch. IX), dans l'invention des caractères (ch. X), et dans les trois grandes branches de la poésie : drame, épopée et poésie lyrique (ch. XI, XII et XIII). L'étude du style vient ensuite (ch. XIV et XV); enfin, le livre est terminé par une sorte d'appendice, renfermant des études historiques et comparées des goûts de plusieurs nations modernes, et des principales écoles poétiques qui se sont formées au sein du romantisme.

Comme il n'existe point, dans la littérature française, de livre où toutes les questions qui se rapportent à la nature et aux différentes formes de la poésie se trouvent traitées d'une manière aussi complète et aussi conforme au goût des sociétés modernes, nous avons cru rendre service au public en lui offrant cette traduction. Notre tâche était difficile; car Jean-Paul a passé longtemps pour être intraduisible *; et nous croyons pouvoir

---

* Bouterweck a dit quelque part que Jean-Paul ne pouvait être traduit en français que par lui-même. Il est probable qu'il n'avait pas lu le billet suivant : « A mademoiselle Renata Wirth. (En hâte la plus grande). La langue française est le lac d'Espagne. Le ciel promet aujourd'hui tant de plaisirs, que je Vous prie, m'amie, de l'imiter en les augmentant et partageant. Je vous demande : 1) de vous promener, 2) de m'écrire le lieu et temps. — S'il ne m'est pas possible de Vous accompagner, il me l'est pourtant de vous suivre. — Les nuages de la vie s'enfuient avec celles du ciel, — l'homme partage la sérénité du jour

affirmer ici que, sans le concours de deux auteurs, l'un Allemand, l'autre Français, une pareille entreprise aurait été probablement impossible. Nous avons ajouté à ce travail un grand nombre de notes et des commentaires, destinés à éclaircir ou à développer les théories et les critiques de Jean-Paul; on trouvera, en outre, dans l'index des auteurs cités, des renseignements biographiques et bibliographiques sur des écrivains étrangers, peu connus dans la littérature française. Jean-Paul avait publié, sur la fin de sa vie, un recueil de notes pour servir de *supplément à l'introduction à l'esthétique* *; nous avons inséré parmi nos commentaires les plus importantes de ces notes.

Nous avons supprimé quelques passages sans intérêt pour des lecteurs français : toutefois nous ne nous sommes donné cette licence que dans les deux préfaces, dans les deux derniers chapitres

---

— et on est heureux quand il fait si beau temps et quand attend un billet d'une chère amie et quand on est Votre ami Jean Paul » — (V. Briefen Jean-Paul's an eine Jugendfreundin. — Brandenburg, 1858).

* *Kleine Nachschule sur æsthetischen Vorschule*. — Insérée dans la *Kleine Buecherschau* (petit recueil de critiques), publiée en 1824.

(sur le style et sur la langue allemande) et dans l'appendice. Dans cette dernière partie, Jean-Paul avait encadré ses critiques dans une espèce de fiction : il s'était présenté comme faisant un cours public de belles lettres dans une île artificielle d'un jardin public de Leipsick ; et les trois leçons, dont ce cours se composait, étaient remplies en grande partie de réflexions et de traits relatifs à cette fiction, à la ville de Leipsick et à une multitude de circonstances contemporaines qui, aujourd'hui et pour des étrangers, n'ont plus la moindre valeur. Nous n'avons conservé, de cette partie de la *Poétique*, que ce qui se rapportait directement à la matière de l'ouvrage, et nous en avons formé les huit paragraphes dont notre appendice se compose.

Avertissons, une fois pour toutes, que les renvois aux autres ouvrages de Jean-Paul ont été faits sur l'édition de Paris (*Jean-Paul's saemmtliche Werke*, Baudry, 1843 ; 4 vol. grand in-8°).

A. B. et L. D.

PRÉFACE

DE LA PREMIÈRE ÉDITION.

Les ouvrages de pure imagination ne gagnent pas toujours à être composés en un grand nombre de jours, mais il en est autrement des ouvrages de théorie, et c'est pour cette raison que l'auteur de ce livre peut le publier avec quelque espoir de succès. Il a mis en effet à le composer juste autant de jours qu'à composer tous ses autres ouvrages ensemble, c'est-à-dire plus de dix mille. Il est autant le résultat que la source de ses autres travaux; il est leur parent en ligne ascendante non moins qu'en ligne descendante. Rien ne pullule aujourd'hui comme les esthéticiens (1). Il est rare qu'un jeune homme qui a payé pour suivre un cours d'esthétique ne vienne pas quelques mois après demander au public, par une publication sur quelque point de cette science, le remboursement de sa dépense; il y en a même qui n'acquittent les droits du professeur qu'avec leurs droits d'auteur (2).

Il est très-facile d'émettre, à propos d'une œuvre d'art, quelques critiques détachées, c'est-à-dire d'emprunter au ciel richement étoilé de cette œuvre quelques astres, pour en faire à son gré les images d'une analyse; mais une esthétique est autre chose qu'une critique, bien que chaque jugement particulier donne à penser que son auteur possède tout un propre fonds scientifique.

Quelques-uns cependant ont entrepris de faire une esthétique et nous offrent ce qu'ils appellent une construction scientifique. Chez les esthéticiens anglais et français, par exemple chez Home, Beattie, Fontenelle, Voltaire, l'artiste obtient du moins quelque chose, une sorte de *callipédie* technique, mais c'est aux dépens du philosophe. Chez les esthéticiens transcendants d'une époque plus rapprochée, le philosophe n'obtient pas plus que l'artiste, c'est-à-dire qu'ils obtiennent chacun la moitié de rien; je n'en veux pour preuve que les deux méthodes différentes qu'ils suivent pour ne rien dire. La première est celle du parallélisme, au moyen de laquelle Reinhold, Schiller et d'autres, présentent assez souvent des systèmes; au lieu de construire leur objet d'une manière absolue, ils le placent à côté d'un autre objet quelconque. Dans notre cas, par exemple, ils placent la poésie près de la philosophie, ou près des arts plastiques et de dessin; ils comparent ainsi des caractères arbitrairement choisis, ce qui est tout aussi stérile que si on allait, pour donner une idée de la danse en la comparant avec l'escrime, dire que la première met plutôt en jeu les pieds, et la seconde les bras; que l'une procède surtout par lignes courbes, l'autre par lignes droites; qu'on danse *avec* un a... que l'on fait des armes *contre* un autre, etc. C... omparaisons peuvent être multipliées à l'infini, mais, quand on est arrivé à la fin, il se trouve qu'on n'a même pas commencé. Puisse le riche et ardent génie de Görres abandonner, pour une voie plus digne de ses facultés, cette anatomie comparée ou plutôt cette comparaison anatomique*! La seconde voie qui, en esthétique, ne mène à rien, c'est cette habileté toute moderne à dissoudre, tout en construisant, même ce qu'il y a de plus solide, à l'aide des termes techniques les plus vagues,

---

* C'est ce qu'il a fait, par exemple, dans ses ouvrages sur la Mythologie de l'Inde et sur les anciens poëmes populaires de l'Allemagne; mais la diversité de ses facultés et de ses connaissances a fait pousser à cet esprit des ailes en si grand nombre, et à tant d'extrémités opposées, qu'elles finissent par gêner ses mouvements.

tellement vagues que l'existence elle-même ne fait qu'y nager. On définit, par exemple, la poésie l'indifférence du pôle subjectif et du pôle objectif : cela est non-seulement assez faux, mais encore assez vrai pour que je puisse demander : Y a-t-il quelque chose qui ne puisse être polarisé et revêtir cette indifférence (3)?

Mais le vieil et incurable cancer de la philosophie rampe ici à reculons; ces philosophes marchent dans la fausse route du vulgaire, seulement ils suivent la direction opposée : le vulgaire croit comprendre ce qu'il ne fait qu'apercevoir, le philosophe croit apercevoir ce qu'il ne fait que penser; cette confusion, qui fait considérer à l'un et à l'autre comme égales deux qualités qui sont réellement différentes, tient à ce qu'ils pèsent l'une d'elles avec trop de précipitation.

Puisque le philosophe lui-même n'obtient rien (cependant pour lui ce rien est quelque chose), il est facile de concevoir ce que l'artiste pourra obtenir, c'est-à-dire infiniment moins. Il ressemble à un cuisinier qui voudrait composer tous les acides et tous les sels d'après la théorie de Démocrite, et déduire comme lui leurs saveurs elles-mêmes des lois de leur cristallisation, quoique l'acide du citron se compose d'atomes tout aussi bien que l'huile.

Des esthéticiens allemands d'une époque plus ancienne, voulant rendre service aux artistes, ont commis, au lieu de la faute transcendante de faire vaporiser le diamant de l'art pour nous en présenter le carbone, la faute beaucoup moins grave d'expliquer le diamant comme un agrégat de poudre de diamant. On n'a qu'à lire, par exemple, dans l'insignifiante *Théorie des beaux-arts* de Riedel, l'article sur le Ridicule, où le ridicule est toujours « *une composition drôle, inattendue, plaisante, gaie* », ou bien, dans la vieille *Anthropologie* de Platner, la définition de l'humour, qui ne consiste qu'en répétition du mot « *singulier* ». Les formules pour l'invention, que le poëte reçoit de professeurs de goût qui ne sont pas poëtes, ressemblent toutes à la suivante, que je prends dans l'ouvrage d'Adelung sur le *style* (t. II, p. 336): « Les lettres, qui doivent réveiller des sentiments et des passions, trouvent, pour arriver à leur but, des secours suffisants dans la théorie du style touchant et pathétique. » Il renvoie ainsi à ses deux chapitres sur la matière, et c'est dans ce cercle logique que se trouve emprisonnée toute théorie du beau qui n'est pas poétique.

Toutefois il y a encore moins d'arbitraire dans ces définitions qu'il n'y en a dans les classifications : celles-ci sont obligées de retrancher et de supprimer à l'avance tout cet empire des esprits futurs, parmi lesquels chaque génie individuel qui monte au ciel fournit à l'esthétique une feuille nouvelle; car ces classifications ne peuvent anticiper cet empire. Aussi les divisions des œuvres des muses d'après les différentes époques sont-elles précisément aussi vraies et aussi claires que la division des étudiants de Leipsick en nations franconienne, polonaise, de Meissen et de Saxe, tétrarchie qu'on retrouve à Paris dans le collége des quatre nations. Une classification n'est bonne que tant qu'il ne survient pas de classe nouvelle.

La véritable esthétique ne pourra, par conséquent, être écrite un jour que par un homme qui sera tout à la fois poëte et philosophe ; il offrira aux philosophes une esthétique appliquée, et aux artistes une esthétique plus appliquée encore. Tandis que l'esthétique transcendentale n'est qu'une doctrine d'harmonie mathématique qui décompose dans des proportions numériques les sons de la lyre poétique, l'esthétique ordinaire, qui suit la voie ouverte par Aristote, est une théorie de l'harmonie qui enseigne du moins une correction négative de la composition. Une théorie de la mélodie ne peut donner à la musique et à la poésie que le génie du moment; si l'esthéticien peut y contribuer, ce n'est encore que par de la mélodie, c'est-à-dire par une présentation poétique en accord avec cette mélodie dont elle est parente. Une beauté ne peut être définie ou suggérée que par ce qui est beau.

Quant à cette esthétique que je présente moi-même

au public, je n'ai rien à dire, si ce n'est que je l'ai faite de mon chef plutôt que du chef d'autrui, et qu'elle est mienne, si toutefois, dans ce siècle de papier imprimé où la table sur laquelle on écrit est toujours si près de la bibliothèque, il est permis à un homme de dire qu'une pensée est bien à lui. Je le dis cependant pour les chapitres sur le comique, sur l'humour, sur l'ironie et sur l'esprit; c'est pour eux que je désire, de la part des juges qui vont au fond des choses, un examen calme et attentif; mais il faudra alors, à cause de la connexion des idées, accorder ce même examen aux chapitres qui précèdent et qui suivent, c'est-à-dire à l'ouvrage tout entier. Tout lecteur pourra, du reste, concevoir que tel auteur suppose tel lecteur, et qu'un auteur qui donne exige un lecteur qui donne, de même que le télégraphe veut une longue vue qui le regarde. Aucun auteur ne voudra avoir la prétention d'écrire pour tout le monde, et cependant chaque lecteur est assez hardi pour lire tous les auteurs.

Dans les jours critiques d'une époque malade, c'est la fièvre qui doit régner; dans l'histoire moderne de la Réforme c'est la jacquerie; enfin, dans notre arche d'aujourd'hui, d'où le corbeau a été, comme après le déluge, lâché avant la colombe au rameau vert, c'est la colère qui doit sévir; et, en présence de cette colère, ceux qui se laissent entraîner à la clémence et qui, comme Pythagore et Numa, n'apportent pour offrandes que de la farine et du vin à la place du sang et de la chair, ceux-là ont besoin de s'excuser. Cependant il m'est arrivé rarement de blâmer des auteurs célèbres avec cette dureté tranchante que peuvent réclamer les bourreaux et les guerriers exterminateurs de la littérature. Il est vrai que, lorsqu'on parle du tranchant du rire, il ne peut être trop fort ; mais, quant au sérieux, je pense que la douceur de Mélanchthon est par elle-même moralement aussi indifférente que la sévérité de Luther ; j'y mets cependant cette condition, que les uns et les autres distribuent le blâme sans s'en réjouir personnellement, comme font aujourd'hui les nobles porte-drapeaux de l'oriflamme impériale, et que d'un autre côté ils distribuent l'éloge en s'en réjouissant eux-mêmes, ce que ne fait pas ce long et flasque reptile qui lèche les pieds et la poussière que ces pieds secouent (4). Ce qu'il faut demander aux hommes, ce n'est pas seulement de l'impartialité, mais la conscience de l'impartialité, la conscience non-seulement d'un but louable, mais aussi de moyens louables.

Comme l'auteur de ce livre aime mieux être partial pour tout autre que pour lui-même, il engage ses lecteurs à ne pas s'attendre à rencontrer dans cette construction philosophique un édifice esthétique d'honneur et de science pour servir de soutien à ses romans, ou un discours de charpentier prononcé du haut d'un bâtiment achevé. Un professeur de morale doit-il fonder une théorie de morale sur ses propres défauts? Ne peut-il pas arriver qu'il reconnaisse des lois et qu'il les transgresse en même temps, et qu'il les transgresse par faiblesse et non par ignorance? Or les chaires d'esthétique se trouvent dans la même situation.

Il croit donner une bonne preuve de son impartialité en ne blâmant que des auteurs qui méritent de grands éloges; ce sont les seuls qui soient dignes d'être placés dans ce purgatoire accessible seulement aux hommes qui sont destinés à devenir bienheureux; les véritables damnés appartiennent à l'enfer. Il ne faudrait pas diriger plus de satires contre les têtes à la mode que contre les habits à la mode; car l'individualité s'efface promptement, et rien ne dure que la folie générale : sans cela on ne fait qu'écrire les éphémérides de ce qui est éphémère; ce sont pour ainsi dire les journaux de ces insectes qui ne vivent qu'un jour.

Si cet ouvrage manquait trop d'exemples explicatifs*, il faudrait excuser l'auteur, qui, par suite de circonstances particulières, possède rarement les livres qu'il admire et qu'il a appris par cœur. De même que

---

* Cette remarque est seulement pour les érudits qui, dans un ouvrage, n'en aiment et n'en utilisent qu'un autre, c'est-à-dire celui qui est contenu entre des guillemets.

Thémistocle désirait avoir l'art d'oublier les injures, l'auteur voudrait avoir celui d'oublier le contraire, c'est-à-dire les beautés. La judicieuse observation de Platner, que l'homme se souvient mieux de ses joies que de ses peines, n'est fâcheuse qu'à l'égard des joies esthétiques. C'est pour cette raison qu'il a souvent relu, pour en avoir au moins quelque chose, un ouvrage étranger qu'il aimait infiniment, soit dans une mauvaise traduction, soit dans l'original, soit dans une contrefaçon, soit dans une édition de luxe. Aussi n'ira-t-il jamais, pourvu que cela dépende de sa volonté, réciter, comme Scaliger, Homère appris par cœur en vingt et un jours, et le reste des poëtes grecs appris en quatre mois, ni faire comme Barthius, qui, à l'âge de neuf ans, débitait machinalement *Térence* à son père (5); car il craindrait de voir trop souvent nues ces Grâces que Socrate, avec tant de charme, aimait à couvrir d'un peu d'oubli.

J'ai encore plusieurs remarques à faire, moins à l'adresse des lecteurs de mon livre qu'à celle des auteurs. Au lieu de ce titre d'*introduction* ou de *proscholium* (c'est-à-dire l'antichambre de la salle d'étude où autrefois les écoliers recevaient des leçons de bonne tenue et d'élégance), j'avais d'abord voulu mettre *programme* ou *circulaire de convocation pour le proscholium ou pour l'introduction à l'esthétique;* mais, de même que j'avais choisi ce dernier titre (comme les titres ordinaires de : *Guide pour....*, de *Notions préliminaires de....*, d'*Essai d'introduction à....*) plutôt par modestie que par conviction, j'espère que même ce titre simple et abrégé d'« *Introduction à l'esthétique* » exprimera sans trop de prétention ce qu'il veut dire, savoir : une *esthétique*.

De même que Bayle, avec rigueur, mais avec raison, fait consister l'idéal de l'histoire dans « la perfection d'être désagréable à toutes les sectes », j'ai cru que cet idéal devait être aussi celui de l'histoire littéraire. Je me suis du moins efforcé de ne pas déplaire à une secte plus qu'à une autre; aussi je désire que les différents partis que j'attaque veuillent déclarer avec impartialité si j'ai atteint ce but de perfection exigé par Bayle, et ce sera là ma récompense.

Espérons que cette introduction ne nous conduira pas dans un champ de bataille ou dans une école vulgaire, mais dans une filature ou dans une pépinière, là où il se produit quelque chose.

JEAN-PAUL-FR. RICHTER.

Baireuth, 12 août 1804.

PRÉFACE

DE LA SECONDE ÉDITION.

Celui qui prétend et ose manquer de respect au public entend probablement par ce mot la généralité de tous ceux qui lisent. Mais celui qui, toutes les fois qu'il écrit, ne témoigne pas, autant qu'il est possible, son respect pour son public à lui, public dont il est lui-même une partie, tantôt comme lecteur, tantôt comme écrivain, celui-là pèche contre le Saint-Esprit de l'art et de la science ; il est séduit soit par la paresse, soit par l'amour-propre, soit enfin par un désir coupable et stérile de se venger des critiques victorieux. Braver son propre public, c'est en flatter un autre qui ne le vaut pas, c'est quitter son milieu naturel pour une position fausse. Et chaque auteur n'a-t-il pas d'ailleurs dans la postérité un public qu'il doit respecter et que sa colère contre le public actuel ne peut l'autoriser à mépriser? C'est pour cette raison que j'ai, dans cette seconde édition, tenu compte des observations de plusieurs critiques, ce qui m'a conduit à y introduire quelques coupures et quelques additions.

C'est à grand tort que différents critiques (comme Bouterweck et Kœppen) ont reproché à cette *Introduction à l'esthétique* de n'être qu'une poétique et point du tout une esthétique (6); car il m'est facile de prouver qu'elle n'est même pas une poétique, sans cela j'aurais dû y parler longuement de ballades, d'idylles, de poëmes descriptifs, de versification : ce livre est simplement ce qui est annoncé par le premier mot de son titre, une *introduction*, un *proscholium*. Il serait à désirer que chacun de mes critiques eût mieux appris par son peu de lectures ce qu'on entendait au moyen âge par une introduction; il me faut, par conséquent, développer ici d'une manière plus complète les divers renseignements que je n'ai fait qu'effleurer dans la première préface. Suivant Dufresne (III, 495) et Jos. Scaliger (*Lect. Auson.*, l. I, c. 15), que je cite d'après Panciroli (*De artib. perd.*), le *proscholium* était une pièce séparée par un rideau de la salle où avaient lieu les cours; c'est là que le *proscholus* inspectait et préparait les manières et la tenue des élèves de manière qu'ils pussent comparaître dignement de-

POÉTIQUE
ou
INTRODUCTION A L'ESTHÉTIQUE.

CHAPITRE PREMIER.

De la poésie en général.

§ 1. — *Ses définitions.*

On ne peut, à proprement parler, réellement définir que ce qui est déjà une définition; et par conséquent celles qui sont fausses nous en apprendraient sur leur objet tout autant que la véritable. Nous ne pouvons faire connaître la nature de la production poétique qu'au moyen d'un autre produit de nos facultés. Il en est ainsi de la vie tout entière : ce n'est pas avec des couleurs qu'on peut dépeindre la lumière, qui cependant leur donne naissance. De simples comparaisons peuvent même en dire plus que des explications. Par exemple : « La poésie est le seul monde à part qui existe dans ce monde; » ou bien : « La poésie est à la prose ce que le chant est à la parole; d'après Haller, la voix qui chante se tient, même dans ses notes les plus graves, encore plus haut que le plus haut son de la voix qui parle ; et, de même que par lui seul, sans mesure, sans rapports de succession mélodique ou de combinaison harmonique, le son chanté est déjà de la musique, de même il y a déjà de la poésie sans mètre, sans disposition épique ou dramatique et sans force lyrique. » Au moins de telles images, qui ont quelque chose de la vie, la refléteraient mieux que des abstractions mortes ; seulement elles la refléteraient diversement pour chacun : il n'y a rien qui fasse mieux ressortir l'individualité des hommes que l'effet produit sur eux par la poésie ; et c'est pourquoi elle aura autant de définitions qu'elle aura de lecteurs et d'auditeurs.

Ce n'est que dans l'esprit général d'un livre (fasse le ciel que celui-ci en ait un !) que peut se trouver la véritable définition. Si l'on en veut une formulée en peu de mots, celle d'Aristote qui faisait consister l'essence de la poésie dans une imitation belle (et immatérielle) de la nature, est la meilleure en tant qu'elle est négative ; car elle exclut les deux extrêmes, le nihilisme et le matérialisme poétiques. Mais, pour la rendre positive, il faudra déterminer avec précision ce que c'est proprement qu'une imitation belle et immatérielle.

§ 2. — *Nihilistes poétiques.*

L'esprit du temps actuel, dans son égoïsme, se plaît à anéantir le monde et l'univers, rien que pour trouver, dans le vide qu'il a produit, un espace libre pour ses ébats; il arrache comme une chaîne le bandage de ses blessures ; et cet arbitraire effréné doit le conduire à parler avec mépris de l'imitation et de l'étude de la nature. Quand l'histoire contemporaine devient de plus en plus indifférente à l'historien, et ne présente plus ni religion ni patrie, l'arbitraire de l'égoïsme doit finir par trouver également choquantes les lois rigoureuses et tranchantes de la réalité; il doit aimer mieux se perdre en vapeur dans les déserts d'une imagination déréglée, où des lois particulières, plus étroites et plus déterminées, celles de la prosodie et de l'harmonie, sont les seules qu'il lui reste à suivre. Dès que Dieu, comme le soleil, disparaît à l'horizon, le monde entre bientôt dans les ténèbres; celui qui méprise l'univers n'estime que lui-même, et au sein de la nuit il n'a peur que de ses propres créations. Ne parle-t-on pas aujourd'hui de la nature, comme si cette création d'un créateur, dont le peintre n'est lui-même qu'un grain de couleur, était bonne à peine à servir de support ou de cadre à un maigre tableau, création d'une créature? comme si le plus grand, l'infini, n'était pas précisément le réel? L'histoire n'offre-t-elle pas le plus haut spectacle de tragédie et de comédie? Que ceux qui méprisent la réalité consentent une fois à offrir à notre âme les cieux étoilés, les couchers de soleil, les chutes d'eau, les sommets de glaciers, les caractères d'un Christ, d'un Épaminondas, des Catons; quand même ils y laisseraient ce mélange accidentel de petitesse qui altère pour nous la réalité, comme le grand poëte altère la sienne par la hardiesse de ses traits, ce qu'ils auront fait n'en sera pas moins le poëme des poëmes, et ils auront répété l'œuvre de Dieu. L'univers est le mot le plus élevé et le plus hardi du langage; et c'est la pensée la plus rare : car la plupart des hommes ne voient dans l'univers que l'emplacement de leur vie étroite, et dans l'histoire de l'éternité que celle de leur propre ville.

Qui a mieux poursuivi et mis en lumière la réalité jusque dans ses vallées les plus profondes, et jusqu'au vermisseau qui y rampe, que les gémeaux de la poésie, Homère et Shakespeare? De même que les arts plastiques et de dessin travaillent éternellement à l'école de la nature, ainsi les poëtes les plus riches ont été de tout temps ceux de ses enfants qui lui étaient les plus dévoués et qui se sont le mieux appliqués à transmettre à ses autres enfants, avec de nouveaux traits de ressemblance, l'image de leur mère.

Si l'on voulait imaginer le plus grand poëte, il faudrait supposer la migration d'une âme de génie à travers toutes les nations, toutes les époques, toutes les conditions sociales, et la laisser naviguer autour de toutes les côtes de l'univers. Quel dessin plus haut et plus hardi de leurs formes elle concevrait et rapporterait avec elle! Les poëtes de l'antiquité étaient citoyens et soldats avant d'être poëtes, et dans tous les temps la main des grands poëtes épiques en particulier a dû faire manœuvrer le gouvernail dans les flots de la vie avant de tenir le pinceau qui décrit le voyage[*]; ainsi Camoens, Dante, Milton, etc. Klopstock seul est une exception, mais plutôt pour que contre la règle. Combien Shakespeare et encore plus Cervantès n'ont-ils pas été tourmentés, labourés et sillonnés par la vie, avant que chez l'un ou chez l'autre

---

[*] Il est assez singulier que trop souvent les poëtes épiques ont dû succomber sans terre et sans port, dans les tempêtes de la vie, et qu'il y a eu peu de soleil dans la carrière d'un Camoëns, d'un Tasse, d'un Milton, d'un Dante, d'un Homère; tandis que beaucoup de poëtes tragiques ont offert l'exemple d'une vie très-heureuse : par exemple d'abord Sophocle, et ensuite Lope de Véga, Shakespeare, Voltaire, etc.

le germe de leur flore poétique se soit développé et ait grandi ! La première école poétique où Goethe fut envoyé était, d'après son autobiographie, composée d'ateliers d'artisans et de peintres, de salles de couronnement, d'archives impériales et des foires de Francfort. Enfin Novalis (parent collatéral et d'affinité élective des nihilistes poétiques, ou au moins leur cousin par investiture), lorsqu'il nous décrit dans son roman le mineur de Bohême, est conduit, parce qu'il avait appartenu lui-même à l'administration des salines de la Saxe, à peindre ce personnage avec la plus grande vérité.

Avec un talent égal, le copiste servile de la nature, quand même ses tableaux ne seraient que des ébauches, nous offrira mieux encore que l'artiste sans règle qui, dans l'éther, peint l'éther avec de l'éther. Le génie se distingue du vulgaire, comme l'homme se distingue de la brute à demi aveugle et à demi sourde, en ce qu'il voit la nature plus riche et d'une manière plus complète; chaque génie nous crée une nature nouvelle en révélant plus profondément l'ancienne. Toutes les productions poétiques qu'une époque admire après une autre se distinguent par une individualité et une manière de concevoir toutes nouvelles. Toute connaissance d'astronomie, de botanique, de paysage, en un mot toutes celles qui se rapportent à la réalité, paraissent avec avantage dans le poëte qui les possède, et les paysages que Goethe a décrits reflètent les paysages qu'il a peints. Ainsi, pour que le cristal pur et transparent du poëte puisse devenir le miroir de l'univers, il a besoin d'être posé sur le fond sombre de la vie; et il en est des enfants de l'esprit comme des enfants du corps, à qui les anciens Romains faisaient toucher la terre pour leur apprendre à parler (8).

On conçoit que l'imitation de la nature soit pour les jeunes gens une tâche épineuse. Tant qu'ils ne l'ont pas étudiée sous toutes ses faces, ils se trouvent exclusivement maîtrisés par quelques-unes de ses parties; ils travaillent, il est vrai, d'après la nature, mais seulement d'après un de ses fragments et non d'après sa totalité; ils ne travaillent point d'après son esprit libre avec un esprit libre. Ils prennent pour de la nouveauté dans les objets ce qu'il y a de nouveau dans les sensations qu'ils éprouvent, et, en exprimant ces dernières, ils s'imaginent décrire les premiers. Et alors de deux choses l'une : ou bien ils se jettent dans l'inconnu et l'indéterminé, dans des pays et des époques éloignés et sans caractère d'individualité, dans la Grèce et l'Orient, par exemple*, ou bien plus sou-

---

* D'après Kant, la formation des corps célestes est plus facile

vent encore ils tombent dans le genre lyrique, où il n'y a plus d'autre nature à imiter que celle que l'on fournit soi-même : ici une tache de couleur se dessine et se reproduit elle-même ; les individus, comme les peuples, déteignent avant de peindre, et on a écrit avec des images avant d'écrire avec des lettres. C'est pour cette raison que plusieurs de ces jeunes poëtes, voisins des nihilistes, Novalis par exemple, ou d'autres qui ont écrit des romans sur les arts, aiment à prendre pour héros soit un poëte, soit un peintre, soit tout autre artiste (10) : ils peuvent en effet, dans le sein large de cet artiste, dans l'espace qui embrasse toutes ses productions, déposer artistiquement eux-mêmes leur propre cœur, toutes leurs pensées et leurs sentiments ; aussi nous offrent-ils moins un poëme qu'un poëte.

Quand, après tout cela, cette faiblesse trouve un aliment dans les caresses de l'illusion, et que l'imagination vide du jeune homme peut prendre elle-même son lyrisme naturel pour un romantisme plus élevé, il s'habitue à négliger toute autre réalité que la réa-

---

à déduire que la formation d'une chenille. Cela est également vrai dans la poésie : tel bourgeois de petite ville est plus difficile à rendre poétiquement qu'un héros nébuleux de l'Orient. C'est ainsi que, d'après Scaliger (*de Subtil. ad Card. Exerc.*, 359, sect. 13), un ange reçoit un corps plus facilement qu'une souris, parce que le sien est plus simple (9).

lité restreinte qu'il renferme en lui-même ; il se laisse, avec une mollesse et un amaigrissement qui croissent toujours, errer dans le vague de l'arbitraire, et va, comme l'atmosphère, se perdre aux régions les plus hautes dans un vide sans force et sans forme.

Aussi n'y a-t-il rien de plus nuisible à un jeune poëte que la lecture trop assidue d'un poëte puissant ; la meilleure épopée de ce dernier se fond en lyrisme chez lui. Je suis même persuadé qu'à cet âge un emploi dans le monde est plus profitable qu'un livre, bien qu'à un âge plus avancé ce soit le contraire qui soit vrai. Rien ne se confond plus facilement avec l'idéal que l'idéal, c'est-à-dire le général avec le général ; le jeune poëte, dans la floraison de son talent, prend la nature dans ce poëme, au lieu de prendre son poëme dans la nature. Les conséquences et les signes de ce fait se voient aujourd'hui à tous les étalages des libraires ; ce sont des ombres au lieu de corps, des images d'images, ayant plutôt l'indécision d'un écho que la netteté d'une réponse. Les découpures des tableaux d'autrui deviennent des pointes de mosaïque pour des œuvres nouvelles, et on traite les figures poétiques des autres, comme au moyen âge on traitait les tableaux sacrés dont on grattait les couleurs pour les consommer dans le vin de la cène (11).

§ 3. — *Matérialistes poétiques.*

Mais est-il indifférent de travailler d'après la nature ou de la copier, et la reproduction est-elle une imitation? Au fond, le principe de copier fidèlement la nature n'a guère de sens : puisqu'il est impossible d'épuiser toute son individualité dans une image quelconque, et qu'il faut, par conséquent, faire toujours un choix entre les traits qu'on doit omettre et ceux qu'on doit prendre ; la question de l'imitation se résout dans une autre question : celle de savoir d'après quelles lois et guidée par quelles mains, la nature s'élève jusqu'au domaine de la poésie.

Le plus vulgaire copiste de la réalité est forcé de reconnaître lui-même que l'histoire universelle n'est pas une épopée (bien qu'elle en soit une cependant dans un sens plus élevé) ; il reconnaît qu'on ne peut insérer dans un roman une lettre d'amour véritable, quelque bonne qu'elle soit; et, qu'entre les paysages dépeints par le poëte, et la description exacte de plaines et de hauteurs faite par le géographe, il y a de la différence. Nous sommes tous capables de soutenir à l'occasion, avec nos semblables, une conversation régulière, et cependant rien de plus rare qu'un auteur qui sache donner de la vie aux dialogues qu'il compose. Pourquoi un camp n'est-il pas encore le camp de Wallenstein par Schiller, bien que ce dernier ait, vis-à-vis du camp réel, le désavantage de ne pas se présenter à nous dans sa totalité?

On trouve, dans presque tous les romans d'Hermès, ce qu'on peut appeler un corps poétique : connaissance du monde, vérité, imagination, forme, tact, style. Mais, comme l'esprit poétique leur fait défaut, ce sont les meilleurs romans contre les romans et contre le poison qu'il leur arrive de contenir. Il faut posséder beaucoup d'argent à la banque ou près de soi pour supporter, de gaieté de cœur, le spectacle de l'indigence, quand on la rencontre imprimée dans ses ouvrages. Voilà justement ce qui n'est pas poétique. Différente de la réalité qui distribue sa justice prosaïque ou ses fleurs dans l'infini des espaces et des temps, la poésie doit nous rendre heureux dans un espace ou dans un temps déterminés. Seule déesse de paix sur la terre, elle est l'ange qui nous transporte, ne fût-ce que pour quelques heures, de notre prison dans les astres ; elle doit, comme la lance d'Achille, guérir les blessures qu'elle-même a causées* (12). Y

---

* C'est pour cette raison que l'ode vengeresse de Klopstock contre Carrier, intitulée *la Récompense*, ne procure pas à l'âme une paix poétique. Le monstre se reproduit continuelle-

aurait-il sans cela quelque chose de plus dangereux qu'un poëte qui, enveloppant notre réalité de la sienne, emprisonne pour ainsi dire notre propre prison ? Comme le prédicateur romancier dont nous venons de parler cherche à atteindre son but d'éducation morale avec un esprit ennemi de la poésie, non-seulement il ne l'atteint pas, mais il va jusqu'à le compromettre et l'ébranler ; c'est ce qui arrive, par exemple, dans son *Roman pour des filles de naissance noble*, et dans l'histoire affligeante du repoussant geôlier de soi-même, *le sieur Cachot*. Cependant la mauvaise copie de la réalité procure encore quelque plaisir ; en partie parce qu'elle est instructive, en partie parce que l'homme aime à voir sa condition mise sur le papier et transportée de la proximité confuse de la personnalité dans le lointain plus clair de l'objectivité. Qu'on dresse fidèlement, sans couleur et seulement avec le secours de l'encre, le procès-verbal de la vie d'un homme, et qu'on le lui fasse lire ensuite : il l'approuvera et se sentira comme caressé par une onde tiède et douce. C'est pourquoi il aime à voir même la vie d'un autre dans un poëme. Un poëte, et cela est vrai aussi du poëte comique, ne peut emprunter un

ment, et la vengeance de cannibale qu'on en tire afflige sans succès l'œil du spectateur. Le châtiment imité d'une manière poétique la cruauté prosaïque du criminel (13).

caractère réel à la nature sans le transporter, comme fera pour les vivants le dernier jour du monde, dans le paradis ou dans l'enfer. Si l'on supposait un caractère entièrement étranger au monde, unique et sans aucune ressemblance symbolique avec le reste des humains, aucun poëte ne pourrait ni s'en servir ni le décrire.

Les caractères de Shakespeare sont aussi généraux et symboliques, mais seulement quand ils sont individualisés dans les goîtres et les tumeurs de l'humour.

Qu'on me permette encore quelques exemples non poétiques d'œuvres de répétition de la grande horloge de l'univers. *Le plaisir terrestre en Dieu*, de Brockes, est, pour la nature extérieure, une si fidèle chambre obscure, qu'un véritable poëte y peut puiser comme dans une narration de voyages, ou comme dans la nature elle-même ; car il peut choisir parmi les couleurs qui y sont disséminées, et les broyer à l'usage de son tableau. La *Luciniade* trois fois éditée de Lacombe, qui chante l'art d'accoucher * (quelle thèse ou plutôt quelle antithèse pour la poésie !), ainsi que la plupart des poëmes didactiques, qui nous

---

* Il n'y a pas longtemps qu'on a aussi proposé un prix pour un poëme sur la ruine de Sodome.

comptent pièce par pièce leurs matériaux déchiquetés tout en jetant sur eux quelques paillettes d'or poétique, prouvent encore combien la singerie prosaïque de la nature est éloignée de son imitation.

C'est dans la littérature comique que cette absence de l'idéal se présente sous sa forme la plus repoussante. Dans l'épopée ou la tragédie, la petitesse du poëte peut du moins se dérober souvent sous l'élévation de la matière ; car déjà dans la réalité les grandes choses excitent poétiquement le spectateur; c'est pourquoi les jeunes poëtes aiment à débuter par des sujets tels que l'Italie, la Grèce, des meurtres, des héros, l'immortalité, des calamités terribles, et d'autres thèmes analogues, comme les acteurs par des rôles de tyrans. Mais dans le comique, la bassesse de la matière, quand le poëte est un pygmée, le met à découvert tout entier *. C'est dans les comédies allemandes (voyez, dans le recueil d'exemples d'Eschenburg, les échantillons rebutants même des meilleurs poëtes, tels que Krüger, Gellert, etc.), que le principe de la pure singerie de la nature montre bien toute la force de sa

---

* C'est seulement la condition de l'élévation poétique, et non celle de la connaissance des hommes, qui rend la comédie si rare et si difficile chez un jeune homme. Aristophane aurait très-bien pu en écrire une à l'âge de quinze ans et demi, et Shakespeare à l'âge de vingt ans.

vulgarité. C'est même une question de savoir si les Allemands possèdent réellement une seule comédie entière, et non pas seulement quelques actes. Les Français paraissent plus riches en ce genre; mais il y a une illusion qui contribue à produire cet effet; car les personnages vulgaires et ridicules que le poëte trouve à mettre en scène lui prêtent, sans mérite de sa part, quelque semblant de distinction poétique. Mais ce sont les Anglais qui sont réellement plus riches, bien que la même illusion existe encore ici. Un livre suffirait à lui seul pour nous convaincre de cette vérité : les *Dialogues polis de Wallstaff* par Swift, nous dépeignent, avec une vérité qui ne se reflète avec la supériorité du génie que dans le talent de Swift pour la parodie, les hauts dignitaires de l'Angleterre comme tout aussi dépourvus d'esprit national que ceux que nous présentent nos comédies allemandes. Mais, comme ces personnages ennuyeux ne paraissent jamais dans les comédies anglaises, il en résulte qu'au-delà du détroit ce sont les poëtes comiques, bien plus que leurs personnages, qui ont plus d'esprit que chez nous. Le champ de la réalité est une planche partagée en cases, sur laquelle l'auteur peut tout aussi bien jouer le jeu vulgaire des dames que le royal jeu d'échecs, suivant qu'il possède, dans le premier cas, seulement des dames, et dans l'autre, des figures et de l'art.

On voit surtout combien la poésie est peu un livre de copie du livre de la nature, par l'exemple de ces jeunes gens, qui parlent précisément le plus mal le langage des sentiments dans le temps même où ceux-ci règnent et crient en eux : le cours violent de leurs passions entrave plutôt qu'il ne pousse les rouages de leur moulin poétique, tandis que, d'après la fausse maxime des copistes de la nature, ils n'auraient pas autre chose à faire qu'à écrire comme sous dictée ce qu'ils entendent dire. Une main agitée par les pulsations fiévreuses de la passion ne sera jamais capable de tenir et de conduire avec fermeté le pinceau de la poésie lyrique. La pure indignation fait à la vérité des vers, mais ce ne sont pas les meilleurs; la satire elle-même devient plus mordante par la douceur que par la colère, de même que les queues sèches du raisin doux ajoutent à l'acidité du vinaigre et que le houblon amer le fait tourner.

Ni la matière de la nature, ni surtout sa forme, ne peuvent servir au poëte dans leur état de crudité. L'imitation de la première suppose un principe plus élevé : car la nature paraît différente à chaque individu, et il ne s'agit que de déterminer à qui elle se montre la plus belle. Devant l'homme elle est, jusque dans sa forme, dans une éternelle tendance anthropomorphique : pour lui le soleil a une figure pleine; le croissant, un profil; les étoiles ont des yeux; tout est vivant pour les vivants, et il y a dans l'univers une apparence trompeuse de cadavre, et non de vie. Mais c'est justement là ce qui fait la différence du prosaïque et du poétique; ou plutôt cela dépend de cette question : Quelle est l'âme qui vivifie la nature? Est-ce un marchand d'esclaves ou un Homère?

Quant à l'imitation de la forme, les matérialistes poétiques se trouvent dans une perpétuelle contradiction avec eux-mêmes, avec l'art et avec la nature; et cela, parce que, n'ignorant qu'à moitié ce qu'ils veulent avoir, ils le savent par conséquent à moitié. Ils autorisent en effet dans la plus grande passion, comme dans toutes en général, l'emploi de la versification (fait qui à lui seul fournit un principe pour le principe de l'imitation), et, dans les tempêtes du cœur, l'harmonie la plus élevée et l'éclat de quelques fortes figures de langage (le degré dépend ici de l'arbitraire de la critique). Ils permettent encore les raccourcissements de temps, bien qu'à la condition de certains (ou plutôt d'incertains) égards vis-à-vis de la nature à imiter; les divinités et les merveilles de l'épopée et de l'opéra; la mythologie païenne au milieu du Ragnarok (crépuscule des Dieux) *, actuellement en vo-

---

* C'est par cette expression belle et terrible que la mytholo-

gue ; — dans Homère, les longues menaces de mort des héros avant le meurtre; dans le comique, la parodie, même poussée jusqu'au non-sens; dans Don Quichotte, une démence romantique qui est impossible; dans Sterne, l'introduction hardie de l'actualité dans les monologues; dans Thümmel et d'autres, des odes intercalées dans le dialogue; — enfin une quantité innombrable d'autres choses. Mais si au milieu de telles libertés poétiques on introduit le servage prosaïque de la pure imitation, et qu'on aille proclamer en quelque sorte dans tout l'univers des prohibitions d'importation ou d'exportation de marchandises, ne produira-t-on pas alors un mélange aussi criant que si on se mettait à parler au beau milieu d'un chant? En d'autres termes, ne serait-on pas en contradiction avec soi-même, avec ce qu'on a permis et avec le beau, si, dans cet empire merveilleux, ivre de lumière, où se promènent des ombres divines et bienheureuses, que n'éclaire point le soleil pesant de notre terre; où, comme après la mort, il n'y a plus de véritables douleurs; si, dis-je, on laissait aborder dans cet empire radieux, avec leurs cris rudes de réjouissance ou de tortures, les héros sauvages de la passion;

gie du Nord désigne le dernier jour de l'univers, quand le Dieu suprême anéantit les autres dieux.

si chaque fleur devait y pousser avec autant de lenteur et sous autant d'herbes que dans notre monde paresseux ; si, enfin, au lieu de faire passer le temps plus vite, comme le ferait la céleste horloge des fleurs *, toujours embaumée, et qui ne fait que se fermer ou s'entr'ouvrir, on y voyait au contraire les rouages et les axes de fer de la pesante horloge de l'histoire et des siècles le mesurer plus longuement?

Ainsi que le monde organique saisit, transforme, gouverne et renoue le monde mécanique, le monde poétique exerce la même force sur le monde réel, et le monde spirituel sur le monde matériel. C'est pourquoi dans la poésie nous ne nous étonnons nullement d'un miracle : ou plutôt il n'y en a pas chez elle, la vulgarité exceptée. C'est aussi pour cela que les sentiments poétiques du spectateur peuvent être élevés à la même hauteur par une bonne comédie et par une bonne tragédie, en les supposant d'une excellence égale; cela arrive même quand la dernière se sert du merveilleux romantique, et, au point de vue de la poésie, les songes de Wallenstein ne le cèdent en rien aux visions de la *Pucelle d'Orléans*. C'est enfin pour cette raison que, ni la douleur la plus haute, ni l'élé-

---

* C'est un fait bien connu que, d'après Linné, l'ordre de l'ouverture et de la fermeture des fleurs peut servir à compter les heures.

vation la plus sublime des passions, ne doivent s'exprimer sur la scène comme elles feraient dans la première loge venue, c'est-à-dire d'une manière aussi pauvre et aussi monosyllabique. Voici ce que j'entends par là : les tragiques français toujours, et les tragiques allemands quelquefois, quand ils font survenir les coups de vent des passions, font dire à leurs personnages : « O ciel ! » ou « Mon Dieu ! » ou « O Dieu ! » ou « Hélas ! » ou bien rien du tout ; ou encore, ce qui revient au même, il arrive un évanouissement. Dans tout cela il n'y a rien de poétique : assurément rien n'est plus conforme à la nature et à la réalité que cet évanouissement monosyllabique ; seulement de cette façon il n'y aurait rien de plus commode à peindre que ce qui est précisément le plus difficile ; et le fond comme le sommet de ce que nous avons de plus intime se laisseraient plus facilement découvrir et éclairer que les degrés qui y conduisent.

Mais justement la poésie peut approcher de près l'âme solitaire qui se cache, comme un cœur brisé, dans les sombres couleurs du sang ; elle peut entendre la parole étouffée qui est l'expression de la douleur infinie ou du bonheur ; aussi doit-elle faire comme Shakespeare, et nous transmettre cette parole. La voix intérieure de l'homme que lui-même, dans le fracas des passions, ne peut entendre, échappe à la poésie aussi peu que le plus muet soupir échappe à une divinité suprême. N'y a-t-il donc pas des nouvelles qui ne peuvent nous parvenir que portées sur des ailes de poëte? N'y a-t-il pas une nature qui n'existe que quand l'homme n'existe plus, mais qu'il peut pressentir? Quand, par exemple, le moribond est déjà couché dans ce sombre désert autour duquel les vivants, semblables à de petits nuages bas ou à des lumières enfoncées dans leur flambeau, se tiennent dans le lointain de l'horizon, qu'il reste seul et mourant dans ce désert, nous n'apprenons rien de ses dernières pensées et de ses dernières visions; mais la poésie pénètre dans cette solitude profonde comme un blanc rayon de lumière, et nous permet de jeter un regard sur la dernière heure du solitaire.

§ 4. — *Détermination plus précise de ce qu'il faut entendre par imitation belle de la nature.*

Dans ce qui précède se trouve également impliquée la détermination de ce qu'il faut entendre par imitation (et immatérielle) de la nature. On n'est pas fort avancé pour avoir donné de la beauté une sèche définition. Celle de Kant, que « le beau est ce qui plaît généralement et sans notion », comprend dans le fait de plaire, qu'elle distingue du fait d'être agréable, ce qui était précisément à expliquer. Quant aux deux additions, la première, « sans notion », est bonne pour toutes les modifications de la sensibilité ; l'autre, « généralement », que du reste l'expérience oblige assez souvent à raturer, est aussi réclamée tacitement par tous les sentiments, et même par tous les états de l'esprit. Kant, qui, n'écoutant guère en cela que son propre goût, n'accordait la beauté qu'au dessin, et ne laissait que le charme à la couleur *, puise tous ses éclaircissements dans les arts plastiques et de dessin. Quelle est donc cette beauté poétique qui peut ajouter encore à l'éclat de la beauté peinte ou plastique? L'abîme, que l'on suppose entre la beauté de la nature et celle de l'art, n'est applicable, dans toute sa largeur, qu'à la beauté poétique ; les beautés des arts plastiques, au contraire, pourraient être quelquefois produites par la nature, mais aussi rarement que celle-ci produit les génies qui créent ces beautés. D'ailleurs la définition de la beauté ne doit pas oc-

* La définition que « le beau est ce qui plaît généralement et sans notion », est au contraire applicable aux couleurs mieux qu'aux contours. Ce qui le prouve, c'est que tous les enfants et les sauvages préfèrent la vivacité du rouge ou du vert à la teinte morte du noir, tandis qu'à l'égard de la beauté du dessin, le goût varie chez les différents peuples avec leurs différentes notions.

cuper le premier rang dans une poétique : car à côté de cette déesse se trouvent encore dans la poésie d'autres divinités : le sublime, le pathétique, le comique, etc. Un des critiques de ce livre *, satisfait de la définition sèche et aride de Delbrück **, l'a adoptée pour lui-même (cela est médiocrement flatteur pour Delbrück, qui mérite d'être estimé pour la délicatesse et la sagacité dont il a fait preuve, par exemple à l'égard de Klopstock et de Goëthe). Voici, à part mes parenthèses, le texte de cette définition : « Le beau consiste dans une variété harmonieuse et conforme à son but (ces deux épithètes ne supposent-elles pas précisément ce qui est à définir, comme si l'on disait : Une variété rendue harmonieuse de manière à être belle?), que l'imagination fait surgir en elle-même (comme c'est vague ! Par quel moyen? Et d'où cela?), afin d'ajouter par la pensée à une notion donnée (à quelle notion? Ou bien est-ce à toutes?) beaucoup de ce qui est inexprimable (pourquoi beaucoup? Inexprimable aurait suffi, et ensuite quoi d'inexprimable?) en plus grande quantité qu'on ne peut penser clairement (clairement? Inexprimable indique assez qu'il y a quelque obscurité. Mais quel

---

* Dans le supplément à la *Gazette littéraire universelle d'Iéna*), 1800, p. 67.
** Delbrück, *sur le Beau*.

est ce *plus* qu'on ne peut ni connaître, ni penser clairement? Et quelle est la limite de ce *plus* relatif?). Le plaisir que procure la beauté est produit par le jeu libre et cependant régulier de l'imagination, en accord avec l'entendement (cet accord est déjà exprimé par le mot : « régulier ». Mais comme les termes « jeu » et « accord » sans détermination sont peu caractéristiques !). »

Le critique du supplément à la *Gazette littéraire* ajoute à cette définition la sienne, qui est plus brève : « Les beaux-arts, en tant que beaux-arts, naissent d'une manière de concevoir au moyen d'idées esthétiques. » Comme dans le mot « esthétique » se trouve déjà compris l'objet défini tout entier, c'est-à-dire la beauté, la définition renferme bien quelque vérité, comme il arrive à toute proposition identique.

N'en examinons plus qu'une seule ; qui voudrait, en effet, perdre à examiner tout ce qui est imprimé le temps qu'il a pour lire et pour écrire? « La beauté, dit Hemsterhuis, est ce qui éveille le plus grand nombre d'idées dans le moins de temps possible ; » définition qui se rapproche de la définition plus ancienne: « unité de perception dans la variété; » et de cette autre plus récente : « jeu libre de l'imagination. » Il ne faut pas demander comment les idées doivent être mesurées par le temps, puisque c'est ce dernier qui est lui-même mesuré par elles. Mais en général une idée n'est qu'un éclair, elle ne dure pas la soixantième partie d'une seconde : la conserver veut dire autant que l'analyser dans ses parties, limites, conséquences, et par conséquent cela revient à ne plus la conserver, mais à parcourir ses affinités et son voisinage. D'un autre côté, cette plénitude d'idées éveillée dans le moins de temps possible, appartient également au coup d'œil qui embrasse des séries mathématiques ou philosophiques de nombres appris par cœur; il faudrait donc, pour n'être applicable qu'à la beauté, qu'elle fût spécialement qualifiée. Que serait-ce, enfin, si on allait définir la laideur, « ce qui éveille le plus grand nombre d'idées dans le moins de temps possible? » En effet, une figure ovale tranquillise et satisfait mon œil, tandis que les lignes d'une caricature l'enrichissent d'une variété étourdissante d'idées qui viennent et s'envolent; car ici l'objet doit être dans le même moment saisi, combattu, fui, décomposé.

La définition d'Hemsterhuis pourrait peut-être s'exprimer ainsi :

« La beauté est, de même qu'il y a un cercle logique, le cercle de l'imagination; » car le cercle est la figure la plus riche, la plus simple, la plus inépuisable, la plus facile à concevoir; mais le cercle est par lui-même une beauté, de sorte que cette définition deviendrait un cercle logique, comme, hélas! toute définition.

Revenons au principe de l'imitation poétique. Quand, dans celle-ci, le portrait produit plus d'effet que l'original, et produit même l'effet contraire (une peine de fiction poétique, par exemple, peut causer du plaisir), cela tient à l'imitation simultanée de deux natures, l'une intérieure, l'autre extérieure, qui sont le reflet l'une de l'autre. On pourrait très-bien, avec un critique ingénieux*, appeler cela : « Une présentation d'idées au moyen de l'imitation de la nature. » Une détermination plus précise trouvera sa place dans l'article sur le génie. La nature extérieure, en passant dans la nature intérieure, devient tout autre, et cette transsubstantiation divine est la matière poétique spirituelle, qui, lorsqu'elle est véritablement poétique, semblable à une *anima Stahlii* (14), se construit elle-même son propre corps (sa forme), et ne l'accepte pas tout confectionné sur mesure. C'est la matière, et par contre-coup la forme vivante, qui fait défaut au nihiliste; c'est la matière vivante, et par contre-coup la forme, qui manque au matérialiste : en un mot, ils se rencontrent dans le manque de poésie. Le matérialiste

---

* Le critique de cet ouvrage dans la *Gazette littéraire (d'Iéna)*.

possède l'argile, mais il ne peut lui inspirer une âme, parce que ce n'est que de l'argile et non un corps; le nihiliste voudrait communiquer un souffle de vie, mais il n'a même pas d'argile. Le véritable poëte, en associant l'art à la nature, fera comme l'architecte de jardins qui combine son parc avec le paysage environnant, de manière que celui-ci en devienne indéfiniment la suite; seulement ce sera dans un sens inverse et plus élevé, c'est-à-dire en enveloppant de l'infini de l'idée la nature finie, et en l'y faisant disparaître comme dans une ascension céleste.

§ 5. — *Emploi du merveilleux.*

Tout merveilleux véritable est poétique par lui-même. Mais c'est par les différentes manières d'introduire ce clair de lune dans un édifice artistique que se manifestent le plus clairement la fausseté des deux premiers principes et la vérité du troisième. La première manière ou le moyen matériel est de substituer à ce clair de lune, au bout de quelques volumes, la lumière ordinaire du jour, c'est-à-dire d'analyser prosaïquement et de désenchanter le miracle au moyen de la magie de Wiegleb (15). Mais à la seconde lecture on ne trouve plus alors que des figures de papier au lieu de figures organiques, et seulement une étroite mesquinerie à la place de l'infini poétique; Icare gît sur le sol avec ses plumes sans cire et desséchées. On se serait, par exemple, volontiers passé dans Goethe de l'ouverture de son cabinet de machines, et de l'exhibition de ces canaux souterrains d'où s'élancent les eaux transparentes et de couleurs diverses (16). Un escamoteur n'est pas un poëte; il perd même toute valeur et toute poésie dès qu'il a anéanti ses merveilles par l'analyse : personne ne voudra être le spectateur de tours qui sont expliqués.

D'autres poëtes tombent dans la seconde erreur, celle de ne pas expliquer leurs merveilles, mais de se contenter de les inventer; ce qui est assurément très-facile, et, par cela même, mauvais. Le poëte, en effet, doit se méfier de tout ce qui est facile sans inspiration; il faut qu'il y renonce, car c'est là la facilité de la prose. Un merveilleux qui est continu cesse par cela même d'être un merveilleux; mais il devient une seconde nature, plus aérienne, tellement étrangère à toute règle que toute belle interruption de la régularité y devient impossible. Un pareil poëme n'est, à proprement parler, que l'admission contradictoire de conditions opposées, la confusion du merveilleux matériel avec l'idéal, une espèce de rébus entremêlé de paroles et d'images, comme on en voit sur de vieilles tasses.

Mais il y a encore pour le poëte un troisième procédé qui, sans détruire le merveilleux, comme fait l'exégèse d'un théologien (17), ou le retenir contrairement à la nature dans le monde matériel, comme un escamoteur, le place dans l'âme, seul endroit où il puisse habiter à côté de Dieu. Ce n'est pas comme un papillon de nuit ou de jour, mais comme un papillon du crépuscule que le merveilleux doit voltiger. Dans *Wilhelm Meister*, il ne consiste pas dans les rouages de bois, qui pourraient être d'acier et mieux polis, mais dans l'admirable abîme spirituel de Mignon, du joueur de harpe, etc., qui par bonheur est tellement profond que les échelles d'arbres généalogiques qu'on a voulu y introduire après coup n'ont pu atteindre jusqu'en bas (18). C'est pour cette raison que la crainte d'une apparition vaut mieux que l'apparition elle-même, et qu'un visionnaire est préférable à cent histoires de revenants *. Ce n'est pas le miracle physique ordinaire, mais la foi qu'on a en ce miracle, qui peint les scènes

---

* Il est vrai que dans le *Titan*, grâce au machiniste. Tête-Chauve, les miracles ne sont en grande partie que de simples tours d'adresse; mais cet imposteur est lui-même un miracle, et, au milieu de ses impostures, il survient d'autres phénomènes qui le trompent et l'étonnent lui-même.

nocturnes du monde des esprits. Le *moi* est cet esprit étranger dont lui-même a peur, ce précipice sur le bord duquel il croit se trouver; et, devant un effet de trappe, c'est le spectateur même qui descend dans l'empire des ténèbres à la place de l'acteur qu'il y voit descendre. Mais, dès que le poëte a fait sonner dans votre âme la solennelle heure de minuit, il lui devient permis de mettre en mouvement un rouage mécanique et compliqué de merveilles fantasmagoriques; car c'est par l'esprit que le corps reçoit un sens mimique, et chaque événement naturel devient surnaturel en lui.

Il y a même de très-beaux miracles intérieurs dont le poëte, quand même il le pourrait, ne doit pas analyser la vie avec son scalpel d'anatomie psychologique. Dans le *Florentin* de Schlegel, trop peu connu, une femme enceinte voit toutes les nuits un bel enfant merveilleux qui ouvre les yeux avec elle, accourt vers elle sans parler, etc., et qui, lors de l'accouchement, disparaît pour toujours. L'explication n'est pas loin, mais la poésie l'omet pour de bonnes raisons.

En général, les grands miracles intérieurs ont l'avantage de survivre à leur explication. Le grand miracle que rien ne peut détruire, c'est la foi des hommes dans les miracles, et il n'y a pas de plus grande apparition d'esprit que notre crainte des esprits dans notre vie de bois pleine de mécanismes. C'est pourquoi des caractères qui nous paraissent des soleils célestes se rapetissent à la grandeur du globule de notre terre, dès que le poëte nous enlève à la plénitude de leur lumière pour nous conduire devant leur berceau. C'est quelquefois un devoir pour le romancier de laisser dans l'ombre les antécédents comme l'histoire postérieure d'un caractère merveilleux; et l'auteur de *Titan*, pourvu qu'il connaisse assez bien l'esthétique, ne racontera ni le passé de Schoppe, ni l'histoire de Linda après sa disparition. Ainsi je désirerais presque ignorer quelles ont été la naissance de Mignon et celle du joueur de harpe. Dans *les Fils de la vallée*, de Werner, on assiste à une réception dans l'ordre des Templiers, réception accompagnée de terreur. Des voix nocturnes annoncent qu'elles vont deviner l'immense énigme de l'univers, et, dans le lointain, des brouillards qui se dissipent mettent à découvert des sommets de montagnes, d'où l'homme peut jeter de longs regards sur ce second monde tant désiré, qui reste au fond notre premier et notre dernier monde. C'est sur ces sommets que le poëte finit par nous conduire, nous et son action, et là, un maître de loge nous apprend ce que l'ordre exige et présente, c'est-à-dire une bonne conduite morale; et voilà le vieux sphinx, sculpté par un tailleur de pierres, qui gît mort devant nous sur ses quatre pattes de marbre. Pour ne pas faire tort au poëte tragique, on ferait peut-être bien de ne voir en tout cela qu'une plaisanterie à l'adresse de la plupart des ordres de temple ou de sacristie, qui brillent plus par le fait de poser des problèmes que par celui de les résoudre, et brillent surtout devant les profanes plus qu'aux yeux des initiés.

Revenons maintenant à l'esprit de la poésie, dont la matière purement extérieure, contenue dans la nature imitée, reste encore fort éloignée de la matière intérieure.

Tandis que le nihiliste fait fondre jusqu'à la transparence le particulier dans le général, et que le matérialiste pétrifie et ossifie le général dans le particulier, la poésie vivante doit concevoir et atteindre une alliance de l'un et de l'autre; chaque individu doit s'y retrouver; et, comme les individus s'excluent les uns les autres, chacun devient quelque chose de particulier au sein du général. En d'autres termes, cette alliance doit ressembler à la lune, qui, la nuit, suit tel voyageur dans les forêts de sommet en sommet, et en même temps tel autre de vague en vague, et chacun de même, tandis qu'elle ne fait que décrire dans le ciel sa grande courbe, mais éclaire toutefois en même temps et la terre et les voyageurs.

CHAPITRE II.

Gradation des facultés poétiques.

---

§ 6. — *De l'imagination reproductrice.*

L'imagination reproductrice est la prose de l'imagination productrice ou fantaisie. Ce n'est qu'une mémoire prolongée et plus vivement colorée ; les animaux possèdent cette faculté, puisqu'ils rêvent et qu'ils ont peur. Ses images ne sont que des feuilles détachées du monde réel qui voltigent jusqu'à nous ; la fièvre, la surexcitation du système nerveux, l'ivresse, peuvent condenser et solidifier ces images de telle manière qu'elles sortent du monde intérieur pour prendre un corps dans le monde extérieur.

§ 7. — *Imagination productrice ou fantaisie.*

Mais l'imagination productrice ou la fantaisie est quelque chose de plus élevé. C'est l'âme du monde de notre âme, l'esprit élémentaire de toutes nos autres facultés. Ainsi, une imagination puissante pourra être détournée et dirigée dans le sens de la sagacité, ou de l'esprit, ou d'une autre de nos facultés, mais aucune d'elles ne peut être élargie au point de devenir l'imagination. Si l'esprit est l'anagramme de la nature mise en jeu, l'imagination productrice est l'alphabet hiéroglyphique qui l'exprime avec un petit nombre d'images. Tandis que les autres facultés et l'expérience ne font qu'arracher des pages au livre de la nature, l'imagination fait des touts de chacune des parties, des mondes, des parties du monde ; elle universalise tout, même l'univers infini. C'est là ce qui fait entrer dans son domaine l'optimisme poétique, la beauté des formes qui l'habitent, et la liberté avec laquelle les êtres se meuvent dans son éther comme autant de soleils. Elle présente de plus près et plus intuitivement aux yeux des mortels l'absolu et l'infini de la raison. C'est pourquoi elle a tant besoin de l'avenir et du passé, qui sont les deux éternités de ses créations : car aucun autre temps ne peut devenir un infini ou un tout. Ce qui produit le bleu éthéré de la voûte céleste, ce n'est pas l'air qu'une chambre peut contenir, mais la hauteur tout entière de la colonne atmosphérique.

Sur la scène, par exemple, ce n'est pas le spectacle même de la mort qui est tragique, mais le chemin qui y conduit. C'est presque froidement que nous voyons le coup qui donne la mort, et cette froideur ne provient pas purement de la vulgarité de ce spectacle, car le même effet revient à la lecture. Mais c'est qu'une mort cachée rend à l'imagination toute son infinité : aussi un cadavre qui revient du supplice est-il au moins plus tragique que le supplice même (19). Le mot fatalité est, dans la tragédie, la tragédie infinie de l'univers, la marche souterraine de l'imagination. Ce qui nous effraye, ce n'est pas le glaive de la destinée, ce sont les ténèbres d'où son coup part ; la perspective menaçante de ce coup, comme dans la *Fiancée de Messine,* est plus vraie et plus tragique que son accomplissement (dans *Wallenstein,* par exemple). Dès que cette tête de Gorgone s'est montrée à découvert, ce n'est plus qu'une pierre morte ; mais le voile qui la couvre fait couler lentement dans toutes les veines brûlantes le froid de la pétrification. C'est pourquoi, dans la *Fiancée de Messine,* rien ne nous fait paraître mieux, mais en allant jusqu'à la parodie, l'ombre venimeuse du sombre avenir que l'agitation joyeuse des victimes aveugles sous le couteau qui va les frapper : notre prévoyance produit plus d'effet que si nous avions à regarder en arrière.

Il est très-difficile de mettre en scène le bonheur suprême, car la douleur a pour s'exprimer plus d'organes et plus de modes que la joie. Il faudrait l'accorder à l'homme pendant son sommeil, et lui faire raconter par un sourire de ravissement ce bonheur indicible qui s'envole dès qu'il ouvre les yeux.

L'imagination exerce déjà dans la vie sa force créatrice. Elle jette après la pluie sa lumière sur l'horizon du passé, et l'entoure de son arc aux brillantes couleurs, de ce gage de paix que nous ne pouvons jamais atteindre. C'est la déesse de la jeunesse et de l'amour [*]. Une tête de grandeur naturelle paraît dans un dessin plus grande que l'original ; un paysage gravé sur cuivre fait, par son fini, attendre du paysage réel plus que celui-ci ne peut tenir ; enfin le souvenir de la vie passée brille à une certaine distance comme une planète brille dans le ciel ; c'est que l'imagination concentre les parties dans un ensemble plus serein. Elle pourrait, à la vérité, créer tout aussi bien un ensemble triste ; mais ce n'est que dans l'avenir qu'elle place ses châteaux en Espagne, pleins de chambres de torture ; et, quant au passé, elle n'y met que des belvédères (20). Différents d'Orphée, nous gagnons notre Eurydice en regardant en arrière, et nous la perdons en regardant en avant.

[*] Ceci est plus développé dans *Quintus Fixlein*, 2ᵉ éd., p. 345 ; *Sur la magie de l'imagination* (I, 729).

§ 8. — *Degrés de l'imagination productrice.*

Nous allons suivre l'imagination à travers ses différents degrés, jusqu'à celui où elle commence, sous le nom de génie, à créer poétiquement. Le premier degré est la simple conception ; mais déjà celle-ci ne peut exister sans production ou création : car la beauté n'arrive à nous qu'à l'état d'éléments ou de parties que nous devons, pour la saisir, rassembler organiquement en un tout. Ainsi celui qui a dit une fois : « Cela est beau, » quand même il se serait trompé, possède par cela seul la faculté créatrice de l'imagination. Et comment d'ailleurs un génie pourrait-il être exalté, ou seulement toléré, je ne dis pas pendant des milliers de siècles, mais seulement pendant un mois, par une foule hétérogène, s'il n'avait avec elle une parenté bien établie (21)? Les hommes éprouvent quelquefois, devant un ouvrage, l'effet qu'on attribuait à la *clavicula Salomonis* (22) : ils lisent accidentellement, et sans avoir le moins du monde l'intention d'évoquer une apparition d'esprit; et tout à coup l'esprit sort de l'air et paraît en courroux devant eux.

§ 9. — *Le talent.*

Le second degré est celui où prédominent plusieurs facultés, telles que la sagacité, l'esprit, l'entendement, les associations d'idées mathématiques, historiques, etc., tandis que l'imagination créatrice a le dessous. Ce sont là les hommes de talent dont l'âme est une aristocratie ou une monarchie, de même que l'âme des hommes de génie est une république théocratique ; comme, à parler rigoureusement, c'est le talent, et non le génie, qui possède de l'instinct, c'est-à-dire un flux exclusif de toutes les facultés, il lui manque la réflexion poétique pour cette même raison qui prive l'animal de la réflexion humaine. Celle du talent n'est que partielle ; elle ne constitue pas cette sublime séparation de tout le monde intérieur, mais seulement celle du monde extérieur, d'avec soi-même. Dans ce double chœur, qui suppose l'homme doué de toute la plénitude de sa voix, dans le chœur poétique et philosophique, le son mélodramatique parlé du talent couvre le chant des deux chœurs ; mais il est, pour les spectateurs qui sont en bas, la seule musique qu'ils puissent comprendre.

Dans la philosophie, le talent pur est dogmatique jusqu'à devenir exclusif; il est mathématique et par conséquent intolérant : car on ne trouve la véritable tolérance que dans l'homme qui reflète l'humanité; il numérote les constructions théorétiques et dit qu'il habite n° 1, ou n° 99, ou ailleurs. Le philosophe véritablement grand, au contraire, se renferme dans la merveille de l'univers, dans ce labyrinthe aux innombrables salles, moitié au-dessus, moitié au-dessous de la terre. Le philosophe de talent, dès qu'il a sa philosophie, est tout naturellement porté à haïr le fait de philosopher; car il faut être libre pour aimer ce qui est libre. Comme il ne diffère de la foule que quantitativement *, il peut la frapper, lui plaire, briller à ses yeux, se montrer à elle dans tout son éclat, être tout pour elle, et pour le moment lui sembler en dehors de tous les temps; en effet, quelles que soient son élévation et son étendue, chacun n'a qu'à le mesurer à sa propre grandeur, pour connaître la sienne,

---

* Cette expression n'est applicable qu'à la majorité et à la minorité, ou pour mieux dire à la minimité et à la maximité, car au fond aucun homme ne diffère d'un autre qualitativement; la transition de la servitude de l'enfance à la liberté morale de l'âge mûr, de même que le développement et la décrépitude d'une nation, suffiraient pour confondre, par cette toute-puissance évidente du développement graduel, l'orgueil qui voudrait se classer parmi les espèces plutôt que parmi les degrés.

puisque toutes deux se trouvent commensurables ; le feu et le son de la qualité échappent au contraire aux mesures et à la balance de la quantité. Dans la poésie, le talent ne produit son effet sur la foule que par des facultés particulières, par des images, par le feu et la richesse des pensées, par le charme ; il la saisit vivement par son poëme, qui est un corps radieux avec une âme d'épicier : car la masse conçoit facilement des membres, et non l'esprit ; elle est sensible au charme, non à la beauté. Tout le Parnasse est plein de ces poésies qui ne sont que de la prose saturée de vers, comme de l'eau chargée d'une substance pharmaceutique ; ce sont des fleurs poétiques, semblables aux fleurs de la nature, en ce que le développement de leurs feuilles est soumis à des lois analogues à celles du développement des feuilles de la tige (23). Comme, à l'exception de l'ensemble, le génie ne produit rien, ni image, ni tournure, ni pensée de détail, qui ne puisse être également inventé par le talent dans ses moments de plus grande vigueur, ce dernier peut, pendant un certain temps, être pris pour le premier ; il brille même souvent à côté de l'Alpe nue du génie, comme une colline verdoyante, jusqu'à ce qu'il soit enfin détruit par sa descendance, de même que chaque dictionnaire est détruit par le dictionnaire meilleur qui vient après lui. Des talents, en tant que degrés, peu-

vent s'anéantir et se remplacer les uns les autres ; les
génies, en tant qu'espèces, ne le peuvent pas. Des
images, des pensées spirituelles, ingénieuses, profondes, le style, servent d'abord de nourriture à d'autres
talents, et, comme il arrive pour les polypes, cette
nourriture devient avec le temps la couleur. Ce ne
sont d'abord que quelques imitateurs qui empruntent;
puis c'est le siècle entier ; c'est ainsi que le poëme de
talent périt par sa propre divulgation, de même que
la philosophie de talent qui a plus de résultats que de
forme. L'ensemble ou l'esprit, au contraire, ne
peut jamais être emprunté ; il continue à habiter
grand, jeune et solitaire, dans l'œuvre mise au pillage, comme dans Homère ou dans Platon tant de fois
reproduit. Le talent n'a d'excellent que ce qui est
susceptible d'imitation, par exemple Ramler, Wolf le
philosophe, etc.

§ 10. — *Génies passifs.*

Qu'on me permette de donner à la troisième classe
les noms de génies féminins, réceptifs ou passifs,
ou, pour ainsi dire, d'esprits écrits en prose poétique (24).

Quand je les présente comme plus riches en imagination réceptive qu'en imagination créatrice, ou comme n'ayant à leur service que des facultés faibles et manquant, dans la production, de cette assurance du génie qui ne résulte que du développement harmonieux de toutes les grandes facultés, je sens que toutes nos définitions ne sont que des définitions d'histoire naturelle fondées sur des étamines ou sur des dents, ou des bulletins d'observations chimiques faites sur des cadavres organiques. Certains hommes sont doués de sentiments plus élevés, mais de facultés plus faibles que le talent vigoureux; leur âme s'ouvre saintement pour embrasser, soit dans la vie extérieure, soit dans la vie intérieure de la poésie et de la pensée, l'esprit de l'univers; ils s'y attachent, en répudiant la vulgarité, comme la femme délicate reste attachée à l'homme fort; et malgré cela, quand ils veulent exprimer leur amour, ils se tourmentent avec une parole embarrassée et confuse, et finissent par dire tout autre chose que ce qu'ils voulaient dire. Tandis que l'homme de talent n'est que l'acteur qui joue les œuvres du génie ou le copiste qui se plaît à le singer, ces génies passifs, placés sur la frontière du génie, sont, pour ainsi dire, ses hommes de forêt et de nuit, auxquels la destinée a refusé le don de la parole. Si, d'après les Hindous, les animaux sont les muets de la terre, ces génies sont les muets du ciel. Que tous les vénèrent, ceux qui leur sont supérieurs comme ceux qui leur sont inférieurs! Car ce sont eux qui se font, pour le monde, médiateurs entre la foule et le génie, et qui, comme autant de lunes, reflètent pour la nuit, en le conciliant avec elle, le soleil du génie. C'est dans leur liberté philosophique et poétique, qu'ils saisissent et conçoivent l'univers et la beauté. Mais quand ils veulent créer eux-mêmes, une chaîne invisible retient la moitié de leurs membres, et ils forment une chose autre ou plus petite que celle qu'ils voulaient faire. C'est quand il s'agit de sentir qu'ils règnent sur toutes les facultés avec une imagination ferme; mais, dans l'acte de créer, ils sont saisis par une faculté secondaire, et attelés au char de la vulgarité.

Leurs jours de création sont rendus malheureux par l'une ou par l'autre de deux raisons. Ou bien la fermeté de leur goût, qui rayonne si bien sur les productions d'autrui, devient obscure devant les leurs; ils se perdent en eux-mêmes, et, tenant en main tous les leviers possibles, ils manquent, pour remuer leur monde, d'un second monde pour point d'appui; ou bien, ce goût sûr n'est pas le soleil du génie dont les rayons développent les germes, mais une lune qui reflète seulement le soleil et dont la lumière refroidit.

Ils donnent plus facilement la forme à la matière d'autrui qu'à la leur, et se meuvent avec plus de liberté dans des sphères étrangères que dans celle qui leur est propre; c'est ainsi que, dans ses rêves, il est plus facile à l'homme de se sentir voler que de se sentir courir *.

Ils sont différents de l'homme de talent, qui n'est capable de présenter que des parties ou des corps de l'univers, et non son esprit; et ressemblent par conséquent au génie, dont le premier et dernier caractère est l'intuition de l'univers : seulement, dans les génies passifs, cette intuition n'est que la suite et le développement d'une intuition d'un génie étranger.

Je vais chercher quelques exemples parmi les morts, quoique, par suite des mélanges et des teintes moyennes inépuisables de la nature, les exemples fassent toujours déborder la couleur au-delà du dessin. Quelle est la place de Diderot dans la philosophie et celle de Rousseau dans la poésie? Il est évident qu'il faut les ranger parmi les génies passifs; tandis que, d'un autre côté, le premier, en tant que poëte, et le se-

* C'est que, sur le terrain du rêve, il veut se servir des muscles ordinaires de la marche, et ne le peut; tandis qu'il n'a pas besoin de muscles pour voler dans l'air du ciel.

cond, en tant que penseur, ont produit plutôt que reçu *.

En tant que philosophe, Bayle doit être certainement classé parmi les génies passifs. Mais Lessing, qui est de la même famille et lui est même supérieur par l'érudition, l'indépendance et la pénétration, dans quelle catégorie doit-il être rangé comme penseur? Suivant mon timide avis, c'est un génie actif plutôt comme homme que comme philosophe (25). Sa sagacité universelle a plus détruit que sa profondeur n'a construit. Ses productions les plus idéales ont dû elles-mêmes se laisser pour ainsi dire emprisonner dans les formules de Wolf. Sans être à la vérité, comme Platon, Leibnitz, Hemsterhuis, etc., le créateur d'un monde métaphysique, il n'en a pas moins été le fils d'un créateur qu'il manifestait et consubstantiel avec lui. Avec toute l'indépendance et l'assurance du génie, il fut en philosophie un créateur original dans le sens négatif, comme Platon en fut un dans le sens positif; il ressemble au grand Leibnitz, en ce qu'il laissa pénétrer dans la densité de son système les rayons de tous les systèmes étrangers; c'est ainsi que le diamant, malgré sa dureté, livre passage à toutes les lu-

---

* Comme les deux catégories du sens moral et de la force morale doivent aussi se prouver par la conduite, c'est encore une raison pour classer Rousseau parmi les génies passifs.

mières, et retient même celle du soleil. Le philosophe vulgaire est comme le liége, élastique, léger, poreux, mais ne pouvant ni laisser passer ni retenir le moindre rayon lumineux.

Parmi les poëtes, il faut citer, comme génie féminin, Moritz avant tous les autres. Il a bien saisi la vie réelle sous sa face poétique, mais n'a pas su créer une vie poétique. C'est seulement dans son *Antoine Reiser* et dans son *Hartknopf* que l'on voit s'étendre sur les ténèbres de la terre, sinon une aurore sereine, du moins la pâle lueur de minuit que lui envoie le soleil caché derrière elle; mais jamais ce soleil ne se lève pour montrer, comme un Phébus serein, la splendeur du ciel et celle de la terre en même temps. Et combien, de son côté, Sturz ne répand-il pas de froideur par la magnificence de sa prose pompeuse, mais dépourvue de pensées nouvelles, et qui ne fait que répandre la clarté du jour sur les recoins de la vie du monde et des cours! Du moment où l'on n'a rien à dire, le style d'assemblée politique ou de journal officiel, que la pensée peut du moins renverser et qui peut devenir, par conséquent, le bouffon de soi-même, est préférable au style pompeux, royal et plein de magnificence, qui se fait annoncer par ces cris : « Le voici! le voici! » — Novalis, ainsi qu'un bon nombre de ses modèles et de ses panégyristes, appartiennent également à cette catégorie de génies moitié virils, moitié féminins, qui pensent produire quand ils ne font que recevoir.

Cependant de tels esprits, placés sur la frontière du génie, peuvent, à l'aide d'une culture de plusieurs années, s'élever à la hauteur et jusqu'à l'indépendance du véritable génie. Ils peuvent, comme un son discordant sur la lyre, s'adoucir, devenir plus purs, se spiritualiser davantage, à mesure que la dissonance s'éteint. Néanmoins on y sentira toujours la reproduction de l'esprit universel, comme on sent dans le talent la reproduction de ses parties.

Mais il faut se garder d'être trop hardi dans l'établissement de ces catégories. Chaque esprit est comme l'airain de Corinthe, composé d'une manière inconnue avec des débris et des métaux connus (26). Puisque l'on voit des nations s'élever rapidement et s'agrandir par la conquête du présent, pourquoi des esprits ne pourraient-ils pas en faire autant à l'égard du passé? Mesurer ces esprits veut dire autant que déterminer des espaces dans l'espace, ou mesurer des colonnes d'air au sommet desquelles on ne peut plus distinguer le chapiteau de l'éther.

N'y a-t-il pas des esprits d'alliage, non-seulement sous le rapport des époques, mais encore sous celui des pays? Et puisque deux pays ou deux temps peuvent se rattacher l'un à l'autre par deux pôles, n'en résulte-t-il pas de très-mauvais comme de très-bons mélanges? Je ne dis rien des plus mauvais : les Français Allemands (Alsaciens), les Juifs Allemands, les Papous, les Grecs Zinzares (27), bref tous ces esprits mixtes, sans distinction d'esprit, se présentent ici dans une foule trop bruyante. Mieux vaut parler des génies et des demi-génies. Relativement aux pays, on peut citer Lichtenberg, qui, par sa prose, est un esprit intermédiaire entre l'Angleterre et l'Allemagne; Pope, qui est un chemin de traverse entre Londres et Paris; Voltaire, qui, au contraire, est, dans un sens plus élevé, un trait d'union entre ces deux villes; Schiller est, sinon l'accord parfait, du moins la note dominante entre la poésie anglaise et allemande; il est, pris dans son ensemble, un Young perfectionné, transfiguré, avec une supériorité dramatique et philosophique.

Relativement aux époques, qui, au fond, sont comme autant de pays, — Tieck, bien qu'il soit de la famille des génies créateurs plutôt que de celle des génies réceptifs, est une belle fleur bâtarde du vieux temps allemand et du moderne; Wieland est un oranger aux fleurs françaises et aux fruits allemands; l'arbre élevé de Goethe pousse ses racines en Allemagne, et fait pencher ses grappes de fleurs vers le climat de la

Grèce; Herder est un isthme riche et fleuri entre la Grèce et l'Orient.

Nous avons navigué, suivant la marche régulière de la nature, dans ces passages et ces traversées où l'on ne distingue pas le fleuve de ses rives; et nous abordons enfin sur le terrain des génies créateurs.

CHAPITRE III.

Du génie.

---

§ 11. — *Multiplicité de ses facultés.*

Ce n'est que par la confusion du génie, philosophique ou poétique, avec le goût artistique des virtuoses, qu'on a pu être conduit à le regarder comme une faculté purement instinctive. Il est vrai que les peintres, les musiciens, le mécanicien même, doivent être naturellement doués d'un organe au moyen duquel la réalité puisse devenir pour eux tout à la fois l'objet et l'instrument de leurs productions ; la prédominance d'un organe et d'une faculté, chez Mozart par exemple, opère alors avec l'aveuglement et la sûreté de l'instinct.

Celui qui, comme Adelung, fait consister le génie,

a meilleure chose que possède de la terre, ce réveille-matin
es siècles endormis, dans le développement des fa-
ultés inférieures de l'âme, et qui, comme cet auteur
ans son livre sur le style, peut concevoir un génie
épourvu de jugement, se montre lui-même, quand
l pense ainsi, privé de cette faculté. Notre époque me
ispense de toute guerre avec ce péché contre l'esprit
aint. Ne voyons-nous pas Shakespeare, Schiller, etc.,
istribuer à des caractères différents les différentes
acultés? Ne sont-ils pas obligés souvent, sur la même
age, de faire preuve tour à tour d'esprit, de sagacité,
'intelligence, de raison, de chaleur, d'érudition, de
out en un mot, et cela de telle sorte que l'éclat de ces
acultés scintille seulement comme celui des pierres
récieuses, sans éclairer comme le luminaire du pau-
re? Il n'y a que le talent spécial qui rende un seul
on, comme la corde de piano frappée de son marteau;
e génie, au contraire, ressemble aux cordes de la
arpe éolienne, qui rendent des sons divers sous des
ouffles différents. Toutes les facultés fleurissent à la
ois dans le génie *; l'imagination n'y est pas une

---

* Cela s'applique également au génie philosophique, que je
e puis, contrairement à Kant, distinguer spécifiquement du
énie poétique. On peut voir sur cette question les raisons que
e donne dans la *l'allée de Campan*, p. 51, etc. (28), et qui
'ont pas encore été réfutées. Tous les inventeurs en philoso-
hie ont été des esprits ʰuques, c'est-à-dire véritablement

fleur, mais la déesse Flore elle-même, qui, pour produire de nouveaux mélanges, rapproche les calices dont l'union peut être féconde : c'est pour ainsi dire une faculté pleine de facultés. L'existence de cette harmonie et de cette ordonnatrice d'harmonie est supposée et prouvée par deux grands phénomènes du génie.

§ 12. — *La réflexion.*

Le premier de ces phénomènes est la réflexion. Elle suppose, à chacun de ses degrés, un équilibre et un antagonisme entre l'action et la passion, entre le sujet et l'objet. A son degré le plus bas, celui qui sépare l'homme de la brute, celui qui veille de celui qui dort, la réflexion suppose l'équilibre entre le monde extérieur et le monde intérieur; dans la brute, le monde extérieur absorbe le monde intérieur; dans l'homme troublé par la passion, le dernier absorbe souvent le premier. Il y a ensuite une réflexion d'un ordre plus

---

systématiques. Il en est tout autrement des philosophes critiques, qui ne créent jamais un système organique, et ne font tout au plus qu'habiller, nourrir, amputer, etc. Quant aux différences d'application du génie dans ses affinités, elles pourraient faire l'objet d'une étude spéciale et difficile.

élevé, celle qui divise en deux le monde intérieur lui-même, et distingue le moi et son empire, le créateur et son monde. Il existe entre cette réflexion divine et la réflexion vulgaire la même différence qu'entre la raison et l'entendement qui les engendrent. La réflexion ordinaire, dans les affaires de la vie, n'est dirigée que vers l'extérieur, et, dans un sens plus élevé, elle est toujours hors d'elle-même, jamais en elle-même; ceux qui en sont les sujets ont conscience, mais n'ont pas conscience d'eux-mêmes; ce dernier fait est la vue entière de soi-même qu'obtient l'homme placé entre deux miroirs en se tournant de l'un à l'autre. La réflexion du génie diffère tellement de l'autre qu'elle lui devient souvent contrairement opposée; et cette lampe éternelle, qui brûle à l'intérieur, s'éteint comme une lampe sépulcrale, dès que l'air et le monde extérieur pénètrent jusqu'à elle [*]. — Mais quelle est sa condition? L'équilibre ou l'égalité sup-

[*] En effet l'irréflexion dans l'action, c'est-à-dire l'oubli des relations de notre personnalité, est si bien compatible avec la réflexion poétique ou philosophique que ce fait même, de penser et de composer des choses poétiques, se produit souvent dans le rêve et dans la démence, où cet oubli existe à son plus haut degré. Le génie est somnambule en plus d'un sens : dans la clarté de ses rêves, il est plus puissant que celui qui veille, et il monte au milieu des ténèbres sur les hauteurs de la réalité; mais qu'on lui enlève ce monde de rêverie, il va trébucher lourdement dans la vie réelle.

pose la liberté plus que la liberté ne présuppose l'égalité. Ce qui procure et conserve au moi la liberté de la réflexion, c'est le jeu et le mouvement des grandes facultés, dont aucune ne peut devenir assez prépondérante pour constituer un autre moi en opposition avec le premier; tandis que lui peut leur donner tour à tour le mouvement et le repos, sans que jamais le créateur se confonde avec sa création.

C'est pourquoi le poëte, comme le philosophe, est un œil; tous les piliers qu'il renferme sont garnis de miroirs; son vol est le vol libre d'une flamme, et non le jet que lance au hasard la mine que l'on fait sauter. Aussi le poëte le plus fougueux peut-il être un homme plein de douceur; que l'on considère seulement les traits de Shakespeare, empreints d'une sérénité céleste, ou plutôt cette grande épopée que constitue la série de ses tragédies historiques. Il peut même arriver que l'homme soit vendu à chaque minute sur le marché d'esclaves du moment, et que néanmoins, dans ses compositions poétiques, il s'élève avec douceur et liberté. C'est ainsi que le Guide, au milieu des tempêtes de sa vie, arrondissait et ornait de boucles ses charmantes têtes d'anges et d'enfants; c'est ainsi que la mer, pleine de courants et de vagues, n'en reflète pas moins vers le ciel la calme et pure lueur du matin et du soir. Il n'y a que le jeune homme, dont le jugement n'est pas encore éveillé, qui puisse croire que le feu du génie brûle comme celui de la passion : on a, par exemple, fait passer le buste de Bacchus pour celui du sobre poëte Platon.

Alfieri, toujours en proie au vertige, a trouvé plus de repos en lui-même que hors de lui-même ; le véritable génie tire son calme de son intérieur; et ce n'est pas la colonne d'eau qui s'élance en hauteur, mais la profondeur polie à sa surface, qui peut refléter le monde.

Cette réflexion du poëte, qu'on aime à réclamer pour le philosophe, atteste la parenté qui les unit. Mais elle a brillé dans peu de poëtes et de philosophes aussi clairement que dans Platon, qui fut l'un et l'autre à la fois, depuis le dessin précis de ses caractères jusqu'à la sublimité de ses hymnes et de ses idées, ces constellations d'un ciel souterrain. Quand on considère, dans le *Phèdre*, qui est la condamnation de toutes nos rhétoriques, la critique réfléchie et enjouée en même temps dans laquelle Socrate analyse l'hymne sur l'amour, on conçoit qu'il ait pu se trouver après sa mort vingt commencements de sa *République* (29). La réflexion du génie ressemble à l'agitation du balancier, qui, dans la montre, ne remue que pour régulariser et pour entretenir par cela même la marche. Que manquait-il à notre grand Herder, avec toute la sagacité, la profondeur, la compréhension et l'extension de son esprit, pour devenir un poëte, dans le sens le le plus élevé ? Rien qu'une ressemblance avec Platon ; il eût fallu que chez lui les plumes destinées à diriger le vol (*pennæ rectrices*) fussent dans une plus juste proportion avec celles qui le soutiennent (*remiges*).

Il y aurait méprise et préjugé à inférer de cette réflexion du poëte quelque chose contre son enthousiasme. Il doit jeter des flammes dans les espaces les plus étroits, et y apporter en même temps le thermomètre ; il doit, au milieu même du feu roulant de toutes les facultés, maintenir la balance subtile qui ne pèse que des syllabes, et, pour me servir encore d'une autre métaphore, diriger le fleuve de ses sentiments vers l'embouchure d'une rime. Il n'y a que l'ensemble qui soit enfanté dans l'enthousiasme, les parties s'élaborent dans le calme. D'ailleurs, est-ce que le philosophe offense le Dieu qui habite en lui, quand il s'efforce de s'élever du mieux qu'il peut, de degré en degré, pour apercevoir sa lumière ? Et, quand il fait la philosophie de la conscience, devient-il l'ennemi de la conscience ? Si la réflexion comme telle pouvait pécher par excès, l'homme qui réfléchit serait au-dessous de la brute sans jugement et de l'enfant sans réflexion ; et cet influi qui, bien qu'insaisissable pour nous, ne peut rien être dont nous n'ayons pas conscience, serait inférieur au fini.

Il faut cependant que le bon sens et le jugement soient pour quelque chose dans la cause et le fondement de ce malentendu et de ce préjugé dont nous venons de parler. L'homme, d'après Jacobi, n'a de respect que pour ce qui ne peut être reproduit mécaniquement ; mais la réflexion semble précisément être une reproduction continuelle, une contrefaçon arbitraire et hypocrite de l'inspiration et du sentiment divins ; elle paraît par conséquent les exclure. Et il n'est pas nécessaire pour cela d'aller chercher, dans la manière de penser, de composer et d'agir des poëtes égoïstes et creux des temps modernes, des exemples d'une froide présence d'esprit ; il suffit des exemples que nous fournit le vieux monde savant, quand surtout il enseigne froidement et impudemment, dans ses traités de rhétorique et d'humanités, la manière de présenter les plus beaux sentiments; on dirait des marionnettes qu'on fait sortir d'un tombeau et qui se mettent à réfléchir. C'est avec une froideur pleine de vanité et de satisfaction intérieure que le vieux pédant scolastique se met à une des fenêtres de l'école pour laisser tomber officiellement sur la tombe de son prédécesseur un regard plein d'affliction, et qu'au milieu de sa thrénodie, il met en jeu les muscles et les petites poches lacrymatoires qui, d'après Peuzer ou Morhof, sont nécessaires pour pleurer; il a le plaisir de compter avec un pluviomètre chaque goutte qu'il laisse couler.

Mais alors en quoi cette réflexion divine diffère-t-elle de la réflexion vicieuse? C'est par l'instinct de ce qui échappe à la conscience et par l'amour de cet instinct.

§ 13. — *L'instinct de l'homme.*

L'élément le plus puissant du génie poétique, celui qui fait vivre dans ses œuvres une âme bonne ou mauvaise, est précisément ce qui échappe à la conscience. C'est pourquoi un grand poëte comme Shakespeare découvrira et présentera des trésors qu'il lui a été à lui-même aussi impossible de voir que son cœur physique ; c'est qu'on retrouve dans la plante qui végète et dans l'instinct des animaux l'empreinte de la sagesse divine toutentière, et que cette même sagesse s'exprime par les mouvements de l'âme. En général, la réflexion ne voit pas le fait même de voir, mais seulement l'œil reflété ou analysé, et le reflet ne se reflète pas lui-même. Si nous avions entièrement conscience de nous-mêmes, nous serions nos propres créateurs et ne serions plus des êtres finis. Un sentiment indestructible met en nous, et au-dessus de toutes nos créations, quelque chose d'obscur, qui n'est pas notre créature, mais notre créateur. C'est ainsi que nous nous présentons devant Dieu, ainsi que lui-même l'a ordonné sur le Sinaï, avec un voile sur les yeux.

Quand on ose parler de ce qu'on ne peut ni pénétrer ni saisir par la conscience, on peut bien en vouloir déterminer l'existence, mais non la profondeur. Je vais pouvoir heureusement, dans ce qui suit, labourer mon champ, à l'aide des coursiers poétiques de Platon et de Jacobi, quoique ce soit pour y répandre de mes propres semences.

L'instinct est le sentiment de l'avenir. Il est aveugle, mais seulement comme l'oreille est aveugle pour la lumière, et comme l'œil est sourd pour le son. Il contient son objet et en est le signe, comme l'effet manifeste et contient sa cause; et, si on découvrait pourquoi tel effet, entièrement et nécessairement impliqué dans une cause donnée, lui est cependant postérieur dans le temps, si ce mystère était dévoilé, nous comprendrions également comment l'instinct recherche, détermine, connaît son objet, et cependant en est privé. Toute conscience d'un besoin suppose une affinité avec l'objet qui manque, et par conséquent une possession partielle de celui-ci*; il n'y a cependant qu'un véritable manque de l'objet qui puisse rendre possible une tendance vers lui, comme l'éloignement du but est la condition de l'acheminement pour l'atteindre. Il y a des cercles spirituellement organiques, comme il y en a de matériellement organiques; ainsi, par exemple, la liberté et la nécessité, la volonté et la pensée, se supposent réciproquement.

Or il y a dans le moi pur un sentiment de l'avenir ou un instinct, tout aussi bien que dans l'animal et le moi non pur; et son objet est tout à la fois éloigné et certain; car c'est précisément dans le cœur de l'homme que la véracité universelle de la nature devait dire le premier mensonge. Cet instinct de l'esprit qui pressent et réclame éternellement ses objets, et cela sans aucune considération de temps, puisque ces objets sont en dehors de tout temps, rend l'homme capable de prononcer et de comprendre des mots comme : terrestre, mondain, temporel, etc.; car c'est cet instinct seulement qui leur donne une signification en nous faisant sentir ce qui leur est contraire. Quand le vulgaire lui-même ne voit dans la vie et dans tout

---

* Car une pure négation ou une privation absolue excluraient tout effort contraire; et une grandeur négative aurait le même effet qu'une grandeur positive.

ce qui est terrestre qu'un fragment, qu'une partie, c'est seulement la connaissance et la supposition d'un tout qui peuvent lui permettre d'affirmer et de mesurer cette division. Quelque chose d'indéfinissable fait paraître la vie, quelque large qu'elle soit, trop étroite, même aux yeux du réaliste le plus grossier, dont les idées comme les jours se traînent sur des pattes et des anneaux de chenille; de deux choses l'une : ou bien il ne peut voir dans cette vie qu'un jeu, soit désordonné et brutal, soit péniblement mensonger, ou qu'un vide passe-temps; ou bien, comme les théologiens d'autrefois, il doit la considérer comme le prologue vulgairement comique du sérieux du ciel, comme l'apprentissage puéril d'un règne futur, et par conséquent comme la contre-partie de l'avenir. Ainsi dans ces cœurs terrestres, et je dirai même terreux, habite déjà quelque chose qui leur est étranger; de même sur la montagne du Harz on trouve une île de corail, établie là peut-être par les premières eaux de la création.

Peu importe quel nom et quels attributs on assigne à cet ange de la vie intérieure, à cet ange qui apporte la mort à tout ce qu'il y a de tendre dans l'homme; il suffit que ses déguisements ne l'empêchent pas d'être reconnu. Tantôt il apparaît aux hommes profondément ensevelis dans leurs fautes ou dans leur corps comme un être dont la présence, et non l'action, nous terrifie *.

Nous appelons ce sentiment peur des esprits, et le peuple dit seulement : « La forme, la chose se fait entendre. » Souvent même, pour exprimer l'infini, il se borne à dire : « Il. » Tantôt cet esprit se manifeste comme l'infini, et alors l'homme se met à prier. S'il n'existait pas, nous serions satisfaits avec les jardins de la terre; mais c'est lui qui nous fait apercevoir le véritable paradis dans les profondeurs du ciel. Il retire le crépuscule du domaine du roman et fait tomber nos regards sur des paysages éclairés par la lueur vacillante de la lune, pleins de fleurs nocturnes, de rossignols, d'étincelles, de fées et de jeux (31).

C'est lui qui nous a donné le premier la religion, la crainte de la mort, la fatalité des Grecs, la superstition, les prophéties *, la soif de l'amour, la croyance au diable, et le romantisme, ce monde spirituel maté-

---

* *Loge invisible*, I, 278 (I, 275) (30).

** La prophétie, ou l'omniscience qui la renferme, est, selon nous, quelque chose de plus élevé que la simple connaissance complète de la cause, connaissance qui fournirait la déduction ou plutôt la vue même de l'effet; si la prophétie n'était que cela, elle ne pourrait pas anticiper ou annihiler le temps; car elle n'en serait au contraire que la simple intuition, c'est-à-dire le fait de le voir s'écouler.

rialisé, comme la mythologie grecque était un monde physique divinisé.

Si tel est cet instinct divin dans une âme vulgaire, que va-t-il devenir et faire dans une âme de génie?

§ 14. — *Instinct ou matière du génie.*

Puisque, dans le génie, toutes les autres facultés ont plus d'élévation, cette faculté divine doit, de son côté, s'élancer au-delà de toutes les autres, ainsi qu'un sommet de glace pur et diaphane dépasse les sombres Alpes de la terre. C'est précisément cette splendeur sereine de cet instinct hyperphysique, qui répand dans l'âme cette lumière qu'on appelle réflexion ou conscience de soi-même. La victoire immédiate sur l'élément terrestre, sur ses objets et sur nos penchants vers ces objets, voilà précisément le caractère de l'élément divin; c'est une guerre à mort sans possibilité de transaction, puisque déjà l'esprit moral en nous, en tant qu'infini, ne reconnaît rien de grand en dehors de lui-même. Dès que tout a été ramené au niveau de l'égalité, il devient facile d'embrasser dans un regard la réflexion ou conscience de soi-même.

Il devient maintenant plus facile d'apaiser la polémique sur la question de savoir si la poésie a besoin de matière ou ne repose que sur la forme. Il y a, à la vérité, une matière extérieure et mécanique dont la réalité extérieure ou la réalité psychologique nous enveloppent et nous recouvrent; tant qu'elle n'a pas été ennoblie par la forme, cette matière reste indifférente à la poésie, et ne lui est absolument rien, de telle sorte qu'il n'importe nullement que ce soit le Christ ou son traître, Judas, qu'une âme vide se mette à chanter.

Mais il y a quelque chose de plus élevé que la banalité de tous les jours : il y a une matière intérieure, une poésie pour ainsi dire innée, involontaire, glace dont la forme n'est pas le tain, mais seulement le cadre. Je me sers d'une comparaison : ce qu'on appelle impératif catégorique (32), c'est-à-dire l'image de la forme, comme l'action extérieure est l'image de la matière extérieure, ne peut qu'indiquer à l'âme la bifurcation de la route, sans atteler pour elle ce coursier qui la parcourt et entraîne le coursier noir*; et, d'un autre côté, l'âme peut bien conduire et guider le coursier blanc, mais elle ne peut le créer : il en est de même du coursier des Muses, qui au fond est ce même coursier blanc, seulement avec des ailes. C'est cette matière

---

* On sait que Platon symbolisait par le coursier blanc notre génie moral, et par le coursier noir ce que Kant appelle le mal radical.

qui constitue l'originalité du génie, tandis que l'imitateur cherche la sienne dans la forme et la manière; c'est encore elle qui produit l'égalité des différents génies; car, si ce qui est humain est multiple, le divin est un. De même que Jacobi trouve concentrique la profondeur philosophique *; de même les génies poétiques, séparés d'abord comme les astres à leur lever, par de grandes distances, se rapprochent au zénith du temps, en s'élevant comme les astres. — Cent bougies dans une chambre ne produisent en somme qu'une seule lumière, mais cent ombres (imitateurs). Ce qui nous refroidit, et souvent même nous indispose à l'égard de l'imitation, ce n'est pas le vol de pensées spirituelles, figurées, sublimes, appartenant au modèle (car souvent ces pensées sont la propriété de l'imitateur lui-même), mais c'est cette contrefaçon (souvent voisine, quoique sans le vouloir, de la parodie), de tout ce qu'il y a de plus saint dans l'original, c'est cette reproduction servile de ce qui est inné. Cette adoption de ce qu'il y a de plus sacré chez un autre ne peut remplacer l'ardeur de l'amour paternel; c'est pourquoi l'imitateur est réduit à exprimer ce sentiment à l'égard des détails de son œuvre, dont il est plus réellement l'auteur, et c'est sur eux qu'il

---

* Jacobi, *sur Spinoza*. Nouvelle éd., p. 17.

prodigue les ornements ; plus son œuvre est froide, et plus elle est parée. C'est ainsi que le froid soleil de la Sibérie est entouré toute la journée de parhélies et de couronnes (33).

Le cœur du génie, qui a à son service toutes les autres facultés, soit brillantes, soit utiles, possède et présente un véritable signe caractéristique : une manière qui lui est propre d'envisager le monde et la vie. Le talent ne présente que des parties, le génie présente la totalité de la vie, jusque dans ces sentences isolées où il est question, comme souvent dans Shakespeare, du temps et de l'univers ; ou, comme dans Homère et d'autres Grecs, des mortels ; ou, comme dans Schiller, de la vie. Cette vue plus élevée de l'univers, en tant que fixe et éternelle, reste invariable dans l'auteur et dans l'homme, tandis que toutes les facultés particulières peuvent être modifiées et déprimées par les fatigues de la vie et du temps. Il faut même que le génie ait, dès son enfance, considéré son monde nouveau avec des sentiments différents de ceux du vulgaire ; il faut qu'il ait, dès lors, tissé autrement la trame de ses fleurs à venir ; car sans cette différence primitive on ne pourrait concevoir le développement d'une différence postérieure. Une seule mélodie passe à travers toutes les fugues du chant de la vie. Il n'y a que la forme extérieure qui exige quelques efforts du poëte; mais il porte avec lui, comme à travers une demi-vie, l'esprit et la matière; et chacune de ses pensées doit ou être un poëme ou n'être pas même une pensée.

Cet esprit universel du génie vivifie, comme tout esprit, chacune des parties d'une œuvre, sans en habiter une seule. Il peut même, par son charme supérieur, rendre superflu le charme de la forme; et l'esprit de Goethe nous parlerait encore dans le poëme le plus négligé, et même dans la prose du style officiel. Du moment où il y a un soleil, il marque l'heure sur le cadran, avec une simple pointe aussi bien qu'avec un obélisque. C'est cet esprit qui jamais ne fournit de preuves*, qui ne donne que lui-même et sa manière de voir, qui se montre plein de confiance à l'égard de l'esprit qui est son allié, et qui regarde de haut en bas celui qui est son ennemi.

Il arrive que la destinée impose une forme informe à une âme divine, comme un corps de satyre à Socrate; car c'est sur la forme que règne le temps, et non sur la matière intérieure.

Ainsi le miroir dans lequel Jacob Böhme faisait se refléter le ciel et la terre était suspendu dans un lieu

---

* Il n'y a que de pures intuitions quant à la totalité de la vie ou de l'existence; quant aux parties de ces dernières, elles ont des preuves, et ces preuves reposent sur les intuitions du tout.

sombre; et c'est pourquoi le tain manque à la glace en quelques endroits. Ainsi encore le grand Hamann est un ciel plein d'astres télescopiques, mais ces astres ont des taches nébuleuses qu'aucun œil ne peut dissoudre.

C'est pour cette raison que bien des œuvres pleines de richesses paraissent au styliste, qui creuse pour trouver des corps et non des esprits, aussi pauvres que le paraissent au mineur, en comparaison de ses mines profondes, les hautes et majestueuses montagnes de la Suisse. Il dit qu'il ne trouve rien ou presque rien à prendre dans ces ouvrages et à en extraire; autant vaudrait se plaindre qu'on ne peut rien tirer de l'amitié que la possession de l'amitié. Il peut y avoir des œuvres philosophiques qui nous inspirent de l'esprit philosophique, sans déposer de matière dans des paragraphes philosophiques particuliers : tels sont quelques ouvrages d'Hemsterhuis et de Lessing. Le Saint-Esprit poétique n'est descendu sur ce Lessing si réfléchi, qui pensait d'abord sur les objets poétiques au lieu de les chanter, que pour son *Nathan* et son *Falk*, deux poèmes que la critique vulgaire lui pardonne par égard pour son *Émilia Galotti*. A dire vrai, l'âme poétique, de même que la nôtre, ne peut être démontrée que dans l'organisme entier, et non dans les doigts des mains ou des pieds en particulier, bien qu'elle les vivifie; et ce serait en vain qu'un collectionneur d'exemples irait les arracher pour les montrer, en s'écriant : « Voyez-moi donc le jeu de cette patte d'araignée! » (34).

§ 15. — *L'idéal du génie.*

Quand le vulgaire est doué de bons sentiments, il rattache directement et par la foi, comme autrefois tout chrétien le faisait, cette vie grossière à une seconde vie éthérée après la mort, seconde vie qui est à la première ce que l'esprit est au corps, mais qui lui est si peu attachée par un système d'harmonie préétablie, d'influence physique ou de causes occasionnelles (35), que l'esprit d'abord et le corps ensuite paraissent et sont mis en jeu séparément et successivement. Plus un être est éloigné du centre, plus les rayons qui partent de ce centre s'écartent les uns des autres avant de tomber sur lui; et un polype obscur et stupide devrait à lui seul, s'il se mettait à parler, trouver plus de contradictions dans la création que tous les navigateurs ensemble.

Et c'est ainsi que nous voyons le vulgaire prendre le monde extérieur et le monde intérieur, le temps et l'éternité, pour des thèses morales et chrétiennes; le philosophe y trouve une antithèse prolongée, mais avec un anéantissement alternatif d'un de ces mondes par l'autre; enfin l'homme supérieur y reconnaîtra un obscurcissement alternatif, comme il en règne un entre la lune et la terre; cette tête de Janus de l'homme qui regarde vers des mondes opposés a toujours les yeux fermés, soit d'un côté, soit de l'autre.

Mais, dès qu'il se trouve des hommes chez qui l'instinct de ce qui est divin parle plus clairement et plus hautement que chez les autres; dès que chez eux c'est cet instinct qui connaît l'élément terrestre (tandis que chez les autres c'est l'élément terrestre qui connaît l'instinct); dès qu'enfin il fournit et gouverne la perception de l'universalité : dès lors les deux mondes reflètent l'harmonie et la beauté et n'en font plus qu'un seul, car devant cet instinct divin il n'y a que de l'unité et point de contradiction de parties. Et c'est là le génie; cette conciliation des deux mondes est ce qu'on appelle l'idéal. Ce n'est qu'à l'aide des cartes du ciel qu'on peut tracer des cartes de la terre. Ce n'est qu'en regardant d'en haut (car les regards qui partent d'en bas voient toujours un ciel et une vaste terre séparés l'un de l'autre) que nous embrassons tout un globe céleste où nage le globe de la terre, petit à la vérité, mais rond et brillant. C'est pourquoi le talent, aux yeux duquel le monde céleste rapetissé n'est plus qu'une planète secondaire, ou tout au plus un anneau de Saturne pour le monde terrestre, ne saura jamais arrondir un tout idéal, ni avec une partie faire et créer un ensemble. Quand les vieillards de la prose, pétrifiés et pleins de terre * comme les vieillards véritables, nous émettent devant les yeux le tableau de la misère, ou la lutte avec la vie ordinaire et le triomphe de celle-ci, nous nous sentons devant ce spectacle inquiets et à l'étroit, comme si nous devions nous-mêmes faire l'expérience de l'adversité ; et on fait après tout l'expérience de ce tableau et de son effet ; il manque toujours, par conséquent, un ciel à leur douleur et même à leur joie. Ils introduisent leur platitude jusque dans le sublime de la réalité, par exemple dans le tombeau, comme on le voit par leurs oraisons funèbres, ou plutôt dans la mort, ce passage de la vie d'un monde dans un autre ; et de même dans l'amour et dans l'amitié. Et gardons-nous surtout de les rencontrer quand les blessures de la vie réelle nous agitent de la fièvre ; le pinceau avec lequel ces prosateurs poétiques peignent les blessures de la vie insère une

---

* On sait que dans la vieillesse les vaisseaux deviennent des cartilages, et que les cartilages deviennent des os. Ainsi la terre entre dans le corps, jusqu'à ce qu'enfin le corps entre dans la terre.

fièvre nouvelle dans l'ancienne, et leurs poésies rendent une véritable fièvre nécessaire, ne fût-ce que pour faire oublier la douleur causée par celle qui n'était que factice.

Quand c'est au contraire le génie qui nous guide à travers les champs de bataille de la vie, nos regards s'étendent avec autant de liberté que si la gloire ou le patriotisme marchaient devant nous avec leurs enseignes déployées; devant lui l'indigence revêt, comme aux yeux d'un couple amoureux, une forme pastorale (36). Partout il rend la vie libre et la mort belle. Sur son globe comme sur la mer, nous apercevons la voile qui entraîne avant de distinguer le navire pesant.

C'est de cette manière que, semblable à l'amour et à la jeunesse, il concilie et marie les infirmités de cette vie avec le sentiment éthéré : comme sur le bord d'une onde tranquille l'arbre réel et l'arbre reflété semblent partir d'une même racine pour s'élever vers des cieux différents.

CHAPITRE IV.

De la poésie grecque ou plastique.

§ 16. — *Les Grecs.*

Aucun être n'aime à faire des classifications plus que l'homme et surtout l'Allemand. Je me conformerai donc, dans ce qui suit, aux répartitions généralement adoptées. La plus large de ces divisions est celle qui a été établie entre la poésie grecque ou plastique et la poésie moderne ou romantique, ou encore, musicale. C'est, par conséquent, avec des formes différentes que doivent fleurir dans chacune l'art dramatique, l'épopée et la poésie lyrique. Après cette division de forme vient une division réelle ou matérielle; l'idéal se trouve ou dans l'objet, et nous avons alors ce qu'on appelle la poésie sérieuse, ou dans le sujet, ce qui donne naissance au genre comique, qui, lui-même, du moins pour moi, devient lyrique par la *Laune* (37), épique par l'ironie ou parodie, enfin dramatique par la réunion des deux.

Ce sont là des matières sur lesquelles on a fait des livres innombrables; il faut se borner à écrire sur elles moins de lignes qu'il n'a été fait de volumes. Dix rois étrangers sollicitèrent et obtinrent le droit de cité à Athènes; mais, depuis sa décadence, tous les siècles réunis ne fourniraient pas dix rois de la poésie qui y auraient conquis le droit de cité poétique. Une telle différence ne peut pas tenir seulement à une différence entre les individus, car les exceptions elles-mêmes sont répétées par la nature créatrice avec une certaine régularité, mais elle suppose la distinction particulière de la nation elle-même, qui était une exception, comme l'est par exemple Otahiti (38), si toutefois la connaissance bornée que nous avons de l'histoire de ce peuple pendant une période de mille ans nous permet de le considérer autrement que comme un individu; par conséquent, décrire cette nation, c'est décrire sa poésie, et toute nation du Nord lui est tellement inférieure qu'un de ses poëtes ne peut atteindre à la hauteur d'un Grec sans être, par ses dons naturels, supérieur à ce dernier.

Les Grecs n'étaient pas seulement, comme le leur

reproche ce prêtre égyptien, des enfants éternels, mais aussi d'éternels jeunes gens. Tandis que les poëtes postérieurs sont des créatures du temps, que même les poëtes allemands sont les créatures *des* temps, les poëtes de la Grèce furent à la fois les créatures d'une époque de civilisation naissante et d'une contrée orientale. Une réalité toute poétique n'offrit que de la lumière et point d'ombres à leur imitation poétique. Qu'on se représente ce pays qui inspirait sans enivrer, restant dans un juste milieu entre les steppes misérables et une abondance étouffante, entre la chaleur et le froid, entre d'éternels nuages et un ciel vide, milieu sans lequel un Diogène de Sinope n'aurait pu exister; ce pays, plein tout à la fois de montagnes qui séparent des tribus multiples, qui garantissent et font prospérer la force et la liberté, et de vallées enchanteresses, charmants berceaux de poëtes, d'où un souffle et une onde pleins de douceur conduisent vers cette riante terre d'Ionie, vers ce fécond paradis de l'Adam de la poésie, Homère; ce milieu de l'imagination produit par le climat entre l'imagination du Nord et celle de l'Arabe, comme les rayons tranquilles du soleil tiennent le milieu entre la lueur de la lune et les flammes rapides de la terre; cette liberté enfin, qui, à la vérité, condamnait l'esclave au travail, aux métiers, et même aux professions savantes (tandis que chez nous ce sont les poëtes et les philosophes qui sont esclaves, comme les esclaves furent chez les Romains les premiers poëtes et philosophes), mais qui permettait au citoyen libre de ne vivre que pour la gymnastique et pour les Muses, c'est-à-dire pour la culture de son corps et de son âme ! Les jeux Olympiques présentaient tout à la fois les victoires du corps et celles du génie, et Pindare n'était pas plus célèbre que ses héros. La philosophie n'était pas un gagne-pain, mais une étude libérale, et le disciple vieillissait dans les jardins du maître. Un jeune poëte conservait toute son intégrité et son ardeur devant les analyses universelles de cette armée de philosophes qui, dans l'espace de quelques olympiades, acheva le tour du monde transcendantal*, tandis que l'esprit poétique plus moderne des autres nations a été décomposé et dépouillé d'âme par la prépondérance de la subtilité philosophique. L'amour du beau était, comme la guerre pour la patrie, commun à toutes les classes de la société, et, comme le temple delphique du dieu des Muses, il rapprochait toutes les races de la Grèce. L'homme se confondait plus inti-

---

* On n'a pas encore suffisamment déterminé le rapport qui existe entre les poëtes grecs et ces philosophes qui, en si peu de temps et avec une puissance de conquérants, ont visité presque toutes les îles que la philosophie moderne a découvertes de nouveau.

mement avec le poëte, et ce dernier avec le premier.
Eschyle, dans son épitaphe, ne songea qu'à ses victoires guerrières ; et, quant aux victoires poétiques de
Sophocle (dans l'*Antigone*), elles lui valurent le gouvernement de Samos*; et ce fut pour célébrer ses
funérailles que les Athéniens, assiégés par Lysandre,
demandèrent un armistice. La poésie n'était pas emprisonnée et ensevelie dans les murs d'une seule capitale, mais elle prenait son essor sur la Grèce entière,
et, comme elle en parlait tous les idiomes, réunissait
dans un seul sentiment tous ceux qui l'écoutaient**.
Toutes les facultés pratiques furent éprouvées et fortifiées par des guerres soit extérieures soit intérieures
pour la liberté ; elles durent à la configuration des
côtes un développement flexible et multiple; et ce ne
fut pas au détriment des facultés spéculatives, comme
chez les Romains, qui se servirent de la guerre comme

---

* Cela n'est-il pas plus digne que ce que nous voyons dans les temps modernes, quand une Pompadour distribue pour récompenses à des rimeurs beaux esprits, qui écrivent avec une plume chatoyante de paon, de longues et lourdes épées de général?

** Sous le règne de la liberté, chaque province, comme cela arriva plus tard en Italie, écrivit dans son dialecte. Ce ne fut qu'après l'asservissement du pays par les Romains qu'une nouvelle chaîne, plus légère à la vérité, celle de l'exclusivité du dialecte attique, vint pour l'écrivain s'ajouter aux autres. — Voyez les *Suppléments du dictionnaire de Sulzer*, t. II.

d'une épée, tandis que les Grecs n'y virent qu'un bouclier. Rappelons enfin ce goût de la beauté, qui, d'après Théophraste, fit concourir à Élée les jeunes gens pour la beauté virile; qui érigeait aux peintres des statues et même des temples (à Rhodes, par exemple); qui faisait adorer un jeune homme seulement parce qu'il était beau, et le plaçait après la mort dans un temple ou l'y faisait prêtre pendant sa vie*; qui attachait plus d'importance à une représentation dramatique qu'à une expédition militaire, plaçait les juges d'un poëme à couronner sur le même niveau que les juges qui prononçaient sur la vie et la mort, et faisait traverser toute la nation au char d'un poëte ou d'un artiste. Sur cette terre, on embellissait tout, depuis le vêtement jusqu'à la Furie (39); c'est ainsi que dans les pays chauds chaque habitant de l'air et des forêts, même la bête féroce, vole et court paré de dessins et de couleurs éclatants et de feu, tandis que la mer glaciale est recouverte d'ombres pesantes, innombrables et cependant sans variété, qui semblent être la contrefaçon de la terre. C'est encore dans ce pays que, dans toutes les rues et dans tous les temples, les cordes lyriques de l'art résonnaient d'elles-mêmes

---

* Ainsi le Jupiter juvénile d'Ægé, l'Apollon isménique, exigeaient pour prêtre le plus beau des jeunes gens. — *Winckelmann, Histoire de l'art.*

comme des harpes éoliennes. C'est là qu'un peuple ivre de beauté portait dans son cœur et dans son regard une religion sereine qui ne se conciliait pas ses dieux par des jours de pénitence, mais par des jours de réjouissance; qui, comme si le temple était déjà l'Olympe, n'ordonnait que des danses, des jeux et des chefs-d'œuvre, et qui, dans ses fêtes enivrantes, embrassait, comme dans des ceps de vigne, les trois quarts de l'année; un peuple lié avec ses dieux d'une société plus étroite et plus belle qu'aucun autre peuple, depuis cette époque primitive et héroïque où ses ancêtres héroïques, élevant comme sur de hauts promontoires leurs tailles gigantesques, allèrent se confondre avec les dieux*, jusqu'au temps où la nature était partout habitée et comme doublée par des divinités, où chaque bosquet avait son dieu et son temple, où, pour chaque demande, pour chaque désir humain, comme pour chaque fleur, un dieu se faisait homme, et où le surnaturel se trouvait partout, avec la douceur d'un ciel d'azur, au-dessus et autour de la nature. Et maintenant, quand nous voyons ce peuple ainsi favorisé pour la vie et enveloppé dès le milieu du jour d'une vapeur

---

* Des dieux se firent juger par l'aréopage (*Demosthenes in Aristocrat.*, et Lactance, *Inst. de fals. rel.*, I, 10). La vie de Jupiter sur la terre et la construction de ses temples par lui-même rentrent dans la même catégorie de faits (*Id.*, I, 11).

magique, que les autres nations sont obligées de se procurer elles-mêmes pour leur poëme, ne devons-nous pas nous écrier : « Comme les rêves du matin de la poésie iront jouer autour de cette jeunesse qui vit sous les roses et sous l'aurore, quand il leur arrivera d'y fermer les yeux! Comme les fleurs de la nuit se mêleront aux fleurs du jour! Comme ils répéteront sur les astres de la poésie cette vie de printemps de la terre! Comme ils rattacheront les douleurs mêmes à la joie par des ceintures de Vénus! » (10).

L'enthousiasme avec lequel nous autres hommes du Nord traçons et regardons un pareil tableau trahit l'étonnement de la pauvreté. Comme nous ne sommes pas habitués, ainsi que les habitants des belles contrées méridionales, à une éternelle égalité de durée entre le jour et la nuit, c'est-à-dire entre la vie et la poésie, il est naturel que nous soyons d'autant plus fortement saisis par le plus long des jours après la plus longue des nuits, et il nous devient difficile de ne pas nous dédommager de l'aridité de la vie par les voluptés du rêve, même dans un livre sérieux, divisé en paragraphes.

§ 17. — *Qualités plastiques ou objectivité de la poésie grecque.*

La considération de la nation grecque nous fait reconnaître et nous explique chez ses poëtes l'existence de quatre couleurs principales.

La première est leur caractère plastique ou leur objectivité. On voit que, dans les poésies grecques, toutes les figures paraissaient sur la terre comme autant de statues de Dédale, qui marchent et sont pleines de corps et de mouvement; tandis que, dans les poëtes modernes, les figures s'élèvent plutôt vers le ciel comme des nuages, dont les contours immenses, mais indécis, se modifient au gré de l'imagination de chaque lecteur. Ces formes plastiques des poëtes, qui étaient peut-être les filles aussi souvent que les mères des statues et des tableaux que le poëte rencontrait partout, ont une même source que l'excellence des artistes grecs dans la reproduction des formes nues. Ce n'est pas en effet la facilité d'étudier des formes nues qui éleva l'artiste grec au-dessus de l'artiste moderne; car, s'il en était ainsi, ce dernier serait l'égal du grec pour la tête et pour les mains, qui sont toujours nues et pour lesquelles il a, de plus que l'autre, ces formes idéales que le Grec a dû produire pour lui-même et pour la postérité.

La cause en est, au contraire, cette délicatesse des facultés réceptives avec laquelle l'enfant, le sauvage, le paysan, saisissent chaque objet d'un coup d'œil bien plus vif que l'homme troublé par la civilisation, qui, derrière son œil physique, porte un microscope spirituel.

C'est avec une promptitude égale que le poëte grec, encore plein de jeunesse, saisissait d'un œil intact et plein de feu l'univers, le présent et le passé, la nature et les dieux; ces dieux en qui il avait foi, cette époque héroïque de ses ancêtres dont il était fier, toutes les vicissitudes de l'humanité s'emparaient de son jeune cœur, comme le feraient des parents ou une amante, et sa personnalité tout entière allait se perdre dans son objet.

Une impression forte éveille de l'amour et de l'intérêt; et toujours le véritable amour est objectif, se mêle et se confond avec son objet. Dans tous les chants populaires, et à tous ces premiers degrés de développement où l'homme est encore capable d'un véritable intérêt, par exemple dans les récits des enfants et des sauvages, ou encore plus dans ceux des quatre pieux évangélistes, le peintre ne songe pas à présenter ses chevalets et ses appuie-mains, mais seulement son objet. Cet oubli de soi-même chez les Grecs devient quelquefois réellement émouvant, dans ces cas même où l'artiste se souvient de lui-même, mais seulement comme de l'objet d'un objet. Ainsi, par exemple, aucun artiste ne se présenterait avec autant de simplicité et de modestie que l'a fait Phidias sur son bouclier de Minerve, sous la figure d'un vieillard lançant une pierre. Il en résulte que le caractère personnel des poëtes modernes se fait connaître en grande partie dans leurs ouvrages ; mais que l'on devine, si l'on peut, l'individualité de Sophocle au moyen de ses tragédies !

Telle est la belle objectivité de l'amour ou du poëte qui perd la conscience de lui-même. Le temps amène ensuite la subjectivité grossière de ce même amour, ou de l'ivresse et de la jouissance, absorbant son objet et ne montrant qu'elle-même. Vient après cela, sans valoir beaucoup mieux, l'objectivité de la réflexion sans cœur, qui en secret ne pense qu'à elle-même, ne peint qu'un peintre, applique contre l'œil le verre objectif et recule le verre oculaire vers l'objet, de manière à rejeter celui-ci dans l'infini. Il est vrai qu'il reste encore après tout cela une conscience de soi-même, une réflexion plus haute, la plus élevée de toutes, qui redevient objective sous l'influence d'un esprit saint de l'amour, mais de l'amour divin et universel.

Les Grecs croyaient aux dieux et aux héros qu'ils chantaient. D'un côté, ils les confondaient arbitrairement dans l'épopée et le drame; mais, d'un autre côté, la foi dans leur vérité subsistait indépendante de leur volonté. C'est ainsi que les poëtes modernes empruntent à la réalité pour la poésie un César, un Caton, un Wallenstein, etc., au lieu de faire des personnages réels de leurs personnages poétiques. Mais la foi inspire l'intérêt, l'intérêt donne la force et décide à faire le sacrifice du moi. C'est en voyant combien la mythologie, et toutes les autres religions, soit de l'Inde, soit du Nord, du christianisme, de Marie et de tous les saints, ont eu peu d'influence sur la poésie moderne, qu'on peut reconnaître l'effet que l'incrédulité y produit. Il est vrai qu'on veut et qu'on doit à présent suppléer au défaut d'un enthousiasme poétique, personnel et défini par un enthousiasme philosophique et indéfini, c'est-à-dire par la description philosophique et la généralisation de cet élément véritablement divin qui forme, dans chaque cœur, la base des mythes de toutes les religions; malgré cela, cette époque moderne de la poésie, qui s'empare des croyances de tous les peuples, de leurs dieux, de leurs saints et de leurs héros, ressemble, par son manque de Dieu unique, à ce large Saturne qui a, pour s'éclairer, sept lunes et deux anneaux, et qui cependant, parce qu'il est un peu trop éloigné du soleil, ne jette qu'une lueur de plomb, faible et froide ; je préférerais, pour ma part, être ce petit Mercure, chaud et brillant, qui n'a pas de lunes, mais aussi n'a pas de taches, et qui confond toujours sa lumière avec la lumière voisine du soleil.

C'est pourquoi les cris les plus forts, qui partent des différents asiles des Muses et d'ailleurs pour réclamer l'objectivité, ne peuvent ni profiter ni servir à nous élever ; car la condition de l'objectivité, ce sont les objets ; et, dans les temps modernes, ils manquent en partie et en partie se confondent avec le moi au moyen d'un idéalisme subtil. Comme cette croyance naturelle du cœur, si pleine de foi, saisit ses objets qui ont comme elle la vie pour mère, bien autrement que cette tiède incrédulité, qui commence par s'imposer à elle-même pour un moment et passagèrement une foi de charbonnier, qui s'en sert ensuite pour désigner le non-moi (il ne peut y avoir de nom plus transparent et moins poétique), qui le réduit à n'être que la moitié d'un objet, et qui l'introduit, rapetissé de la sorte, dans la poésie (41)! C'est pourquoi l'idéalisme rend à cet égard autant de services à la poésie romantique qu'il en refuse à la poésie plastique ; autant de services que les romans lui en ont rendu autrefois à lui-même, s'il est vrai que ces derniers aient conduit Berkeley, ainsi que son biographe l'affirme, à se faire idéaliste.

Le Grec voyait la vie, et vivait lui-même. Il voyait les guerres, les pays, les saisons, et ne les lisait pas; aussi la réalité prend chez lui des contours si bien tranchés qu'on pourrait, d'après l'Odyssée, tracer une topographie et une carte de côtes. Les modernes au contraire reçoivent de la librairie leur poésie avec le peu d'objets qui s'y trouvent contenus et grossis; et ils se servent de ces derniers pour jouir de la première; c'est ainsi qu'on vend avec les microscopes composés quelques petits objets, tels qu'une puce, une patte de mouche ou d'autres, afin qu'on puisse faire épreuve de la force grossissante des verres. C'est pourquoi le poëte moderne, dans ses promenades, recueille la nature pour la placer sur le porte-objet de sa poésie objective (42).

Le regard jeune de la Grèce devait se porter le plus souvent vers le monde matériel; mais les contours de ce dernier sont plus précis que ceux du monde spirituel, et cela devait fournir aux Grecs une nouvelle raison d'être plastiques. Mais ce n'est pas tout : la mythologie leur fournissait tout d'abord une nature divinisée, une cité de Dieu poétique, qu'ils n'avaient qu'à habiter et à peupler, mais qu'ils n'avaient pas à fonder. Ils pouvaient donner un corps, là où nous ne pouvons mettre qu'une image ou une pure abstraction; déifier ce que nous animons à peine. Ils pouvaient remplir de divinités et rendre sacrés les bois, les montagnes, les fleuves, là où nous insufflons à grand'peine une âme qui les personnifie. Il en résultait pour eux cet immense avantage que tous leurs corps étaient vivants et ennoblis, et que tous les esprits chez eux avaient des corps : le mythe rapprochait toute poésie lyrique de la marche de l'épopée et du drame.

§ 18. — *Beauté ou idéal de la poésie grecque.*

La seconde couleur principale des Grecs est l'idéal ou le beau, qui résulte de la combinaison des traditions divines et héroïques avec leur mère, c'est-à-dire avec le milieu harmonique de toutes les forces et de tous les états de la nature. C'est dans la mythologie, c'est en passant par un soleil, par un Phébus, que tous les êtres avaient dépouillé le caractère vulgaire et la surabondance de l'individualité. Chaque jouissance avait trouvé dans l'Olympe le mont Thabor de sa transfiguration. De plus, les ancêtres et les dieux, agrandis par les forces sauvages et barbares de l'âge primitif, et par leur éloignement dans le temps, embellis par une poésie précoce, furent enveloppés d'un tissu brillant, dont la trame d'or s'étendait sur toute la postérité, et ne laissait la déification s'interrompre nulle part. Est-ce que le Parnasse, si rapproché de l'Olympe, ne devait pas en recevoir une multitude de formes brillantes, et se trouver inondé de sa lumière divine? Ce qui favorisait l'ascension au ciel de l'âme des poëtes, c'est que leurs chants non-seulement avaient les jeux pour objets, mais encore étaient faits pour eux, de telle sorte qu'en vue de la place royale qu'ils devaient occuper dans les temples ou dans les jeux du culte divin, ils étaient tenus de s'orner et de s'élever. Enfin, puisque la beauté, cette ennemie du trop et du trop peu, ne fleurit, comme le génie, que dans l'harmonie de toutes les forces, que dans le printemps de la vie, comme dans celui de l'année : c'est dans cette zone où tous les rapports étaient justement mesurés, qu'elle devait ouvrir le plus pleinement toutes ses roses. Les convulsions désordonnées de la servitude, des aspirations étouffées, du luxe barbare, des fièvres religieuses et d'autres choses pareilles avaient été épargnées aux Grecs. Si la simplicité est un des éléments de la beauté, celle-ci devint presque nécessairement leur partage; car ils n'étaient pas réduits, comme nous autres imitateurs du passé, à décrire de nouveau ce qui avait été déjà décrit, et à embellir la beauté. La simplicité de la forme ne convient et n'est supportée que lorsqu'elle revêt la plénitude du fond : c'est ainsi qu'un roi ou un Crésus peuvent se montrer impunément dans un vêtement sans broderies; d'autres imiteraient facilement et volontiers leur simplicité; mais quel profit obtiendront-ils en recouvrant leur pauvreté intérieure d'une pauvreté extérieure, en affublant des haillons du gueux le musicien mendiant? La plastique de la poésie pouvait se passer de cet ornement que donne la couleur, tout aussi bien que la plastique matérielle dont les statues n'avaient pas d'autre couleur que celle de leur matière (43).

Il y a encore une source secondaire, mais pure et fraîche, de l'idéal grec. Tout ce que nous appelons noble, le style élevé, par exemple, saisit toujours l'élément général des choses, et néglige les accidents de l'individualité, quand même ils seraient beaux. C'est pour cette raison que les Grecs (d'après Winckelmann) refusaient à leurs statues de femmes la charmante fossette, comme une détermination trop individuelle. La poésie (à l'exception de la poésie comique, ce qui sera prouvé plus loin) exige partout, autant que possible, ce qui est commun à l'humanité tout entière. Les instruments de labourage, par exemple, ont de la noblesse, tandis que ceux du boulanger n'en ont pas. Ce qui est une partie éternelle de la nature est plus noble que ce qui appartient au hasard ou à la vie ordinaire : ainsi des taches de tigres sont nobles; des taches de graisse ne le sont pas. Une partie subdivisée en des parties moins générales est moins noble que la partie dans son intégrité* : ainsi la rotule est moins noble que le genou. De même, les mots d'une langue étrangère, ayant pour nous une signification plus précise, sont moins nobles que ceux de la nôtre, qui, toujours pour nous, embrassent et représentent tous les mots correspondants de toutes les autres langues de l'humanité : l'épopée dira bien, par exemple, les *commandements* de la conscience, mais non ses *décrets*, ses *ukases*, etc. **. Enfin cette tendance vers l'univer-

---

* C'est pour cela que les Français, dans le langage de la bonne compagnie, préfèrent les termes généraux : par exemple *glace* plutôt que *miroir*; *spectacle* plutôt que *théâtre*, etc.

** En latin et en russe, c'est le contraire qui a lieu pour la même raison. Quand, dans la tragédie des *Cadutti*, œuvre de talent d'ailleurs, mais d'un talent irrégulier, ces mots : « Et tout ce qui pourra servir de circonstance atténuante sera regardé comme tel par la Cour d'appel, » nous font inopinément descendre de la sphère de l'universel dans la sphère du Code pénal, l'effet de la scène entière est détruit et l'on rit jusqu'à la scène suivante.

salité se retrouve et règne encore dans les caractères, qui s'élèvent à mesure qu'ils se dépouillent, comme dans une transfiguration, de leurs qualités individuelles.

Ce fait, qu'à mesure que nous rejetons l'accidentel, tout grandit devant nous en beauté et en éclat, de telle manière que le plus général devient en même temps, et insensiblement, ce qu'il y a de plus haut, à savoir, l'existence finie et même ensuite l'être infini, c'est-à-dire Dieu ; ce fait, dis-je, et la raison de ce fait, sont implicitement la preuve ou la conséquence d'une théodicée secrètement innée.

Or le jeune homme, qui, à cause de sa bonté, de son inexpérience et de sa force, aspire toujours vers le plus élevé, cherche l'univers plutôt que le particulier; c'est pourquoi le lyrisme lui devient si facile, et le comique, qui individualise tout, si difficile. Mais les Grecs étaient la jeunesse de l'univers * ; et, par conséquent, ce beau printemps de leur vie devait contribuer à faire fleurir toutes leurs créations idéales.

---

* La jeunesse d'un peuple n'est pas une métaphore, mais une vérité; un peuple reproduit, mais dans des relations de temps et de circonstances plus importantes, l'histoire de l'individu.

§ 19. — *Calme et sérénité de la poésie grecque.*

La troisième couleur de la poésie grecque est un calme plein de sérénité. Leur Dieu suprême, bien qu'il tienne le tonnerre, était toujours, d'après Winckelmann, représenté calme. C'est ici que les causes et les effets réagissent organiquement les uns sur les autres. Dans le monde réel, la symétrie, la sérénité, la beauté, le calme, sont tour à tour les uns pour les autres des moyens ou des fins ; dans le monde poétique, ce calme devient même une partie ou une condition de la beauté. Parmi les causes extérieures de cette sérénité grecque, il faut compter un jour plus pur dans les relations de la vie, et la publicité continuelle de la poésie. Comment en effet, au milieu de fêtes publiques et en présence d'une multitude, introduire un monde d'ombres obscures ? Mais, indépendamment de ces causes, il y a encore la destination de l'œuvre d'art pour les temples. Le sens délicat du Grec trouvait que devant Dieu ce qui convient, ce n'est pas la plainte étroite qui appartient à ce triste pays d'illusions et non au ciel, mais la joie que l'infini peut partager avec le fini.

La poésie doit, d'après le nom qu'elle portait autrefois en Espagne, être la gaie science ; elle doit, comme la mort, faire de nous des bienheureux et des dieux. Des blessures qu'elle cause il ne doit couler qu'une sève divine ; et, comme la moule perlière, elle enveloppe de sa matière tout grain de sable anguleux et dur qui est jeté dans la vie. Son monde doit être précisément le meilleur des mondes, où toute douleur se fond dans une joie plus grande, où nous ressemblons à ces habitants des hautes montagnes qui voient se jouer autour d'eux comme une poussière cette pluie qui en bas tombe en grosses gouttes sur la vie réelle. C'est pourquoi un poëme manque de poésie, comme une musique manque de justesse, dès qu'ils se terminent par des dissonances.

Mais comment le Grec fait-il pour exprimer la joie dans la poésie? Il fait comme dans ses images des dieux : il se sert du calme. De même que ces figures sublimes conservent leur sérénité devant le monde qu'elles regardent, de même le poëte et celui qui l'écoute doivent rester calmes devant cette vie, et opposer à toutes ses variations l'impassibilité des bienheureux. Entrez une fois dans un musée de ces statues divines : ces formes pleines d'élévation ont quitté et la tourbe terrestre et les nuages du ciel, et nous découvrent dans leur poitrine et dans la nôtre un monde plein de calme et de félicité. La beauté éveille ordinairement dans l'homme le désir et le respect tout à la fois ; mais la leur reste simple et inaltérée comme un éther bleu qui enveloppe l'univers et le temps ; et ce n'est que la tranquillité de la perfection, et non celle de la fatigue, qui rend leur regard paisible et leur ferme la bouche. Il doit exister une félicité plus grande que la peine du plaisir, que cet orage des transports qui brûle et fait pleurer. De même que l'infini reste dans une éternelle joie et un éternel repos ; de même qu'au milieu de ces innombrables soleils qui attirent et sont attirés, il doit y en avoir un, le plus grand de tous, qui seul reste immobile ; de même le bonheur suprême, c'est-à-dire celui auquel nous aspirons, n'est plus une aspiration (car ce n'est que dans le Tartare que la roue d'Ixion et la pierre de Sisyphe tournent éternellement), mais au contraire un repos délicieux, le *far niente* de l'éternité. C'est pour cela que les Grecs plaçaient dans l'Océan de l'Occident, là où le soleil et la vie semblent se coucher pour le repos, les îles Fortunées (44). Les théologiens de l'antiquité connaissaient le cœur humain mieux que nous, quand ils faisaient consister la joie céleste et divine dans une éternelle immuabilité et dans la contemplation de Dieu, et affirmaient, au-dessus des onze cieux terrestres et mobiles, l'existence d'un dernier ciel immobile *. Ils présentaient avec bien plus de netteté que les modernes ce qui est éternel quoique inconcevable; ceux-ci voudraient faire passer l'avenir pour une chasse éternelle à travers l'univers, et acceptent avec plaisir les nouvelles découvertes de mondes que font les astronomes; car ils regardent ces mondes comme des espèces de navires marchands qu'ils remplissent d'âmes destinées à aborder sur d'autres navires, et de là, à s'embarquer de nouveau avec de nouvelles âmes pour pénétrer plus avant dans la création; de sorte que, comme dans un concert, leur adagio de vieillesse ou de mort se tient entre l'allégro actuel et le presto futur. Or, comme toute aspiration est une guerre faite au présent, ce programme d'aspiration continuelle n'est-il pas la proclamation d'une guerre et non d'une paix éternelle; un armement de tout le monde, jusqu'aux dieux eux-mêmes, comme à Sparte?

C'est dans les satires et les portraits que les anciens exprimaient l'agitation, c'est-à-dire cette espèce de tourment que cause l'aspiration. La souffrance ne connaît pas, comme la joie, un repos obscur, une veillée silencieuse; car la moindre douleur reste agitée et militante. Ce sont les heureux Indiens eux-mêmes

---

* D'après les astronomes de l'antiquité, onze cieux tournaient l'un au-dessus de l'autre; le douzième, qui était de cristal, restait fixe.

qui placent le bonheur dans le calme ; ce sont les ardents Italiens eux-mêmes qui parlent du *dolce far niente*. Pour Pascal, la tendance de l'homme vers le repos est un reste de sa ressemblance perdue avec Dieu *. C'est en faisant entendre à notre âme des chants de berceau que les Grecs nous entraînent vers un Océan grand, brillant, mais pacifique.

§ 20. — *La grâce morale de la poésie grecque.*

La quatrième couleur principale de leur immortelle galerie de tableaux est la grâce morale. La poésie absorbe déjà par elle-même la lutte grossière des passions dans une reproduction libre de celles-ci ; c'est ainsi que les jeux Olympiques interrompaient et faisaient cesser pour un moment les guerres sérieuses qui régnaient entre les Grecs, pour réunir des ennemis dans une paisible imitation de leurs combats. Puisque toute action morale, comme telle et comme citoyenne dans l'empire de la raison, est libre ; absolue

---

* Il en est de même de Schlegel quand il vante « la paresse divine et la vie heureuse des plantes et des fleurs. » Seulement il se complaît trop dans l'emphase de son style, qui forme contradiction avec la thèse qu'il soutient (45).

et indépendante, toute véritable morale est immédiatement poétique, et la poésie de son côté devient indirectement de la morale. Un saint est pour l'esprit une forme poétique, comme le sublime dans le monde matériel. Il est vrai que la poésie n'exprime pas sa morale dans des sentences ambitieuses : aussi peu que les habitants du duché de Gotha recevront d'amélioration par les sentences bibliques que le duc Ernest I a fait graver sur les gros sous (46); mais elle se sert d'une présentation vivante, où, de même que l'esprit universel et la liberté se cachent dans les rouages mécaniques de l'univers, le sens moral doit régner comme un Dieu invisible au milieu du monde vicieux, mais libre, qu'il a créé.

L'immoral n'est jamais poétique par lui-même. Il ne le devient que par sa réunion avec une autre qualité, par exemple avec la force ou avec l'intelligence. C'est pourquoi, comme je le démontrerai plus loin, il n'y a que le caractère purement immoral, c'est-à-dire la bassesse cruelle et lâche, qui manque entièrement de poésie; tandis que son contraire, le caractère purement moral de l'amour, de l'honneur et de la force suprême, est toujours poétique. Plus est grand le génie d'un poète, plus les figures d'anges qu'il fait descendre de son ciel peuvent devenir sublimes. Mais ce fait que ce génie ne peut construire et inventer arbitrairement ces figures, pas plus qu'une intuition nouvelle, ce fait confirme bien de nouveau l'alliance entre la morale et la poésie. Qu'on ne nous fasse pas cette objection que plus Milton est grand, plus ses démons ont de grandeur (47). Car la description des démons comme de dieux renversés ne présuppose pas une notion intérieure positive, mais seulement la négation de tout bien en général ; de telle sorte que celui qui peut affirmer le plus richement, est aussi celui qui peut nier le plus richement.

Nous ne voulons pas considérer ici la délicatesse morale dans la vie même des Grecs, de ces Grecs qui appelaient les autres peuples barbares, encore plus dans le sens moral que dans le sens esthétique ; qui ne voulaient écouter ni les lettres privées de Philippe, ni le conseil d'un moyen injuste de vaincre ; qui eurent en horreur l'éloge que fit Euripide de la richesse et des accusateurs de Socrate. Nous nous renfermons dans la morale de leur poésie. Quelle lumière subtile et pénétrante jettent sur chaque difformité, sur chaque crime, comme aussi sur toutes les craintes et les habitudes saintes, l'*Iliade* et l'*Odyssée*, ce soleil et cette lune d'Homère, et la pléiade (48) de Sophocle ! Avec quelle pureté Hérodote décrit la forme morale de l'homme ! Quelle pudeur de vierge dans le langage de Xénophon, de cette abeille attique chargée de miel et dépourvue d'aiguillon ! Aristophane, ce Démosthène patriote chaussé du brodequin, méconnu quant à sa morale comme tous les grands poëtes comiques, ne fait tomber, nouveau Moïse, sa pluie de grenouilles sur Euripide que pour le punir de sa morale faible et affaiblissante ; il ne fut pas séduit, comme Socrate, par la moralité de ses sentences qui n'empêche pas l'immoralité de dominer dans l'ensemble de ses tragédies ; mais il épargna le moindre souffle de satire à son poëte de prédilection, Eschyle, auquel il décerne une couronne, et à ce pieux Sophocle, qui cependant a témoigné trop d'estime personnelle pour Euripide, comme Shakespeare en témoigne trop pour le poëte Ben Johnson (49). Mais supposons qu'aujourd'hui cet Euripide, moralement condamné par Aristophane, vienne à ressusciter au milieu des nations modernes : que feront celles-ci ? Elles lui construiront des arcs de triomphe pour le conduire à un temple triomphal ; « car, diront-elles, nous devons être heureuses de pouvoir saluer enfin sur nos scènes souillées le restaurateur de la moralité pure. »

Il y a encore une dernière différence entre les Grecs et nous. Nous plaçons sur la terre le bonheur des sens, et dans la divinité l'idéal moral. Les Grecs, au contraire, attribuent le bonheur aux dieux et la vertu aux humains. Ces belles couleurs de la joie, qui s'épanouissent dans leurs créations, se trouvent sur les joues des immortels plutôt que sur celles des mortels; et comme ils se plaignent tous de la condition inquiète de l'humanité, des peines de leur vie, et de ce fantôme de la mort dont tout devient la proie, et de l'éternel séjour dans les enfers après la mort! Ce n'est qu'au banquet des immortels sur l'Olympe que le poète lève les yeux pour jeter sur son poème de la lumière et de la sérénité. Mais, quant à la forme morale et immortelle, l'homme doit l'arracher de sa glèbe de terre, comme Dieu en tire son Adam, avec ses forces isolées; car toute excroissance et toute tumeur sur cette forme, toute présomption fondée sur la force ou sur le bonheur, chaque défi jeté à l'habitude et à la divinité, sont immédiatement touchés et impitoyablement brûlés avec la pierre infernale d'un enfer momentané par ces mêmes dieux célestes, comme s'ils étaient des dieux terrestres; ce sont ces mêmes dieux qui s'accordent à eux-mêmes l'abus de leur toute-puissance, parce qu'ils n'ont à craindre ni des dieux ni une Némésis, si ce n'est le plus sombre des dieux, lorsque sous l'invocation du Styx ils prêtent un faux serment.

Puissé-je, en ces quelques pages, après tout ce que d'autres ont écrit sur les Grecs, ne paraître en avoir dit ni trop ni trop peu! Cette tétralogie de leur poésie que nous venons d'analyser ne ressemble-t-elle pas à leur dieu de la poésie lui-même? Ne réunit-elle pas comme lui la lumière, la lyre, la plante qui guérit, et la flèche qui tue le dragon?

CHAPITRE V.

De la poésie romantique.

§ 21. — *Le rapport entre les Grecs et les modernes.*

Aucun temps n'est content de lui-même; c'est-à-dire que les jeunes gens mettent leur idéal dans le temps à venir, et les vieillards dans le temps passé. A l'égard de la littérature, nous pensons tout à la fois comme les jeunes gens et comme les vieillards. L'unité étant pour l'homme la condition de son amour comme celle de sa raison, tant qu'il ne trouve pas à niveler sous une unité plus élevée les différences des nations, il se montre partial pour ou contre elles. C'est pourquoi en Angleterre et encore plus en France une comparaison entre les anciens et les modernes a toujours dû être partiale dans le pour ou dans le contre. L'Allemand, surtout celui du xix° siècle, est en état d'être impartial à l'égard de toutes les nations, excepté à l'égard de la sienne, qu'il méconnaît.

Nous allons par conséquent compléter par les remarques suivantes le tableau que nous avons tracé de la poésie grecque. D'abord leur Parnasse fleurit au matin de la civilisation : les Grecs eurent le bonheur de s'emparer des rapports humains les plus beaux et les plus simples, ainsi que des traits principaux du courage, de l'amour, du dévouement, du bonheur et du malheur, pour ne laisser aux poëtes de la postérité que la répétition de ces caractères ou la représentation difficile de rapports plus artificiels.

De plus ils apparaissent devant nous comme des morts sublimes, saints et transfigurés. L'effet qu'ils produisent sur nous est même plus grand que celui qu'ils produisaient sur eux-mêmes; car à côté du poëme il y a encore le poëte qui nous charme; leur simplicité d'enfant si riche et si belle nous transporte non comme d'autres enfants, mais comme des hommes qui ont perdu cette simplicité*; et notre nature flétrie et fanée par la chaleur de la civilisation nous rend précisément capables de goûter mieux que les Grecs eux-mêmes la plénitude concentrée de leurs fleurs

---

* *Loge invisible*, I, p. 194 (I, 258) (50).

poétiques. Ce charme s'étend même sur de petites choses, de telle sorte qu'en dehors de toute poésie, l'Olympe, l'Hélicon, la vallée de Tempé, chaque temple, précisément parce qu'ils ne se présentent pas d'une manière nue devant nos fenêtres, brillent d'un éclat tout poétique ; de même certains mots arcadiens tels que miel, lait et d'autres ont dans le sens figuré beaucoup plus de charmes que dans le sens propre. La matière des poésies grecques, depuis l'histoire des dieux et des hommes jusqu'à la moindre monnaie, jusqu'au moindre vêtement, se présente déjà par elle-même comme un diamant poétique, même avant qu'aucune forme poétique lui ait donné de l'éclat et du relief.

En troisième lieu, on paraît confondre le maximum de la plastique grecque avec le maximum de la poésie. La forme et la beauté humaines ont des limites qu'aucun temps ne peut reculer : il en est de même de l'œil et de l'imagination à l'égard des objets extérieurs. Mais la matière de la poésie, intérieure ou extérieure, s'accumule au contraire de plus en plus abondamment avec les siècles, et la force mentale qui la fait entrer dans ses formes peut s'exercer de plus en plus et se fortifier avec le temps. C'est pour cela qu'il est plus juste de dire : « Cet Apollon est la plus belle forme, » que de dire : « Ce poëme est le plus beau des poëmes. » La peinture ainsi que la poésie ont déjà beaucoup plus d'affinité avec l'infini romantique, et la première, dans ses paysages, s'y perd même quelquefois tout entière.

Enfin c'est une vieille faute des hommes de demander, devant l'éternel spectacle du temps, la répétition de ce qui est beau (*ancora!*) (51); comme si, dans la nature riche jusqu'à la surabondance, quelque chose, fût-ce même ce qu'il y a de pis, pouvait revenir une seconde fois. La répétition d'un peuple serait un miracle plus grand qu'un ciel nuageux dont les formes fantastiques seraient exactement semblables à celles d'un ciel qui aurait déjà existé. En Grèce même, l'antiquité ne pourrait pas renaître. Les questions adressées par un peuple à un autre sur sa richesse en génies sont même dépourvues de sens. Si par exemple les Français nous demandaient : « Où sont vos Voltaire, vos Rousseau, vos Diderot, vos Buffon ? », nous répondrions : « Nous n'en avons pas. Mais où sont chez vous nos Lessing, nos Winckelmann, nos Herder, nos Goethe, etc. ? » Cela est si vrai que les auteurs les plus misérables eux-mêmes ne trouvent pas à l'étranger de singe qui puisse les imiter. Parmi tous les écrivains qui écrivent des romans en France et en Angleterre, le fameux..... (de.....) (52) n'a point de frère jumeau ; et ce n'est pas un malheur pour les nations.

Nous avons loué plus haut la force des traditions

héroïques et divines de la Grèce. Cependant il ne faut pas, parmi les nombreux organes vitaux d'une nation, prendre un nombre quelconque pour en faire une âme, ni des fruits ou des œufs propres à nourrir pour des germes qui commencent à se développer ou pour des œufs couvés. Ce cortége divin n'est-il pas sorti des tristes labyrinthes de l'Égypte pour arriver, en passant par les riantes montagnes de la Grèce, aux sept collines de Rome? Et cependant il n'a fixé son ciel poétique que sur l'Hélicon, le Parnasse, et près des sources de ces deux montagnes. Il en est de même de l'époque héroïque : les Égyptiens, les Péruviens et presque tous les peuples ont eu la leur (53) ; mais aucune n'a laissé derrière elle un reflet aussi poétique que celle des Grecs.

Les Romains eux-mêmes, si rapprochés des Grecs par le temps et par la religion, n'ont pu, en les imitant, arriver à les égaler comme poètes; en général les Romains, en tant que poètes pratiques et acteurs sur la scène du monde, ont été plus poétiques comme peuple que comme individus, en actions qu'en paroles, et dans leurs historiens que dans leurs poètes. A plus forte raison notre imitation doit rester éloignée de la poésie grecque, et il est naturel qu'elle ne réussisse pas. Les divinités grecques ne sont pour nous que des images creuses et des vêtements vides dans lesquels nous mettons nos sentiments; ce ne sont pas des êtres vivants. Tandis qu'alors il n'y avait presque pas de faux dieux sur la terre, et que chaque peuple par conséquent pouvait devenir un hôte dans le temple de l'autre, nous autres au contraire n'en connaissons guère que de faux; la froideur de notre époque jette pour ainsi dire le ciel entier de l'univers entre l'homme et son Dieu. On ne trouve pas plus de sérénité particulière dans la vie du Nord que dans le ciel qui la couvre; au milieu même de nos plus belles journées d'hiver, il y a autour de nous de longues ombres du soir, physiques et morales; et les enfants d'Apollon sont les premiers à sentir que Phébus, en tant que soleil, ne rend pas superflus, du moins dans leur pays, la lampe, le poêle, les toits, les aliments et les fourrures. Dans les belles contrées, les vaisseaux voguent en chantant le long de ces rives où les ports se succèdent l'un à l'autre. Quant à notre temps héroïque, bien différent de celui des Grecs qui est embelli de signes divins, il est là devant nous, en partie renfermé dans une peau d'ours, en partie relégué par la religion dans ses forêts de chênes sacrés, de telle sorte que nous nous croyons encore plus parents d'Adam et de Noé que d'Arminius, et que nous prions encore plus volontiers Jupiter que le Dieu Thor (54).

Cependant, depuis Klopstock (55), nous nous reprochons à nous-mêmes de ne pas assez nous louer, et nous réclamons notre conscience avec plus de conscience. Et enfin, pour nommer le mauvais génie de l'art, autrefois la poésie appartenait à la nation et la nation appartenait, comme objet, à la poésie ; aujourd'hui on chante d'un cabinet de travail à l'autre sur les matières qui intéressent le plus ceux qui s'y renferment. Pour devenir partial, il faudrait n'en pas dire davantage ; mais que de traits il manque encore au tableau pour qu'il soit achevé ! C'est déjà, à proprement parler, une entreprise inutile que de vouloir fixer sur deux lignes de larges généralités (comme la poésie plastique et la poésie romantique, ou la poésie objective et la poésie subjective), comme sur les deux barres d'une croix, tous les peuples et même avec toutes leurs époques, les jeux de couleurs éternellement changeants de leur génie, c'est-à-dire les développements d'une vie grande, aux organes multiples, d'une floraison éternellement variée ; il est vrai que cette division est vraie, aussi vraie que la distinction des lignes droites et des lignes courbes dans la nature (la ligne courbe, en tant qu'infinie, est la poésie romantique), aussi vraie que celle de la quantité et de la qualité ; aussi juste que celle qui est établie entre la musique où domine l'harmonie et celle où domine la mélodie ; ou bien en d'autres termes la distinction des différentes musiques d'après la prédominance du simultané ou du successif; aussi juste enfin que les classifications polarisantes des esthéticiens de l'école de Schelling; mais que peut gagner la vie dynamique à cette aridité atomistique? Ainsi encore la division de la poésie proposée par Schiller (56) en poésie naïve* (le terme *objective* serait plus clair), et en

---

* V. ses œuvres, II, p. 60. — « Pour les Grecs, chez qui régnait une harmonie souveraine entre la pensée et le sentiment, c'est une imitation du réel aussi complète que possible qui constitue le poète naïf, tandis que le poète sentimental élève d'abord la réalité jusqu'à l'idéal; c'est pourquoi il réfléchit d'abord sur l'impression que les objets produisent sur lui-même; la réalité est pour lui une limite (p. 69) et l'idée est l'infini. » — « Cependant (p. 137) toute poésie doit renfermer quelque chose d'infini; soit dans la forme, en présentant l'objet avec toutes ses limites (?), ce qui est la présentation absolue du poète naïf; soit dans la matière, en éloignant toutes les limites, ce qui constitue la présentation d'un absolu ou la présentation sentimentale. » — « Mais (p. 153) le véritable objet de la poésie naïve n'est pas la nature réelle, mais la nature vraie, nature qui existe rarement. » — Cette dernière proposition est le renversement de la différence établie par l'auteur; car, si la vraie nature se distingue de la nature réelle et est présupposée par elle, ce n'est que par le moyen de l'idée et de l'idéal; et par conséquent ce n'est aucune de ces deux natures, mais l'idée elle-même qui est l'original de l'imitation poétique : de sorte que l'imitation la plus complète de la nature réelle ou sa présentation absolue est impossible seule et sans l'idéal. De deux choses l'une : ou bien cette « vraie » nature tranche la question et la suppose résolue; ou bien, pour établir la différence entre les deux genres de poésie, il ne faut tenir compte ni de l'objet ni de la matière extérieure. Et c'est la der-

poésie sentimentale (ce qui n'exprime qu'un seul rapport de la subjectivité « moderne »), ne peut servir à déterminer et à classer les différences romantiques d'un Shakespeare, d'un Pétrarque, d'un Arioste, d'un Cervantès, etc.; et le terme « naïf » ne nous en apprend pas davantage sur les objectivités différentes d'un Homère, d'un Sophocle, d'un Job, d'un César.

Chaque peuple, chaque époque est un organe climatérique de la poésie, et il est très-difficile d'analyser, pour en construire un système, sa richesse compliquée, à moins d'omettre dans ce système autant de parties vivantes que l'on en recueille.

Cependant toutes ces considérations ne peuvent détruire la grande distinction de la poésie grecque et de la poésie romantique, pas plus que la classification des animaux par espèces ne peut détruire l'échelle de leurs organisations.

nière alternative qui est vraie : le fait que la « vraie » nature existe rarement, nous explique assez peu la poésie grecque ; et, comme toute nature ne devient poétique que par le poëte (sans cela ce serait le poëte, et non le poëme qui serait fait, et cela arriverait à tout le monde), comme, d'un autre côté, dans les arts plastiques, les artistes grecs ont dû aussi cependant idéaliser la nature vraie, on ne peut admettre, pour fonder une distinction entre la poésie naïve et la poésie sentimentale, une différence d'objets ; ce qui supposerait que le temps moderne a perdu tous les objets dignes de la poésie.

§ 22. — *Essence de la poésie romantique; différences entre celle du Nord et celle du Midi* (57).

« L'origine et le caractère de la poésie moderne se laissent si facilement déduire du christianisme qu'on pourrait l'appeler poésie chrétienne tout aussi bien que poésie romantique. » C'est par cette assertion, qu'il y a quelques années (dans la première édition), l'auteur commençait ce paragraphe. Mais les objections et les conseils qui lui ont été adressés par plusieurs critiques compétents, le décident à modifier cette assertion, à en retrancher une partie, ainsi qu'on enlève un faubourg pour mieux garantir l'ensemble d'une forteresse. Posons d'abord cette première question : en quoi le style romantique* diffère-t-il du style grec ? Les figures, les charmes, les motifs, les sentiments, les caractères, et même les limites techniques, peuvent être facilement transplan-

---

* Schiller l'appelle le style moderne, comme si tout ce qu'on a écrit depuis les Grecs, sans distinguer si cela remonte à mille ou à deux mille ans, était moderne et neuf; il l'appelle aussi le style sentimental, dénomination à laquelle des romantiques tels que l'Arioste ou Cervantès ne feraient pas un accueil trop sérieux.

tés du grec dans la poésie romantique sans faire perdre à celle-ci son caractère cosmopolite ; mais, en sens inverse, il ne serait pas commode de transporter dans l'art grec des ornements romantiques, à l'exception peut-être du sublime, mais seulement comme un dieu Terme placé sur la frontière de l'antiquité et du romantisme. Ce que nous appelons l'irrégularité moderne, celle par exemple de l'opéra italien ou de la comédie espagnole, pourrait (puisque les règles techniques ne peuvent à elles seules partager le monde immatériel de la poésie en deux mondes, l'ancien et l'américain ou le nouveau) être rempli de l'esprit antique et mis en jeu par lui ; cela est confirmé par cette belle observation de Bouterweck, que la poésie italienne, malgré le peu d'abondance de ses idées, se rapproche plus que toute autre poésie moderne, et seulement par la clarté, la simplicité et la grâce, du modèle antique. Cependant les formes italiennes dépassent celles des Grecs beaucoup plus que ne le font les formes allemandes et anglaises. Et c'est par cette opinion très-sensée que Bouterweck contredit lui-même une autre de ses opinions, d'après laquelle le romantisme consisterait essentiellement dans une confusion, étrangère aux Grecs, du sérieux et même du tragique avec le comique (58). Mais cette confusion n'est pas plus un caractère essentiel du romantique, car elle lui fait souvent défaut, que son contraire n'est un caractère de la poésie antique, car elle s'y trouve souvent. Aristophane, par exemple, mélange avec assez de dureté et de rudesse l'abaissement de la divinité à la sublimité de ses chœurs, et les hautes intuitions du sentiment au relâchement comique de l'âme.

Demandons plutôt au sentiment pourquoi par exemple il appelle romantique un paysage. Les contours étroits et précis d'une statue excluent toutes les qualités du romantique : la peinture au contraire s'en rapproche déjà en ce qu'elle peut présenter des groupes d'hommes, et elle atteint même complétement au romantisme quand elle produit des paysages et non des hommes ; les tableaux de Claude Lorrain en sont un exemple. On ne trouve dans un jardin hollandais que la négation de tout romantisme ; mais un jardin anglais, s'étendant sur un paysage illimité, peut nous entourer agréablement d'une contrée romantique, c'est-à-dire d'une carrière où l'imagination peut se laisser aller librement à ses rêves de beauté. Demandons encore au sentiment où le caractère romantique se trouve exprimé dans les exemples suivants d'ouvrages poétiques : Dans la tragédie de *Numance* de Cervantès, tous les habitants, pour ne pas devenir les victimes de la famine ou des Romains, aspirent à une mort commune ; lorsque cette mort est accomplie, et que la ville entière est pleine de cadavres et de bûchers, Fama se présente sur les remparts, pour annoncer aux ennemis le suicide de la ville, et la splendeur future de l'Espagne. Ou bien, au milieu d'Homère, ce passage romantique, où Jupiter, du haut de son Olympe, laisse en même temps tomber ses regards sur les champs de bataille tumultueux de Troie, et sur les campagnes lointaines de la paisible Arcadie, éclairées par le même soleil (59). Ou bien encore ce passage, moins brillant il est vrai, du *Guillaume Tell* de Schiller, où les yeux du poëte, du haut de ces montagnes qui s'entassent les unes sur les autres, contemplent les longs champs de blé des riantes campagnes de l'Allemagne (60). Ce qu'il y a de caractérisque dans tous ces exemples, ce n'est pas le sublime, qui, nous l'avons déjà remarqué, se rapproche beaucoup du romantique, mais le vague. Le romantique est le beau indéterminé, ou l'infini beau ; mais il y a aussi un infini sublime. Ainsi Homère est romantique dans l'exemple cité plus haut, tandis que dans ce passage où Ajax, au milieu de l'obscurité du combat, ne demande aux dieux que de la lumière seulement, il est simplement sublime (61). Il y a plutôt de la ressemblance qu'une métaphore, quand on dit que le romantisme est le son mourant et onduleux l'une corde ou d'une cloche, qui se perd en s'éloignant de plus en plus, et finit par s'éteindre complétement en nous, mais non sans avoir encore retenti dans notre oreille après avoir cessé hors de nous. De même le clair de lune est tout à la fois une figure et un exemple romantiques. La lueur douteuse du romantisme était si étrangère aux Grecs que Platon lui-même, tout poëte, tout voisin qu'il était de l'élévation chrétienne, n'exprime le rapport de notre fini étroit avec la demeure brillante et le ciel étoilé de l'infini, qu'au moyen de l'allégorie mesquine et anguleusement dessinée d'une caverne au fond de laquelle nous sommes enchaînés, et ne voyons passer devant nous que les ombres d'êtres réels qui défilent derrière nous (62).

Si la poésie est une espèce de prophétie, la poésie romantique est en particulier le pressentiment d'un avenir trop grand pour avoir sa place ici-bas; ainsi les fleurs romantiques nagent autour de nous comme ces semences inconnues qui provenaient du nouveau monde non découvert encore, et que la mer, qui unit toutes les parties de l'univers, allait porter aux côtes de la Norwége.

Et maintenant quelle est la mère de ce romantisme (63)? Ce n'a pas été dans tous les pays et dans tous les siècles la religion chrétienne; car toutes les autres religions ont de la parenté avec cette mère de Dieu. Deux branches du romantisme qui se sont produites sans le christianisme et qui sont étrangères l'une à l'autre par leur développement comme par leur climat, ce sont celle de l'Inde et celle de l'Edda (64). La vieille poésie du Nord, voisine surtout du sublime, a trouvé dans son empire ténébreux, au milieu des sombres terreurs de son climat, dans ses nuits et sur ses montagnes, un monde d'esprits illimité, un enfer peuplé de fantômes, dans lequel l'étroit monde matériel allait se confondre et s'absorber. C'est ici qu'il faut placer Ossian avec ses poésies du soir et de la nuit, où les étoiles nébuleuses du passé brillent au delà de l'épaisse nuit nébuleuse du présent; Ossian qui ne place que dans le passé l'avenir et l'éternité (65).

Dans ses poésies tout est musique : mais c'est une musique éloignée, qui par cela même est comme doublée et s'absorbe dans l'infini; c'est comme un écho qui charme en renvoyant les sons, non pas avec une âpre fidélité, mais avec toute la douceur d'un affaiblissement.

Le romantisme de l'Inde s'agite dans une religion panthéiste qui a supprimé les limites du monde matériel en les spiritualisant : ce monde est devenu aussi grand que le monde immatériel ; il n'est pas rempli

d'esprits turbulents, mais d'esprits calmes, et la terre
et le ciel s'y rencontrent comme sur une mer. Pour
l'Indien, il y a plus de vie dans une fleur que, pour
l'habitant du Nord, il n'y en a dans l'homme. Ajoutez
à cela son climat, cette voluptueuse nuit nuptiale de
la nature, et cet Indien lui-même, qui, semblable à
l'abeille posée dans le calice mielleux de la tulipe, se
laisse bercer par de légers zéphyrs et se repose dans
un doux balancement. C'est même pour cette raison
que le romantisme de l'Inde a dû se perdre de préférence dans le charme des sens; et, tandis que les signes caractéristiques et les emblèmes des autres
branches du romantisme sont le clair de lune et le
son qui s'éteint, le romantisme de l'Inde pourrait
prendre pour symbole le parfum des nuits, d'autant
plus que le parfum joue un grand rôle dans la vie et
dans les poëmes des Indiens.

La poésie orientale a moins d'affinité avec la poésie
grecque qu'avec la poésie romantique, par sa prédilection pour le sublime et le lyrique, ainsi que par
son impuissance dramatique, son manque de traits de
caractère, et enfin, par-dessus tout, par sa manière
orientale de penser et de sentir. En effet un sentiment
du néant terrestre de cette foule d'ombres qui s'agitent dans notre nuit, ombres qui naissent non de la
lumière du soleil, mais de celle de la lune ou des

étoiles, qui sont semblables elles-mêmes à la pâle lueur de ces astres ; le sentiment d'une vie qui se passe comme sous une éclipse de soleil, pleine de terreurs et d'oiseaux nocturnes, semblable à ces éclipses où la lune dévore le soleil entier et n'en laisse qu'un anneau brillant dont elle se pare elle-même ; cette manière de penser et de sentir qu'a si bien décrite pour les peuples du Nord le plus grand interprète du monde oriental, Herder, devait se rapprocher de la poésie romantique par les mêmes chemins que sa sœur, le christianisme, a suivis pour s'emparer d'elle et la former tout entière.

Nous arrivons maintenant au romantisme chrétien, et il y a d'abord à montrer comment il a produit et a revêtu dans le Midi (surtout en Italie et en Espagne) d'autres formes que dans le Nord, où le sol du pays, comme il a été prouvé plus haut, formait déjà une espèce de vestibule païen pour le Saint des saints du romantisme chrétien. Le Midi se présente si différemment dans sa nature même et en outre dans ses nombreuses complications historiques, qu'il est nécessaire d'accorder un examen à différentes opinions qui font dériver le romantisme de toute autre source que de sources chrétiennes, et de les réfuter.

Bouterweck (66) assigne pour mère à la poésie romantique la plus méridionale et la plus ancienne l'estime plus haute pour les femmes, datant des vieux Germains, et par conséquent la forme plus spiritualisée de l'amour.

Mais ce sont les temples chrétiens, et non les antiques forêts de la Germanie, qui ont servi de demeure à l'amour romantique ; et il est impossible de concevoir un Pétrarque qui ne soit pas chrétien. C'est Marie seule qui donne à toutes les femmes cette noblesse romantique. C'est pourquoi une Vénus ne peut être que belle, tandis qu'une madone peut être romantique. Cette élévation de l'amour était ou est une fleur du christianisme, dont le zèle ardent contre tout ce qui est terrestre fond un beau corps dans une belle âme, pour le faire aimer ensuite dans cette dernière, en transportant ainsi le beau dans l'infini. La dénomination d'amour est, on le sait, empruntée à une tout autre affection, à cette amitié pure et immaculée qui régnait entre les jeunes gens, et qui était si innocente par elle-même que les législateurs la rangèrent parmi les devoirs, et tellement vive que l'amant était puni pour les fautes de celui qu'il aimait. Ici reparaîtrait, mais dans un sexe différent, ce même amour déifiant, et que la nature éloigne autant que possible de toute souillure, comme chez les anciens Germains. Mais ce n'est cependant pas cet amour qui d'après le christianisme sanctifie son objet, et qui se revêt de l'éclat romantique. — L'esprit chevaleresque (qui d'ailleurs brodait sur ses enseignes le nom de l'amour à côté de celui de Notre-Dame), ainsi que les croisades, ont été aussi considérés comme les racines du romantisme chrétien; ils n'en sont au contraire que les rejetons. En marchant vers cette terre promise que deux religions à la fois et le plus grand être que le monde ait porté ont élevée pour l'imagination à la hauteur d'un empire éclairé par le crépuscule d'un saint pressentiment, ou d'un isthme entre ce monde et l'autre, on allait se transfigurer romantiquement, on allait se soumettre prosaïquement et poétiquement ce bas monde terrestre à l'aide de deux forces, la bravoure et la religion. Que peuvent offrir de semblables les temps historiques et les expéditions d'Argonautes ?

Enfin nous trouvons des serviteurs et des valets muets du romantisme dans les siècles modernes, ces siècles qui, à l'extérieur, réunissent de plus en plus les nations en polissant leurs côtés tranchants, et qui, à l'intérieur, par la lumière croissante de l'abstraction, décomposent de plus en plus, comme le christianisme a fait jusqu'à présent, la solidité du monde physique. Tout cela nous donne la hardiesse de prédire que la poésie deviendra de plus en plus romantique et irrégulière, ou plus riche en règles, et s'éloignera de plus en plus de la Grèce ; il poussera à son coursier ailé tant d'ailes qu'il sera embarrassé pour suivre la voie droite de son vol, à moins d'imiter cette forme à six ailes qui est décrite dans Ézéchiel (67), et de faire jouer à quelques-unes le rôle de voiles. Mais, dira-t-on, qu'ont à démêler avec le temps et avec l'éternité les esthéticiens et leurs introductions? Faudra-t-il donc que la philosophie à la marche lente et régulière fasse seule des progrès, tandis que la poésie ailée se rouillerait dans l'impuissance? N'y a-t-il, après trois ou quatre mille ans et leurs millions d'heures, point d'autre division de la poésie que cette faible division donnée par Schiller dans ses *Heures* en poésie naïve et en poésie sentimentale? On pourrait affirmer que chaque siècle est romantique d'une manière particulière, de même que, moitié sérieusement, moitié plaisamment, on pourrait mettre dans chaque planète une poésie différente. La poésie, comme tout ce qu'il y a de divin dans l'homme, est enchaînée à une certaine époque et à un certain lieu; elle doit toujours devenir un fils de charpentier et un juif; mais à une autre époque il peut arriver que son abaissement commence déjà sur le mont Thabor, et que la transfiguration se passe sur un soleil, éblouissante de clarté.

Il est d'ailleurs tout naturel que les différents romantismes, bien qu'enfants d'un même père, soient autres dans le Nord que dans le Midi. Dans cette Italie, parente, par son climat, de la Grèce, le romantisme doit être porté par un souffle plus gai, doit s'éloigner moins de la forme antique, que celui du Nord dans Shakespeare. Sous un ciel méridional, dans la brûlante Espagne, il revêt la hardiesse de l'Orient. La poésie et le romantisme du Nord sont comme une harpe éolienne agitée par les tempêtes de la réalité, où des mugissements se résolvent en sons mélodieux, mais où tremble une douce mélancolie, et parfois même le cri déchirant de la douleur.

Nous pouvons donc, en ce qui concerne le romantisme du Nord, commencer le paragraphe suivant comme nous avions commencé celui-ci.

§ 23. — *Source de la poésie romantique.*

L'origine et le caractère de la poésie moderne se laissent si facilement déduire du christianisme, qu'on pourrait l'appeler poésie chrétienne tout aussi bien que poésie romantique. Semblable au jour final de l'univers, le christianisme annihila tout le monde des sens avec tous ses charmes, l'écrasa au point d'en faire le tertre d'un tombeau ou un degré pour monter au ciel; il mit à sa place un nouveau monde spirituel. La démonologie devint la mythologie* du monde corporel, et les démons tentateurs allèrent se loger dans les hommes et dans les statues des dieux; le présent entier de la terre s'effaça devant un avenir céleste. Après cette ruine du monde extérieur, que restait-il pour l'esprit poétique? Ce monde intérieur, dans lequel l'autre s'écroulait. L'esprit descendit en lui-même et dans ses ténèbres, et il y vit des esprits. Mais comme le fini n'est inhérent qu'aux corps, et que dans les esprits tout est infini ou indéterminé, l'empire de l'infini allait fleurir dans la poésie sur les cendres du fini. Les anges, les démons, les saints, les bienheureux et l'infini lui-même n'eurent ni des formes physiques**, ni des corps divins; mais en revanche l'immensité ouvrit ses profondeurs. A la place de cette joie pleine de sérénité des Grecs parurent un désir infini ou un bon-

---

* On sait que, d'après les manichéens, le monde corporel entier appartenait aux mauvais anges, et que les orthodoxes étendirent à toutes les créatures la malédiction du péché originel, etc.

** Ou bien le surnaturel s'attachait à des symboles étrangers aux arts : comme aux reliques, aux croix, aux crucifix, aux hosties, aux moines, aux cloches, aux images de saints, en un mot à des objets qui parlent plus comme signes que comme des corps. Les actions elles-mêmes cherchaient à s'affranchir des conditions de la réalité, c'est-à-dire du présent : les croisades voulaient rallier un passé saint avec un avenir également saint. Les mêmes caractères se retrouvent dans les légendes miraculeuses, et aussi dans l'attente de la fin du monde.

heur ineffable, la damnation sans limites dans le temps ou dans l'espace, la peur des esprits qui se fait frissonner elle-même, l'amour passionné et contemplatif, l'abnégation illimitée du moine, la philosophie platonicienne et néoplatonicienne.

Dans cette vaste nuit de l'infini, l'homme éprouvait plus souvent de la crainte que de l'espoir. La crainte est déjà par elle-même plus forte et plus riche que l'espoir, de même que dans le ciel un nuage clair sert à rehausser un nuage sombre, sans que l'inverse soit vrai; c'est que l'imagination trouve beaucoup plus d'images pour la crainte que pour l'espérance. Cela tient à ce que la sensibilité physique, cet organe et cet instrument de la douleur, peut devenir pour nous dans chaque point capital la source d'un fleuve infernal; tandis que le domaine appartenant au plaisir dans l'empire des sens est étroit et chétif. On peignit l'enfer avec des flammes; la description la plus sublime du ciel fut faite à l'aide de la musique, qui, par elle-même, n'éveille qu'un désir vague*. De même l'as-

---

* Le caractère vague de la musique ne vient-il pas de ce que les brumes des Pays-Bas ont eu de grands compositeurs bien plus tôt que le ciel pur et serein de l'Italie, qui, de son côté, préféra d'abord les formes précises de la peinture? C'est pour la même raison que les premiers idéalisèrent surtout le vague du paysage, tandis que les Italiens aimèrent mieux idéaliser les contours de la forme humaine.

trologie était pleine de puissances nuisibles, de même la superstition offrait plus de menaces que de promesses. Et, pour indiquer enfin les demi-teintes de cette sombre image, mentionnons seulement les invasions de peuples, les guerres, les pestes, les baptêmes forcés, et la sombre mythologie polaire alliée à l'ardeur d'un langage oriental (68).

§ 24. — *La poésie de la superstition.*

Ce qu'on appelle la superstition mérite, en tant que fruit et nourriture de l'esprit romantique, un examen spécial. Quand on lit que, du temps de Cicéron, les augures déclarèrent que les douze vautours vus par Romulus signifiaient que son œuvre et son empire dureraient douze siècles, et que l'on compare avec cette assertion la chute de l'empire d'Occident arrivée douze siècles après la fondation de Rome, la première pensée qui se produit en nous a quelque chose de plus élevé * que la pensée qui vient ensuite et qui calcule

---

* Même un Leibnitz trouve remarquable que le Christ, par exemple, soit né sous le signe de la Vierge (*Otium Hanover.*, p. 187). C'est pour cette raison qu'on nous pardonnera de rappeler en passant qu'il n'y avait plus dans la salle des empereurs,

les combinaisons du hasard. Rappelez-vous comme, dans votre enfance (si toutefois elle a été assez poétique pour cela), on parlait avec mystère des douze nuits saintes, et surtout de celle de Noël, où la terre et le ciel, comme des enfants et des adultes, semblaient s'ouvrir mutuellement les portes pour fêter ensemble la naissance la plus grande, tandis que les mauvais esprits s'éloignaient en répandant la terreur. Ou bien rappelez-vous avec quel frisson vous entendiez parler à cet âge de la comète dont l'épée nue et flamboyante s'étendait chaque nuit dans le ciel au-dessus et au-delà de ce bas monde tremblant, pour indiquer et montrer, comme si elle était tenue par un ange de mort, l'aube d'un avenir sanglant. Ou bien encore pensez au lit de mort d'un homme où vous voyiez, à travers le long rideau sombre du monde des esprits, des formes affairées courant avec des lumières, les griffes ouvertes, et les yeux des démons pleins d'une ardeur avide; les longues vicissitudes qui attendent les pécheurs; l'homme pieux, au contraire, attendu par des emblèmes de fleurs, un lis ou une rose poussant à sa place dans l'église, par une musique étrange ou même par

---

à Francfort, de place que pour un seul portrait d'empereur d'Allemagne, et que le sort, consulté pour remplir cette place vide depuis de longues années, y plaça justement le portrait du dernier empereur.

sa propre image, etc. Les signes du bonheur eux-mêmes conservaient leur caractère terrible, comme les derniers que nous venons de mentionner, ou l'apparition d'une ombre blanche et bienheureuse, ou la tradition d'après laquelle des anges jouent avec l'enfant qui sourit dans son sommeil. L'auteur de ce livre est, pour sa part, très-content d'avoir passé son enfance dans un village où il a été élevé avec quelque superstition; il en a conservé, après un grand nombre de lustres, un souvenir assez vif, qu'il appelle maintenant à son aide, depuis qu'il voit le jeu des anges remplacé par des acidités dans l'estomac*. S'il avait été très-bien élevé et raffiné dans une institution française de ce siècle, il lui faudrait, dans ses lectures, attendre de l'influence du poëte certains sentiments romantiques qu'il y apporte aujourd'hui spontanément. La France est le pays qui, de tout temps, a eu le moins de superstition et de poésie; l'Espagnol a eu davantage de l'une et de l'autre; la sereine Italie ressemble aux Romains et aux Grecs, chez qui la superstition n'avait rien de nos spectres et ne se rapportait qu'à un bonheur terrestre, annoncé le plus souvent par des êtres réels; jamais on n'aurait orné les cer-

---

* On sait que le sourire des enfants qui dorment a pour cause la présence d'acides dans l'estomac, état qui, chez les adultes, se trahit par tout autre chose que par un sourire ou par des anges.

cueils allemands de ces groupes joyeux, cruels ou espiègles, que les Grecs et même les sombres Étrusques plaçaient sur leurs urnes et sur leurs sarcophages.

La superstition du Nord, qui voyait, dans les combats de corneilles et dans les jeux guerriers des enfants, le doigt sanglant qui présageait pour les peuples la tempête des batailles, était romantiquement d'autant plus sublime que la forme de ces présages était moindre et plus vague. Ainsi la terreur produite par les sorcières, dans le *Macbeth* de Shakespeare, augmente en raison de la laideur sous les rides de laquelle elles sont presque entièrement effacées; mais, dans le *Macbeth* de Schiller (69), les cothurnes sur lesquels le poëte les a élevées produisent précisément le même effet que les pantoufles du P. Fulgence, qui détruisaient le charme des sorcières. La disproportion entre une forme chétive et une force surabondante ouvre à l'imagination un champ immense de terreur; c'est là ce qui cause la peur déraisonnable que nous font les petites bêtes; et il faut qu'un général soit bien courageux pour rester, devant le bourdonnement d'une guêpe inquiète et colère qui s'approche de lui, aussi calme et impassible sur son cheval que devant le bruit d'un canon. Dans les rêves on a plus peur de nains mystérieux que de formes gigantesques roides et franchement dessinées.

Mais quel fond de vérité y a-t-il dans la fausse croyance ou superstition? Ce n'est pas l'objet partiel ou sa signification particulière, car l'un et l'autre changent suivant les époques ou les nations; mais c'est son principe, ce sentiment qui a dû être le maître dans l'éducation avant d'y devenir l'élève, ce sentiment qui n'est destiné à être transfiguré que par le poëte romantique, c'est-à-dire ce sentiment d'immensité et presque d'impuissance que l'esprit humain éprouve quand il se voit, silencieux, au milieu du fracas de ce moulin étourdissant de l'univers. Il voit tourner dans ce moulin singulier d'innombrables roues de mondes, que rien ne peut arrêter; il entend le bruit du torrent qui les pousse éternellement; autour de lui le tonnerre gronde, la terre tremble; çà et là le son aigu d'une sonnette se mêle tout à coup au mugissement de la tempête : ici la matière est écrasée; là on l'apporte, là on la recueille. Et ainsi il se tient solitaire au milieu de cette machine toute-puissante, aveugle, unique, qui lui fait entendre le bruit de son mécanisme sans un seul son où parlerait une âme; et ses regards cherchent alors en tremblant les géants qui ont monté cette machine merveilleuse et l'ont adaptée à un but; il suppose à ces géants une grandeur supérieure à celle de leur œuvre, parce qu'il les considère comme les esprits qui animent un corps si compliqué. C'est ainsi que la peur devient non le créateur, mais la créature des dieux ; mais, comme au fond notre moi est l'auteur de ce qui est distinct de cette machine de l'univers, et de cette puissance qui se tient autour et au-dessus d'elle, notre nuit intérieure est, à la vérité, la mère des dieux ; mais elle est aussi une déesse par elle-même. Tout empire matériel, tout univers devient fini, étroit, un néant enfin, dès qu'on suppose un empire spirituel qui le supporte et l'embrasse. Mais l'existence d'une volonté, indépendante de notre propre volonté et par conséquent l'existence de quelque chose d'infini et d'indéterminé passant à travers ce mécanisme déterminé, nous est démontrée par les inscriptions de ces deux portes qui sont à l'entrée et à la sortie de la vie; car, avant et après la vie terrestre, il n'y a plus de vie terrestre, mais il y a cependant une vie. Une autre preuve est que nous ne pouvons voir rêver les autres sans un certain frisson [*]; parce qu'il y a là une alliance particulière plus libre et volontaire du monde spirituel avec le monde matériel, parce que c'est un état où les portes qui se trouvent

---

[*] Nous ne pouvons assister aux rêves des autres sans un sentiment romantique, tandis que les nôtres nous laissent sans ce sentiment. Cette différence entre le *toi* et le *moi* se retrouve dans toutes les relations morales de l'homme; nous lui donnerons ailleurs l'examen qu'elle mérite.

autour de l'horizon de la réalité restent ouvertes pendant la nuit entière, sans qu'on sache quelles sont les formes étrangères qui y entrent.

On peut même dire que la seule admission d'un homme spirituel dans l'homme corporel suffit pour établir le monde des esprits, ce fond de scène de la nature avec tous ses moyens de contact; alors souffle un éther étranger qui fait vibrer harmonieusement les cordes les plus intimes de la terre. Dès que l'on admet une harmonie entre le corps et l'âme, entre les terres et les esprits, le législateur doit, au moyen des lois physiques ou malgré elles, se manifester dans l'univers, de même que le corps exprime l'âme et lui-même à la fois. Les erreurs de la superstition viennent de ce que nous nous imaginons comprendre entièrement d'abord cette mimique spirituelle de la nature, comme un enfant s'imagine comprendre celle de ses parents, et qu'en second lieu nous ne voulons la rapporter qu'à nous-mêmes. Enfin tout événement est une prophétie et une apparition d'esprits, non pour nous seuls, mais pour tout l'univers; et c'est pour cela que nous ne pouvons pas le comprendre*.

---

* C'est très-probablement pour cette raison que Moritz, visionnaire plutôt que créateur d'esprits, a fait entrer dans sa psychologie empirique, sans les expliquer toujours, tant de rêves, d'apparitions, de pressentiments; il a déguisé ainsi, aux yeux du ma-

§ 25. — *Exemples de romantisme.*

Quelques éclats isolés de lumière romantique brillent déjà dans la poésie grecque : ainsi par exemple la fin d'Œdipe dans Sophocle, ce terrible Destin, moitié démon, moitié Gorgone, etc. Mais le véritable enchanteur, le maître de l'empire romantique des esprits, c'est Shakespeare, quoiqu'il soit en même temps le roi de plusieurs îles grecques ; ce beau génie, qui aurait inventé la croyance aux esprits s'il ne l'avait trouvée toute faite, est, comme tout le romantisme, l'image des plaines de Bakou : la nuit est tiède, un feu bleuâtre qui ne blesse ni n'enflamme est répandu sur toute la plaine ; toutes les fleurs sont brûlantes ; mais les montagnes se dressent sombres dans le ciel (70).

C'est ici qu'il faut nommer Schiller. Si le romantisme est un clair de lune, comme la philosophie est la lumière du soleil, ce poëte, qui se tient sur le milieu du monde avec la lumière du jour de la poésie

---

térialisme des Berlinois et des savants, sa qualité de visionnaire sous le manteau du collectionneur et de l'exégète.

réfléchie, jette son éclat poétique sur les deux fins de la vie et de la mort, dans les deux éternités, dans le monde qui est avant nous et dans le monde qui vient après nous, en un mot sur les pôles immobiles du monde mobile ; il est semblable au soleil dont les rayons ne descendent jamais sur les pôles, et qui les éclaire tout le jour d'un clair de lune seulement. C'est de là que viennent par exemple les clairs de lune de son astrologie (*Wallenstein*) (71), de sa *Jeanne d'Arc* *, de son chant de *la Cloche*. Dans ce dernier poëme il y a déjà du romantisme dans le choix même d'une superstition romantique, d'après laquelle des esprits ennemis combattraient ordinairement la fonte des cloches, de ces instruments sacrés qui ne nous appellent que pour nous conduire d'un monde dans un autre, ou pour nous parler sans cesse ici-bas de la bifurcation du chemin d'Hercule.

Les admirables légendes de Herder n'ont pas encore trouvé des yeux pour y reconnaître et y expliquer le romantisme chrétien. La Mauresque Zorayda se présente dans le ciel romantiquement étoilé de *don Quichotte* comme un astre plus rapproché. Tieck,

---

* Seulement, dans ces deux pièces, comme il arrive aussi sur la scène, il y a tout à coup une porte qui s'ouvre, et qui laisse pénétrer la lumière naturelle du jour, de telle sorte qu'un éclairage mondain vient interrompre l'éclairage poétique.

quoique trop absorbé par les temps primitifs et romantiques de la Germanie pour choisir et présenter des événements actuels, a donné dans *Sternbald** un essai historique sur l'imagination, à la manière de Shakespeare.

Gozzi brille avec la tiédeur d'une nuit enchantée de l'Italie, à côté de Goldoni, qui fait tomber sur Rome une neige pure et froide. Les poésies alémannes de Hébel sont délicieusement romantiques.

On retrouve partout, dans ce romantique *Wilhelm Meister* de Goethe, un sentiment particulier semblable à celui que nous éprouvons quand nous entendons un autre rêver; comme si un esprit nuisible y présidait à tout ce qui arrive, prêt à sortir à chaque minute de sa nuée orageuse; comme si on regardait du haut d'une montagne l'agitation joyeuse des hommes avant une catastrophe de la nature. En outre la postérité verra briller, comme des gémeaux romantiques, parmi ses contes, celui qui se trouve dans ses *Heures*, et, parmi ses drames, le *Faust*.

Quant aux exemples de romantisme qui vont suivre, je dois avertir que j'appelle poétiques et romantiques, non pas les auteurs dans leur entier, mais seulement les ouvrages que je nomme. Que ce soit là mon

* II, p. 306.

excuse quand j'appelle romantiques l'amour du page
Fanno et de la princesse Rose dans le *Coq d'or* de
Klinger, ou son *Bambino*, et quand j'affirme avec
raison que cet auteur fit tomber le premier la lumière
romantique des roses et des lis sur la vie de la cour ;
car sa jeunesse poétique, où le monde poétique et le
monde réel se sont combattus jusqu'à ce que ce dernier l'ait définitivement emporté, s'est terminée là ;
et cela n'est pas moins prouvé par les jugements que
renferme son dernier ouvrage (*Remarques*, etc.) que
par les jugements qui ont été portés sur ce même ouvrage. Je demande à tous ceux qui font des critiques
de romans dans les revues, et même aux esthéticiens
qui écrivent dans les suppléments des gazettes littéraires universelles, pourvu qu'ils aient plus de maturité que leurs jugements, de comprendre et de reconnaître que les poésies de Klinger, loin de faire cesser
la discorde entre la réalité et l'idéal, ne font que la
rendre plus grande encore, et que chacun de ses romans, semblable aux airs d'un violon de village, finit
par résoudre les dissonances dans une dernière dissonance criarde. Quelques-uns de ces romans, le
Giafar par exemple, terminent, par la paix faible et
courte de l'espérance ou par un soupir mêlé de larmes, la guerre bien motivée du mérite contre la fortune. Mais une rare virilité s'étend, comme une

chaîne de montagnes primitives, sur ses œuvres comme sur sa vie, et nous dédommage de ce jeu gai et coloré que nous y réclamons en vain. Il y a encore du romantique dans le sonnet des *Sphinx* publié par Schlegel dans *l'Athenæum* (72); dans son *Alarcos*, comme dans celui du premier auteur qui a travaillé sur l'ancienne romance espagnole *Del conde Alarcos*, cette terrible tradition populaire, d'après laquelle l'assassin doit mourir dans les trois jours, si sa victime en mourant l'a cité devant le tribunal de Dieu, est encore d'un effet romantique : aussi cet édifice littéraire va-t-il gracieusement se fondre dans un crépuscule romantique (73). Ce passage où la mourante, dans ce moment suprême où un second monde plus sévère commence déjà pour elle, perd l'amour terrestre qu'elle avait pour son assassin, et demande seulement justice comme à un tribunal des morts, est sublime et vrai; seulement il n'est pas assez développé. — L'histoire amoureuse, depuis la 185° jusqu'à la 210° des *Mille et une Nuits* arabes, est encore romantique, ainsi que le poëme des *Saisons* dans les *Analectes* de Mnioch (I, p. 67); mais la poésie sur l'*Intérieur* n'en est que moins poétique. De même que Haydn, dans sa *Création*, fait de la peinture avec de la musique, Klopstock, très-rarement Grec (74) et beaucoup plus romantique, se sert souvent de la peinture pour ne produire que des sons; de sorte qu'il ne faut pas confondre avec l'esprit grec toute simplicité qui souvent n'est que philosophique *.

Rien n'est plus rare que la fleur romantique. Si les Grecs appliquaient aux beaux-arts en général la dénomination de musique, le romantisme est la musique des sphères. Il exige l'ensemble d'un homme dans son développement le plus délicat, les fleurs des branches les plus tendres et les plus élevées; et c'est ainsi qu'il veut encore, dans le poëme, planer au-dessus de l'ensemble comme un parfum invisible, mais puissant. Un auteur que nous connaissons tous, bien rapproché de nous, rend quelquefois ce parfum trop visible et trop dense, comme ferait un refroidissement de l'air. Les Allemands, dont le caractère poétique, d'après Herder, repose sur la probité et sur le bon sens, sont trop lourds pour la poésie romantique, et sont presque mieux doués pour la poésie plastique. Ce grand Lessing, qui eut peut-être tous les esprits à l'exception de l'esprit romantique, pourrait être considéré comme le représentant de l'esprit allemand, bien qu'il fût ro-

* Les anciens s'exprimaient avec concision et simplicité sans en avoir conscience; ils ne voulaient que reproduire simplement l'impression qu'un objet produisait sur eux. Les modernes, dans leur science réfléchie, se composent une concision coquette qui veut obtenir tout à la fois le prix de la simplicité et celui de la richesse.

mantique, si l'on me permet de m'exprimer ainsi, dans la pensée sans l'être dans la poésie (75). Les idylles plastiques de Voss sont fort au-dessus de ses odes, auxquelles il manque souvent, moins toutefois qu'à ses poëmes plaisants, non un corps poétique, mais l'esprit idéal. Le goût romantique est, pour cette même raison, aussi rare que le talent romantique. Comme l'esprit romantique, ce mysticisme de la poésie, ne peut être saisi et retenu dans les détails, les plus belles fleurs romantiques sont précisément exposées à être brutalement palpées et foulées aux pieds par cette foule de critiques qui jugent le monde des auteurs pour le monde des lecteurs : de là le mauvais sort de cet excellent Tieck et de tous les véritables conteurs (76). D'un autre côté la multiplicité des formes romantiques rend impossible à établir l'autorité d'une règle : car le soleil plastique brille d'un éclat uniforme comme l'état de veille, tandis que la lune romantique jette une lueur changeante comme le rêve.

Appliqué aux différents genres de la poésie, l'élément romantique rend sentimental le lyrisme, fantastique le genre épique, comme le conte, le rêve, le roman. Le drame devient l'un et l'autre, parce qu'au fond c'est une alliance des deux autres genres (77).

CHAPITRE VI.

Du risible.

§ 26. — *Définitions du risible.*

Le risible n'est jamais entré qu'avec peine dans les définitions des philosophes, mais seulement parce que le sentiment qui lui correspond revêt autant de formes qu'il y a de difformités ; de tous les sentiments, celui du risible est le seul qui ait une matière inépuisable : la multiplicité des lignes courbes. Cicéron et Quintilien (78) trouvaient déjà que le risible résistait à toute description, et qu'il était même dangereux de vouloir enchaîner ce Protée dans une de ses métamorphoses. Aussi y a-t-il beaucoup à dire contre la théorie moderne de l'art, suivant laquelle le risible consisterait dans la résolution d'une attente en rien (79). D'abord il y a des riens pour lesquels cela n'arrive pas ; cela n'arrive ni pour le rien immoral, ni pour le rien rationnel ou insensible, ni pour le rien pathétique de la douleur ou de la jouissance. En second lieu, on rit souvent quand l'attente d'un rien aboutit à quelque chose. En troisième lieu, dans des dispositions ou devant des objets humoristiques, il n'y a même pas d'attente du tout. Enfin, c'est là plutôt la définition de l'épigramme et de certains traits d'esprit qui rapprochent le grand et le petit ; mais ce rapprochement n'éveille par lui-même aucune envie de rire, pas plus que le rapprochement d'un ange et d'un ver ; et quand même on rirait, cela prouverait plutôt contre que pour la définition, car le même effet se produit quand le ver se présente d'abord et que l'ange vient ensuite.

Enfin cette définition est tout aussi vague et par conséquent tout aussi vraie que si je disais : Le risible est la résolution de l'attente de quelque chose de sérieux dans un rien risible. L'ancienne définition d'Aristote, cet Argus de perspicacité et ce Géryon d'érudition qu'il ne faut jamais oublier, se trouve du moins dans la bonne voie, mais sans arriver jusqu'au but. Le risible, dit-il, consiste dans une difformité qui ne cause pas de dommage. Mais de telles difformités dans les animaux ou dans les aliénés ne sont pas risibles ; les grands défauts d'une nation entière ne le sont pas non plus : par exemple les Kamtchadales, qui croient que leur dieu Kulka adore, jusqu'au dégel, sa propre crotte gelée comme une déesse de beauté et d'amour. Flœgel* trouve d'un effet comique cette opinion de Lingret que le pain est un poison ; celle de Rousseau, que la condition des sauvages est excellente ; ou celle de Postel, le visionnaire morne et méprisable, que sa prostituée vénitienne Johanna était la rédemptrice des femmes. Mais comment de pures erreurs, dont fourmille toute bibliothèque sans devenir pour cela un *théâtre aux Italiens* ou des *variétés amusantes*, peuvent-elles, sans l'intervention de l'art, atteindre jusqu'aux charmes du comique ? Si Flœgel a tort de trouver comique la pure difformité spirituelle qui n'est pas attachée à un corps, il se trompe également quand il trouve comique une difformité corporelle sans spiritualisation, quand il trouve comique dans le musée du prince de Pallagonia, ce Breughel d'enfer plastique, à Palerme, le bas-relief de la Passion du Christ placé près d'une danse bouffonne, ou le Nègre aux pieds de cheval près d'un empereur romain ayant deux nez(81). Car, à ces déplacements de la réalité plastique, comme

---

* Flœgel, *Histoire de la littérature comique*, tome I (80).

à la difformité humaine, comme à l'animal, il manque une signification spirituelle.

Le critique ingénieux de ce livre dans la *Gazette littéraire d'Iéna* (81 *bis*) place le comique dans l'interruption de la totalité de l'entendement ; mais comme, depuis l'erreur sérieuse jusqu'à la folie, il y a plusieurs de ces interruptions, il faudrait tout d'abord distinguer l'interruption comique de toutes les autres au moyen d'une définition du comique lui-même. Je reviendrai ailleurs sur les objections spirituelles de ce critique. Schiller, dans sa définition de la poésie comique, dit qu'elle fait descendre son objet au-dessous de la réalité même ; mais la distance qui élève l'idéal sérieux à une hauteur si inaccessible au-dessus de la réalité ne peut être appliquée en raison inverse au comique, puisque le comique habite au sein de la réalité même, et que le personnage de la scène comique se retrouve dans la vie avec tous ses caractères, ce qui n'arrive jamais pour le héros tragique (82). Et comment, d'ailleurs, une réalité mutilée et rabaissée pourrait-elle nous réjouir, quand la réalité prosaïque et naturelle nous afflige ? En tout cas, les qualités essentielles du comique doivent manquer à cet abaissement au-dessous de la réalité, que le poëte sérieux inflige également à son coupable.

Quant à cette définition plus récente qui appartient

à Schlegel, Schelling et Ast, à savoir que « le comique, et en particulier la comédie, sont l'expression de la liberté idéale infinie, et par conséquent de la vie négative infinie, ou des facultés infinies de détermination et de libre arbitre », je la laisse se débattre avec celle de Schütz*, la plus récente de toutes, mais plus utile à l'artiste, qui présente le comique comme l'intuition de la lutte et de la victoire entre la nécessité et la liberté. Toutefois, comme cette victoire se retrouve souvent, sans produire d'effet comique, dans la maladie, la faiblesse, la pauvreté non méritée, la défaite honorable sous le nombre, il faudrait, lorsqu'on lui assigne une force comique, se fonder encore sur des caractères distinctifs.

Mais à quoi bon une longue polémique contre les définitions d'autrui ? On n'a qu'à présenter la sienne, et, si elle est bonne, toutes les autres vont mourir d'elles-mêmes et par elle, de même que l'aigle ne laisse subsister dans son voisinage d'autres oiseaux que des aigles. D'ailleurs, un auteur, même en supposant qu'il ait la volonté et la capacité de le faire, ne peut réfuter toutes les définitions ennemies de la sienne, attendu que beaucoup et même la plupart ne surgissent et ne se mettent en campagne contre lui

---

* Dans le *Journal du monde élégant*, février 1812 (83).

qu'après sa mort ; de sorte qu'une fois enterré, il doit s'en remettre à sa définition du soin de triompher toujours.

Du reste, indépendamment de notre définition du comique, nous aurons encore à chercher quelque chose de plus difficile. Pourquoi le comique, bien qu'il soit le sentiment d'une imperfection, procure-t-il néanmoins du plaisir, et cela aussi bien dans la vie que dans cette poésie qui accorde des fleurs à la moisissure et des bouquets aux cercueils ?

La meilleure manière d'approfondir un sentiment, c'est d'interroger le sentiment qui lui est opposé. Quel est donc le contraire du comique ? Ce n'est ni le tragique, ni le sentimental, comme cela se voit déjà par les expressions *tragi-comique* et *comédie larmoyante*. Shakespeare, au milieu même de son feu pathétique, fait jaillir ses fleurs humoristiques et septentrionales aussi parfaitement que dans le *froid* de la comédie ; et un Sterne donne à la succession du pathétique et du comique dans ses œuvres le caractère de la simultanéité.

Mais que l'on transporte seulement une ligne de l'un de ces poëtes dans une épopée héroïque, elle va immédiatement la dissoudre. La dérision, c'est-à-dire l'indignation morale, s'associe dans Homère, Milton, Klopstock, avec la durée du sentiment sublime, mais jamais le rire. En un mot, le comique est l'ennemi juré du sublime*; et cette expression « poëme héroï-comique » renferme une contradiction : on devrait dire « épopée comique ». Il s'ensuit que le comique est l'infiniment petit. Mais en quoi consiste cette petitesse idéale?

§ 27. — *Théorie du sublime.*

En quoi consiste d'abord le sublime idéal? Kant, et après lui Schiller, répondent que c'est un infini que les sens et l'imagination désespèrent d'exprimer et de comprendre, tandis que la raison est capable de le créer et de le contenir. Mais le sublime (par exemple la mer, une haute chaîne de montagnes) ne peut être

---

* Dans le tome III de la dernière édition de mon *Hesperus*, p. 3 (I, 275), j'ai dit la même chose, mais sans développement. Je fais cette remarque afin qu'on ne croie pas, comme on pourrait quelquefois le penser, que je vole mes propres voleurs. Platner, esthéticien d'ailleurs excellent, place la beauté dans un juste mélange du sublime et du gai. Le philosophe auteur de cette définition obtient, à la vérité, par la réunion d'une grandeur positive et d'une grandeur négative, un espace vide dans lequel l'imagination du lecteur peut fort bien, et sans faire tache, mettre tout ce qui lui plaît.

insaisissable pour les sens, puisque ceux-ci embrassent ce en quoi le sublime se rencontre.

On peut en dire autant de l'imagination, qui vient ensuite et qui prépare, dans l'immensité de son désert et de son ciel, un espace infini pour la pyramide du sublime. Mais, s'il est vrai que le sublime soit toujours attaché à un signe en nous ou hors de nous, il arrive souvent que ce signe ne requiert aucun exercice de l'imagination et des sens. Prenons pour exemple ce poëme oriental où le prophète attend la marque du passage de la divinité; celle-ci ne se présente ni après le feu, ni après le tonnerre, ni après la tempête, mais elle vient enfin avec un souffle doux et léger. Ce qu'il y a de douceur dans ce signe le rend évidemment plus sublime que le spectacle de la majesté elle-même. Aussi la sublimité esthétique d'une action est toujours en raison inverse de la grandeur du signe sensible, et le plus petit signe est le plus sublime. Le mouvement des sourcils de Jupiter a beaucoup plus de sublimité que celui de son bras ou de toute sa personne (84).

Kant divise ensuite le sublime en sublime mathématique et sublime dynamique, ou, d'après les expressions de Schiller, en sublime qui dépasse la portée de notre conception, et sublime qui menace notre vie. On pourrait dire en moins de mots encore : le quantitatif ou le qualitatif, l'extérieur ou l'intérieur,

Mais l'œil ne peut jamais atteindre d'autre sublime que celui de quantité*; il n'y a qu'une induction fondée sur l'expérience, et non une intuition, qui puisse faire d'un abîme, d'une mer en fureur, ou d'un rocher qui fend les airs (84 *bis*), un sublime dynamique. Mais comment nous vient alors la connaissance de celui-ci? Par l'ouïe; c'est par l'oreille que la force et la terreur pénètrent directement jusqu'à nous : ainsi le mugissement du tonnerre, des mers, des cataractes, le rugissement du lion, etc. L'homme n'a pas besoin de la moindre expérience pour trembler devant la grandeur qu'il perçoit par l'oreille; mais une grandeur visible ne fera seulement que l'élever et le grandir.

Si donc je puis considérer le sublime comme la manifestation de l'infini dans le particulier, il en résulte une division triple ou même quintuple : la manifestation pour l'œil (sublime mathématique ou de vision); la manifestation pour l'oreille (sublime dynamique ou acoustique); l'imagination, procédant du dedans au dehors, doit rapporter l'infini, en tant qu'immensité** ou divinité, à sa manifestation sensible,

---

* On a beau augmenter l'intensité de la vision, surcharger l'œil de lumière, l'œil ne saisira jamais des forces, mais seulement des quantités.

** L'éternité est pour l'imagination un sublime mathématique

quantitative ou qualitative ; enfin vient la troisième (ou cinquième) espèce de sublime, celle qui nous impressionne dans une proportion précisément inverse à la grandeur de l'objet et du signe, soit extérieurs, soit intérieurs (sublime moral ou d'action) (85).

Maintenant comment l'infini peut-il se manifester dans un objet sensible quand celui-ci, comme je viens de le prouver, est plus petit que les ailes mêmes des sens et de l'imagination? C'est seulement la nature et non une idée intermédiaire qui peut déterminer le saut immense du sensible en tant que signe, dans l'inconditionnel en tant que revêtu du signe, saut que la pathognomique et la physionomique font à chaque instant. Il n'y a, par exemple, rien de commun entre l'expression mimique de la haine et la haine elle-même, comme en général entre le langage et l'idée qu'il désigne; mais ce qu'il s'agit de déterminer, ce sont les conditions auxquelles tel objet sensible plutôt que tel autre peut devenir un signe spirituel. Pour l'oreille, l'extension et l'intensité sont également nécessaires ; car le bruit d'un mugissement doit être en même temps un bruit prolongé. Comme notre propre force est la seule que nous connaissions directement, et que la voix est pour ainsi dire la parole et le signe

---

ou de vision. Ou encore : le temps est la ligne infinie; l'éternité, le plan infini; la divinité est la plénitude dynamique.

de la vie, on comprend plus facilement pourquoi c'est précisément l'oreille qui nous fournit le sublime de force. Une rapide comparaison des sons de la voix avec des sons étrangers ne doit pas être entièrement négligée. Le silence même peut devenir sublime, comme par exemple celui d'un oiseau de proie qui plane lentement dans les airs, celui qui annonce une grosse tempête sur mer, celui qui suit un grand éclair avant le tonnerre.

La sublimité optique ne repose pas sur l'intensité. Ainsi l'impression d'une lumière trop vive n'est pas sublime; la nuit et le soleil, vus seuls, sans ciel et indépendamment de tout ce qui les entoure, ne le seraient pas non plus; sa condition est au contraire l'extension, et l'extension de couleur uniforme *. Une étendue de terrain cultivé dont la vue ne peut atteindre les bornes produit moins d'effet que la mer calme et grisâtre, bien que sous le rapport de l'intensité optique elle présente plus de lumière à l'œil et que la mer soit, aussi bien qu'elle, limitée par le ciel. C'est pour la même raison qu'on peut faire perdre à un obélisque une partie de sa grandeur en le couvrant de grandes taches de couleur, mais non avec des taches trop petites et trop rapprochées qui se confondraient

---

* *Quintus Fixlein*, 2ᵉ éd., p. 357 (I, 732).

devant l'œil ébloui. Pourquoi cette différence, puisque la variété des couleurs devrait le rendre plus frappant et par conséquent plus grand malgré la distance? C'est que toute couleur nouvelle commence un nouvel objet, excepté de loin et la nuit, deux cas où toutes les couleurs se confondent. Si, au contraire, on répand, la nuit, de petites lumières sur l'objet, il en sera comme de la coupole de Saint-Pierre, qui n'en devient que plus grande, parce que ces lumières continuent le même objet et ne se commencent pas elles-mêmes*.

C'est pourquoi les étoiles doivent leur sublimité au ciel, et le ciel n'emprunte pas la sienne aux étoiles. Enfin, une dernière question. Pourquoi l'objet, qui ne présente qu'une seule couleur dans une grande étendue, devient-il l'image de l'infini?

Je réponds : c'est au moyen d'une limite, et par conséquent de deux couleurs; l'espace limité, et non l'espace limitant, devient sublime; la même couleur se répète dans l'œil jusqu'au vertige, et cet éternel retour de la même chose devient l'image de l'infini. Ce n'est ni le haut ni le milieu de la pyramide qui est sublime, c'est sa totalité. Mais, pour connaître qu'ici il y a une unité, il me faut en même temps une diver-

---

* Le jour, au contraire, à cause de la lueur plus grande du soleil, elles ne deviendraient que de petits objets.

sité à laquelle je puisse la comparer; sans cela il n'y aurait point de fin, point de distance, et par conséquent point de grandeur. C'est pour cela que la nuit, qui n'est pas sublime pour un œil fermé, le devient pour ceux qui sont ouverts, parce que dans ce dernier cas je pars d'un foyer de lumière ou de moi pour aller vers l'infini.

Je passe sur les détails, car les questions et les analyses pourraient ici se multiplier à l'infini; il faudrait, par exemple, examiner le cas où les différentes espèces de sublime se combinent, comme un éclair et un tonnerre qui éclatent à la fois; la cataracte, par exemple, est mathématiquement et dynamiquement aussi grande qu'une mer orageuse. Un autre examen non moins long serait celui de la manifestation de l'infini dans la nature, dans ses rapports avec sa manifestation dans l'art, puisque dans l'un et l'autre cas l'imagination emprunte ses données à la raison, etc. Il y aurait beaucoup à dire aussi sur la peine qui, suivant Kant, accompagnerait toujours l'impression du sublime; il y aurait surtout à faire contre elle cette objection : que le plus grand sublime, c'est-à-dire Dieu, devrait causer la plus grande peine. De même, à cette autre opinion de Kant, qu'à côté du sublime tout paraît petit, on pourrait objecter qu'il y a des degrés du sublime, non en tant qu'infini, mais en tant que manifestation; car en présence d'une nuit étoilée, s'étendant sur une mer endormie, l'âme ne se sent pas emportée sur des ailes aussi puissantes que sous un ciel orageux et devant une mer houleuse, et Dieu est plus sublime qu'une montagne.

§ 28. — *Théorie du risible.*

Quand un auteur, qui se propose d'analyser le risible, a traité d'abord du sublime, pour arriver ensuite à cette analyse, sa méthode théorique peut prendre facilement une forme pratique.

A l'infiniment grand, qui éveille l'admiration, il doit être opposé un infiniment petit, qui détermine le sentiment contraire (86). Mais dans le monde moral il n'y a rien de petit : car le sentiment moral, dans son activité intérieure, engendre l'estime de soi-même et des autres, son absence engendre le mépris; dans son activité extérieure, il produit l'amour, et son absence produit la haine; or le risible n'est pas assez important pour devenir un objet de mépris, et il n'est pas assez mauvais pour devenir un objet de haine. Il ne lui reste donc que la sphère de l'entendement, et encore, dans celle-ci, seulement la forme négative de l'entendement. Mais, pour que cette forme négative éveille un sentiment, il faut qu'elle devienne saisissable pour les sens dans une action ou dans un état permanent; et, pour que cela soit possible, il faut que l'action fasse connaître et en même temps contredise l'intention de l'entendement, et que l'état permanent en fasse autant à l'égard de l'opinion qui lui correspond.

Nous ne sommes pas encore au but. Bien qu'aucun objet sensible*, c'est-à-dire inanimé, pris isolément, ne puisse devenir comique à moins d'être personnifié, et qu'aucun objet spirituel pris isolément, comme une pure erreur ou un simple manque d'entendement, ne puisse également le devenir, la question est précisément de savoir : par quels objets sensibles les objets spirituels (et quelle espèce d'objets spirituels) peuvent se manifester.

Une erreur par elle-même n'est pas plus comique que l'ignorance : sans cela les différents partis religieux et les différents états devraient toujours se trouver réciproquement ridicules. Il faut pour cela que cette erreur puisse se manifester par un effort, par une action. Ainsi cette même idolâtrie, devant laquelle

* Aucun objet inanimé ne peut devenir risible, même quand il offre ce contraste, ailleurs risible, entre l'extérieur et l'intérieur. On ne peut rire d'une poupée de Paris, quelque contraste qu'il y ait entre elle et sa parure.

nous restons sérieux quand elle se présente à nous comme une simple conception, nous paraîtra ridicule dès que nous la verrons mise en pratique. Un homme sain, qui s'imaginerait être malade, ne nous paraîtrait ridicule que par les soins dont il s'entourerait sérieusement contre son mal. L'action et l'état permanent doivent l'une et l'autre devenir des objets de connaissance immédiate, pour élever leur contradiction jusqu'à la hauteur comique. Mais jusqu'à présent nous n'avons encore qu'une erreur finie s'offrant à nos facultés de connaissance ; il n'y a pas encore là d'absurdité infinie. Un homme ne peut jamais, dans un cas donné, agir que conformément à sa manière de voir. Quand Sancho, pendant toute une nuit, se tient en équilibre au-dessus d'un fossé peu profond, parce qu'il suppose qu'un abîme s'ouvre devant lui, la peine qu'il se donne est, relativement à la supposition qu'il fait, tout à fait raisonnable ; il serait même véritablement et complètement insensé, s'il s'exposait à se rompre les os. Pourquoi cependant rions-nous? C'est ici le point capital : nous attribuons à son action notre propre jugement et notre manière de voir, et c'est par la contradiction qui en résulte que nous engendrons l'absurdité infinie. Notre imagination qui est ici, comme pour le sublime, l'intermédiaire entre le monde intérieur et le monde extérieur, ne peut être déterminée à faire cette substitution, que si l'erreur est susceptible d'être saisie par les sens. Notre propre illusion, qui nous fait rapporter à l'action d'autrui une conception incompatible avec elle, en fait précisément ce minimum d'entendement, cette négation sensible de l'entendement, dont nous rions. De sorte que le comique, de même que le sublime, n'est jamais dans l'objet, mais dans le sujet.

C'est pourquoi on peut ou se moquer d'une action, soit intérieure, soit extérieure, ou approuver cette même action, suivant que notre supposition lui est ou ne lui est pas applicable. Personne ne rit du malade en démence qui se prend lui-même pour un négociant, et prend son médecin pour son débiteur : on ne rit pas davantage du médecin qui cherche à le guérir. Dans les *Chevaliers* de Foote, il arrive extérieurement tout à fait la même chose : mais intérieurement le malade est aussi sensé que le médecin, et nous rions quand nous voyons le négociant véritable réclamer d'un médecin le payement de véritables marchandises, et la voleuse de ces marchandises persuader à ce médecin que le négociant est fou, et que sa créance est une idée fixe. Nous savons que cette femme ment, et l'illusion comique nous fait rattacher cette connaissance aux actions de ces deux hommes sensés.

On demandera sans doute pourquoi on ne rapporte

pas cet élément du comique à toutes les erreurs et à toutes les fautes de l'entendement, non reconnues pour ce qu'elles sont. Voici la réponse : ce n'est que l'influence irrésistible et la rapidité de la perception qui nous entraînent et nous précipitent dans ce jeu trompeur.

Quand par exemple, dans les *Comédiens voyageurs* d'Hogarth, on rit de voir sécher des bas sur des nuages, la vue soudaine de la contradiction entre le moyen et le but détermine nécessairement en nous la croyance momentanée qu'un homme fait jouer à de véritables nuages, gros de pluie, le rôle de cordes à sécher. Pour le comédien lui-même, ce fait de sécher sur l'image massive d'un nuage n'a rien de ridicule, et il en est de même pour nous au bout d'un certain temps.

L'importance de la perception dans la production du rire paraît plus grande encore à l'égard des rapprochements sans but et sans effet des choses les plus dissemblables : par exemple, dans le jeu des propos interrompus (en allemand *Schenken und Logieren*) ou dans le fait de sauter en lisant d'une colonne de journal dans une autre, le rire est causé un instant par l'illusion ou par la supposition d'un rapprochement volontaire et d'une détermination libre. Le rapprochement des choses les plus dissemblables ne ferait pas rire sans cette supposition, qui le précède à tort, comme un syllogisme de la sensibilité. Quels sont en effet les rapprochements de choses dissemblables qui ne se rencontrent sous le ciel de la nuit : taches nébuleuses, bonnets de nuit, voie lactée, lanternes d'écurie, veilleurs, voleurs, etc.? Que dis-je? Chaque seconde de l'univers n'est-elle pas remplie du mélange des choses les plus hautes et les plus basses, et quand pourrait cesser le rire, si ce seul mélange suffisait pour le produire? C'est pour cela que les contrastes de la comparaison ne sont pas risibles par eux-mêmes; ils peuvent même souvent être très-sérieux, quand je dis par exemple que devant Dieu le globe de la terre n'est qu'une pelote de neige, ou que la roue du temps est le rouet de l'éternité.

Quelquefois c'est le contraire qui se produit, et ce n'est que par la connaissance de la pensée ou de l'intention d'autrui que la perception devient réellement comique. Qu'un Hollandais par exemple se place dans un beau jardin près d'un mur, et, par une fenêtre qui s'y trouve pratiquée, regarde le paysage; il n'y a point de raison pour parler comme d'un exemple de comique, dans une *introduction à l'esthétique*, de cet homme qui appuie ses bras sur le bord d'une croisée pour jouir plus commodément du paysage. Mais cet inoffensif Hollandais entre dans le domaine du comique, si on ajoute qu'ayant vu tous ses voisins jouir de maisons de campagne et de jardins d'où ils avaient au loin de belles perspectives, il fit du mieux qu'il put, et, ne pouvant avoir une maison de campagne entière, il fit du moins construire un pan de mur avec une ouverture où il pût se mettre pour contempler, sans gêne et sans embarras, le paysage qui s'étendait devant lui. Pour rire de lui, en passant devant sa tête qu'il met à la fenêtre, il faut lui attribuer tout d'abord l'intention d'intercepter la perspective par un mur, et de l'ouvrir en même temps.

Ou bien, quand l'Arioste écoute d'une manière respectueuse son père qui le sermonne, l'état extérieur du père et celui du fils restent éloignés du comique, tant qu'on ne connaît pas ce qui se passe dans l'intérieur du fils, et qu'on ne sait pas qu'il trace dans une comédie un caractère de père grognon, qu'il observe attentivement le sien* comme un personnage bien trouvé, comme un miroir d'or, comme la théorie appliquée du père dramatique, et qu'en même temps il considère les traits de son visage comme un modèle mimique. C'est seulement alors que l'attribution que nous lui faisons de notre manière de voir les rend tous deux comiques, malgré le peu de comique qu'ont par eux-mêmes un père qui gronde ou un Hogarth qui dessine.

De plus on rit moins de ce que fait Don Quichotte (car on ne prête pas sa manière de voir à la démence) que de ce qu'il dit de raisonnable en soi ; mais Sancho Pança sait se rendre également comique par ses discours et par ses actions.

Ou bien, comme *jeune* (âge) et *jeûne* (abstinence) se prononcent à peu près de même, et que *général* signifie en même temps *chef* et *commun à plusieurs*, un traducteur allemand a compris cette expression, *jeune général*, comme *abstinence commune*; cette confusion d'ailleurs en est à peine une en temps de guerre; elle ne devient ici comique que par notre supposition d'une confusion volontaire.

Enfin pourquoi un homme, porteur d'une particularité qui n'est pas comique en soi, devient-il néanmoins comique, quand il est l'objet d'une imitation et d'une reproduction mimiques qui ne vont pas cependant jusqu'à le rendre méconnaissable, et que cette particularité se présente chez un autre comme un jeu et une reproduction ?

Pourquoi au contraire deux frères qui se ressemblent, des Ménechmes, vus à côté l'un de l'autre, ne causent-ils pas plutôt le frisson* que le rire ? Ou trouve

---

* Je m'étonne qu'on ait employé ce terrible redoublement de la même forme dans le sens comique seulement, et non dans le sens tragique.

dans ce que j'ai dit plus haut la réponse à toutes ces questions.

Personne ne peut par conséquent rire de ses propres actions, si ce n'est une heure après, quand on est devenu un autre moi, et que l'on peut attribuer au premier les pensées du second. L'homme peut s'estimer et se mépriser au milieu même de ses propres actions; mais il ne peut se moquer de lui-même, comme il est impossible de s'aimer et de se haïr soi-même (V. *Quintus Fixlein*, p. 395) (I, 738) (87). Je suppose qu'un homme de génie et un sot aient d'eux-mêmes une opinion également bonne, ou précisément la même opinion (ce qui suppose beaucoup d'orgueil chez l'homme de génie), et qu'ils offrent l'un et l'autre cet amour-propre à notre connaissance par les mêmes signes corporels; nous rions en ce cas du sot seulement, quoique l'orgueil et ses signes soient les mêmes d'un côté et de l'autre, parce que c'est à l'égard du sot seulement que nous pouvons faire la supposition. C'est pour la même raison que la stupidité ou le manque absolu d'entendement deviennent difficilement comiques, parce qu'ils nous rendent difficile ou même impossible cette attribution * de

---

* Des êtres supérieurs peuvent rire de nous, et établir un contraste entre nos actions et leurs pensées : mais cela doit arriver rarement. Ce ne sont pas nos actions absurdes, mais celles qui

notre manière de voir qui est nécessaire pour produire le contraste.

C'est pour cette raison que les définitions ordinaires du risible qui ne tiennent compte que d'une simple contradiction réelle, et ne relèvent pas cette autre contradiction qui n'est qu'apparente, sont tout à fait fausses; que l'être risible ou son absence doivent avoir au moins l'apparence de la liberté; que nous ne rions que des animaux qui ont quelque peu d'intelligence, ce qui nous permet de leur attribuer une personnification anthropomorphique; que le comique augmente en proportion de l'intelligence de la personne comique; que l'homme qui sait se placer au-dessus de la vie et de ses causes, se donne à lui-même la plus longue des comédies : car il peut attribuer ses motifs plus élevés à des actions plus basses, et en faire ainsi des absurdités; mais le dernier des mortels peut prendre sa revanche en attribuant à son tour la bassesse de ses motifs aux actions plus nobles du philosophe. C'est encore pour cela qu'une foule d'écrits, de notices et de feuilles savantes, et les plus lourds ballots de la librairie allemande, qui par eux-mêmes sont destinés à

sont raisonnables, qui peuvent devenir l'occasion de ce rire. Quant à une philosophie qui, comme celle de Schelling, bannit le jugement du domaine de la raison, il est difficile de la rendre ridicule, attendu que cette contradiction que nous voudrions lui prêter, lui est déjà inhérente.

se traîner obscurément et tristement, prennent tout à coup leur essor à titre d'œuvres d'art, dès qu'on leur prête des motifs plus élevés, et qu'on s'imagine par exemple qu'ils ont été écrits dans le but de plaisanter et de parodier.

Il faut, pour le comique d'état ou permanent, que nous prêtions à l'individu comique, comme pour le comique d'action, indépendamment de sa contradiction réelle avec l'extérieur, une seconde contradiction fictive et intérieure. Mais, autant il est difficile de retrouver dans un animal donné la charpente de la création animale, c'est-à-dire le squelette du poisson, autant il est difficile de suivre dans la surabondance des modifications de la sensibilité, l'application d'une loi aride*.

Qu'on me permette, dans le reste de mon examen, et afin d'être plus court, de désigner de la manière suivante les trois éléments du risible, en tant que

---

* Ainsi on peut donner comme des exemples de comique la rapidité, — la multitude, — la lettre S (*Versessen, Besessen*, etc.), — l'âme mécaniquement dépendante du corps (par exemple, quand on prêche jusqu'à se mettre en nage ; c'est pourquoi le passif est plus comique que l'actif, et même *le* est plus comique que *la*), — ensuite la transformation d'un être vivant en un être abstrait (quand on dit par exemple : Quelque chose de bleu était sur le cheval), etc. Il faut cependant, pour que de pareils objets soient risibles, qu'on y trouve les trois éléments du comique aussi complétement, mais aussi difficilement, que dans des objets qui feraient rire même les enfants.

négation, infinie et saisissable par les sens, de l'intelligence : 1° la contradiction entre l'action ou l'habitude de l'être risible avec le rapport connu par la perception : je la nomme contraste objectif ; — 2° ce rapport est ce que j'appelle contraste sensible ; — 3° enfin j'appelle contraste subjectif la contradiction des deux autres, que nous attachons à l'objet risible en lui attribuant notre âme et notre manière de penser (88).

Ces trois éléments doivent, par les différences qui résultent du déplacement de la prépondérance, déterminer, dans la transfiguration de l'art, trois espèces de comique. La poésie antique ou plastique fait dominer dans le comique le contraste objectif avec l'action sensible ; chez elle, le contraste subjectif se dérobe sous l'imitation mimique. Toute imitation était primitivement moqueuse ; c'est pourquoi dans toutes les nations l'art dramatique a commencé par la comédie. Pour l'imitation gaie de ce qui inspire l'amour et la terreur, il fallait un état de civilisation plus avancé. Aussi le comique avec ses trois éléments fut le produit le plus facile de la reproduction mimique. De cette reproduction mimique on s'est élevé jusqu'à l'imitation poétique. Mais, dans le genre comique aussi bien que dans le sérieux, les anciens restaient fidèles à leur objectivité plastique, et c'est pour cela que la couronne de laurier de la poésie comique n'était placée chez eux que sur leurs théâtres, tandis que chez nous on la retrouve encore ailleurs. Cette différence deviendra seulement claire quand nous rechercherons ce que c'est que le comique romantique, et quand nous étudierons et distinguerons la satire, l'ironie (89), la *Laune* et l'*humour* (90).

§ 29. *Différence de la satire et du comique.*

Le domaine de la satire touche de très-près au domaine de Comus, l'épigramme en marque la frontière; mais chacune porte ses habitants et ses fruits différents. On trouve dans Juvénal, Perse et leurs semblables l'expression lyrique d'une indignation sérieuse et morale contre le vice : ils rendent par conséquent sérieux et nous élèvent; les contrastes accidentels de leurs peintures empêchent même, par leur amertume, la bouche de s'ouvrir pour le rire. Le comique au contraire exerce son jeu poétique sur la petitesse du manque d'intelligence, et nous rend libres et sereins. L'immoralité tournée en dérision n'est pas une pure apparence, mais l'absurdité dont on se moque en est une à moitié. La folie est trop inoffensive et trop dépourvue d'intelligence pour devenir un objet de satire, et, d'un autre côté, le vice est trop laid pour procurer le chatouillement du rire, quoique dans le premier cas on puisse se moquer du côté immoral, et qu'on puisse dans le second cas rire du manque d'intelligence. Le langage met déjà clairement en opposition le sarcasme, la raillerie, l'écrit mordant, le rire moqueur, avec la plaisanterie, le rire, le badinage. Le domaine de la satire, en tant que moitié de l'empire moral, est plus étroit, parce qu'on ne peut railler arbitrairement; celui du rire est infiniment grand, aussi grand que celui de l'entendement ou du fini, parce qu'on peut, à chaque degré, trouver un contraste subjectif qui rapetisse. Là on se trouve moralement enchaîné, ici poétiquement affranchi. Le plaisant n'a pas d'autre fin que lui-même. La fleur poétique de ses orties ne pique pas, et l'on sent à peine le coup de ses verges chargées de feuilles et de fleurs. C'est un hasard quand, dans un ouvrage véritablement comique, il se produit quelque chose de réellement satirique : on se sent même alors troublé dans sa disposition d'esprit. Quand, dans les comédies, les personnages se disent quelquefois des choses sérieuses les uns contre les autres, ils rompent l'harmonie de la pièce par l'importance morale qu'ils s'attribuent de cette manière (91).

Des ouvrages où l'indignation satirique et la plaisanterie riante se mêlent et se confondent, comme souvent dans la philosophie la raison et l'intelligence se combinent, les satires d'Young et la *Dunciade* de Pope par exemple, nous heurtent par la simultanéité des jouissances diverses que nous procurent des tons discordants. Par conséquent des esprits lyriques deviennent aisément satiriques : par exemple Tacite, J.-J. Rousseau, Schiller dans *Don Carlos*, Klopstock dans sa *République des savants*, Herder ; mais les esprits épiques deviennent plus facilement comiques, surtout pour l'ironie et pour la comédie. La confusion des deux genres a un côté moral et un danger moral. Quand on rit du profane, on en fait surtout une affaire de l'intelligence, et, quand il arrive de rire des choses sacrées, on les porte également devant ce même tribunal, qui devient alors incompétent. Quand la satire châtie le manque d'intelligence, elle ne peut que devenir injuste, et reproche à la volonté les fautes du hasard et de l'apparence. Le premier défaut est celui de certains satiriques anglais; le second, celui de certains auteurs comiques allemands et français, qui prennent pour base de leur comédie le sérieux du vice.

Cette transition et ce mélange sont cependant faciles à produire. Car, puisque la colère de la satire doit se tourner contre ces deux sacrements du diable, contre ce dualisme moral, le manque d'amour et le manque d'honneur, elle doit, dans sa guerre contre celui-ci, rencontrer la plaisanterie, et celle-ci, en s'attaquant elle-même au manque d'entendement, corrige l'orgueil que nous serions portés à ressentir devant lui. Le persiflage du grand monde, véritable compromis entre la satire et la plaisanterie, est l'enfant de notre temps.

Moins une nation ou une époque sont poétiques, plus elles prennent facilement la plaisanterie pour la satire; de même qu'elles changent davantage la satire en plaisanterie, comme nous l'avons dit plus haut, à mesure qu'elles deviennent plus immorales. Les anciennes fêtes des ânes dans les églises, les ordres des fous, et d'autres jeux d'une époque plus poétique, ne pourraient se développer aujourd'hui que comme de véritables satires*. Le cocon inoffensif du ver à soie, qui s'en échappe papillon, est devenu une toile d'araignée

---

* Qu'on me permette de citer ici le passage suivant d'un de mes articles d'almanach du nouvel an pour 1801 : « Les fêtes des fous et des ânes, les mystères et les sermons comiques du jour de Pâques, n'ont prospéré que dans les temps les plus religieux, et seulement parce que les choses respectables restaient à une très-grande distance de ces travestissements, distance qu'on retrouve entre le Socrate de Xénophon et celui d'Aristophane. Dans les temps plus modernes, le sérieux ébranlé trébuche à l'approche de la plaisanterie ; c'est ainsi que des parents

destinée à prendre les mouches. Nous manquons de plaisanterie parce que nous manquons de sérieux, et que nous avons mis à la place l'esprit, ce niveleur universel qui, en se jouant de tous, supprime et le vice et la vertu. C'est pour cela que la nation du persiflage par excellence est en même temps celle qui, pour l'humour et le comique poétique, est le moins comparable à la sérieuse Angleterre. La plaisanterie devient à Paris, comme dans les cours, une allusion couverte ; et d'un autre côté les Parisiens, par leur avidité pour les allusions spirituelles, se privent de la liberté non moins que de la jouissance des poésies sérieuses. Les Espagnols au contraire, dans leur exagération de gravité, ont plus de comédies que toute autre nation, et il y a souvent deux arlequins dans une seule de leurs pièces.

Le sérieux se fait reconnaître comme condition du plaisant, même dans les individus. L'état ecclésiastique* a fourni les plus grands comiques : Rabelais,

---

ou des amis peuvent se présenter impunément le miroir concave du comique, et que des ennemis ne le pourraient pas.

* La plupart et les meilleurs des bons mots concernent les ecclésiastiques ou les acteurs ; les derniers surtout, parce que leur théâtre est la chambre obscure et le microcosme du monde ; toutes les combinaisons comiques s'y trouvent tellement agglomérées au moyen de cet appareil trompeur qui représente l'univers, qu'il faut moins louer, dans les *Comédiens* d'Hogarth, l'a-

Swift, Sterne ; on peut nommer au second plan Young, et, à une plus grande distance, Abraham a Santa-Clara et Regnier ; enfin, à une plus grande distance encore, il est un fils de pasteur (92) que l'on pourrait citer. Il est facile de se convaincre, par des considérations secondaires, de cette féconde inoculation de la plaisanterie dans le sérieux. Ainsi ce sont des nations sérieuses qui ont eu le sentiment le plus élevé et le plus profond du comique. Pour ne rien dire des Anglais sérieux, les Espagnols, non moins sérieux, ont, suivant Riccoboni, produit à eux seuls plus de comédies que les Français et les Italiens ensemble. Selon Bouterwek, la comédie espagnole se trouvait à son apogée et dans toute sa splendeur précisément sous les trois Philippe, de 1556 jusqu'en 1665 ; et c'est pendant les massacres du duc d'Albe dans les Pays-Bas que Cervantès, en prison, produisit *Don Quichotte*, et que Lope de Vega, un des familiers de l'Inquisition, composa ses comédies. En citant ces faits, sans leur attribuer une importance décisive, on peut aller plus loin et ajouter que la sombre Irlande a produit des maîtres dans l'art co-

---

bondance que la sobriété des rapprochements spirituels. Mais ces deux états, par suite de la différence qui existe entre leur condition véritable et leur condition apparente, fournissent également au hasard les plus grands contrastes. Ainsi, pendant le moyen âge chrétien, le clergé aux noires couleurs était dans tous les pays le point de mire de tous les traits satiriques.

mique, ce qui suppose l'existence d'un grand nombre d'autres esprits comiques, ne fût-ce seulement qu'au point de vue de la société. Parmi ces auteurs comiques, il y aurait à citer, après Swift et Sterne, le comte Hamilton, qui, comme le fameux Parisien Carlin, a été si grave et si sérieux dans sa vie. Enfin l'humour, l'ironie et toutes les facultés comiques augmentent avec les années, et la sérénité comique s'épanouit comme une fin d'été au milieu de la tristesse des froids brouillards de l'âge.

Les Allemands ont perdu, avec leur profond sérieux d'autrefois, leur bouffon, le Hanswurst, et cela est arrivé d'abord dans la joyeuse Leipsick (93). Cependant nous serions peut-être encore assez sérieux pour l'une ou l'autre espèce de plaisanterie, si nous étions des citoyens au lieu de n'être que des bourgeois. Comme chez nous tout est domestique et que rien n'est public, on rougit dès qu'on voit seulement son nom imprimé; et je me souviens que l'auteur de ce livre, ayant perdu une de ses boucles à la redoute, fit insérer dans le journal, au lieu de son nom, ces mots : « On apprendra au bureau des annonces le nom du propriétaire. » Comme chez nous, c'est l'état seul qui jouit de la considération publique, et non l'individu comme en Angleterre, ce dernier ne veut pas non plus supporter une plaisanterie publique. Aucune femme allemande ne souffrirait, comme cette héroïne anglaise, que sa boucle coupée devînt la trame d'un poëme (94), excepté s'il s'agissait d'un poëme sérieux, et encore moins supporterait-elle la dédicace badine de Pope, c'est-à-dire un éloge conditionnel. L'Allemand est discret plus qu'on ne peut dire. Quand, par exemple, il s'agit d'envoyer à Schlichtegroll des renseignements biographiques ou nécrologiques, la famille lui livre peut-être, avec une certaine franchise, certains secrets communs à tout le genre humain, à savoir : la mort, la naissance, la date du mariage, et les états de service du défunt, et aussi la déclaration qu'il a été bon père, ami fidèle, enfin le meilleur homme du monde. Mais qu'il se glisse dans ce paquet la moindre anecdote présentant le défunt ou quelque autre personnage de sa petite ville dans une robe de chambre décente, mais non en habits d'argent et de soie, la famille fait reprendre le paquet à la poste, et, pour ne rien compromettre, retire l'anecdote. Non-seulement aucune famille en Allemagne ne voudrait détacher la tête de son père et l'envoyer au docteur Gall pour être dessinée (et personne ne consentirait ici à livrer une autre tête que la sienne); mais, quand même ce serait la famille de Voltaire, elle n'aimerait pas à voir le rédacteur du *Citoyen français*, Lemaire, porter à son doigt, montée en or, une dent du vieux satirique :

« Pourquoi, dirait-elle, notre excellent aïeul irait-il se promener dans toutes les rues et ruelles, et montrer à tout le monde sa dent canine qui n'appartient qu'à sa famille, d'autant plus que cette dent est gâtée, pour ne rien dire de ses autres défauts? »

§ 30. — *Source du plaisir dans le risible.*

Il est aussi difficile qu'indispensable de découvrir cette source profonde et cachée ; car elle seule peut mettre bien en lumière la nature du risible. De quelque définition que l'on cherche à déduire la joie qu'il procure, on peut dire qu'à l'exception d'une seule, il n'y en a aucune (par exemple l'absurdité inoffensive du comique, ou l'aboutissement à rien, ou l'interruption pénible de la totalité de l'entendement, en un mot, aucun de ces défauts réels) qui puisse procurer à l'esprit humain, déjà tourmenté par des défauts, de la joie et du plaisir, ou du moins qui puisse lui procurer une joie si violente qu'elle ne lui laisse pas la force de réprimer cette dilatation musculaire qui suit le plaisir spirituel. On sait que Philémon, bien qu'auteur comique, et même dans sa centième année, n'en mourut pas moins de rire pour avoir vu un âne manger des figues (95). Le comique dans l'art peut même porter jusqu'à la douleur cette agitation de l'âme. Cela arrive, par exemple, dans les *Abdéritains*, de Wieland, quand tous les membres du conseil, saisis d'une frayeur subite, tirent des poignards de leurs vêtements et se trouvent armés les uns en face des autres; ou quand, dans le *Peregrine Pikle*, de Smollet, la main du peintre qui cherche à tâtons, dans l'obscurité, un lit étranger, se pose tout à coup, comme sur un globe lisse, sur la tête chauve d'un moine accroupi à côté du lit, qui commence à se relever peu à peu et à soulever par conséquent la main du peintre, de sorte que celui-ci s'étonne de ce soulèvement incompréhensible, jusqu'à ce que la main glisse entre les dents du moine. L'auteur que nous connaissons tous a éprouvé lui-même de semblables excès pénibles de plaisir comique, en racontant par exemple des situations comme celle de ce pasteur distrait*, qui, pendant le chant final de l'assemblée, s'incline et écoute jusqu'au bout, et reste alors à demi couché, pensant à cette assemblée qui se tait et qui cependant attend qu'il se relève, jusqu'à ce qu'il se glisse enfin dans la sacristie, laissant sa perruque sur le pupitre comme pour le remplacer.

Ou bien le rire physique n'est que la conséquence

---

* *Quintus Fixlein*, 2ᵉ éd., p. 371 (I, 734).

du rire mental, et alors il sert également bien la douleur, les transports de la colère, le désespoir, etc., ou bien il se produit sous l'impulsion de l'esprit, et alors il n'est que purement douloureux, par exemple, le rire dans les blessures du diaphragme, l'hystérie, le chatouillement, etc. On sait d'ailleurs qu'un même organe peut servir des mouvements intérieurs tout à fait différents : la même larme est suspendue dans la joie comme une goutte de rosée, dans la douleur comme une goutte d'orage, comme une goutte de sueur empoisonnée dans la colère, comme une goutte d'eau bénite dans l'admiration. Si l'on voulait expliquer par le rire corporel le plaisir causé par le rire intérieur, ce serait comme si l'on voulait faire jaillir de l'excitation des glandes lacrymales les douces larmes de l'élégie.

Parmi les différents essais de déduction qui font découler le plaisir comique de l'intérieur, celui de Hobbes, qui le déduit de l'orgueil, est le moins fondé. D'abord le sentiment de l'orgueil est très-sérieux, et nullement parent du sentiment comique, bien qu'il le soit du mépris; mais le mépris est également sérieux. Dans le rire, on sent plutôt l'abaissement d'autrui que sa propre élévation; peut-être même arrive-t-il souvent que nous ne nous sentons pas élevés. Ce chatouillement que nous éprouvons en nous comparant aux autres devrait se présenter comme plaisir comique dans chaque perception d'une erreur étrangère et devenir d'autant plus agréable qu'on se sentirait plus élevé. Il arrive, au contraire, souvent, que l'on voit avec peine l'infériorité d'autrui.

Et quel sentiment particulier de supériorité serait ici possible, puisque souvent l'objet dont nous rions se trouve relativement si bas et si peu en rapport (incommensurable) avec nous, comme par exemple l'âne avec Philémon, ou l'attitude risible du corps dans le faux pas, ou les erreurs d'une mauvaise vue, etc.? Ceux qui rient sont de bonnes gens et se mettent souvent sur un pied d'égalité avec ceux dont ils rient. Ce sont les enfants et les femmes qui rient le plus; c'est la fière suffisance qui rit le moins. L'arlequin qui se donne pour rien rit toujours, et le superbe musulman ne rit jamais. Personne n'a peur pour avoir ri; mais une élévation de soi-même aussi manifeste que l'exige Hobbes serait tenue cachée par chacun. Enfin aucun rieur ne se fâche de voir rire les autres, mais chacun prend en bonne part que cent mille rient avec lui, et que par conséquent cent mille amours-propres étrangers se mettent de niveau avec le sien; ce qui serait cependant impossible si Hobbes avait raison; car, de toutes les sociétés possibles, celle qui ne serait composée que d'hommes orgueilleux serait la plus insupportable et tout à fait différente de la société libérale composée d'avares et de coupeurs de gorge.

Le plaisir causé par le comique naturel ne peut, comme tout sentiment, naître de la privation, mais seulement de l'existence d'un bien. Quand on l'explique, ainsi que l'ont fait quelques-uns, comme une réaction du plaisir causé par le comique esthétique, on fait naître la mère de sa fille qui lui ressemble, mais qui est moins belle. Mais on a ri avant qu'il y ait eu des auteurs comiques. Le plaisir comique peut à la vérité, comme tout plaisir, être analysé par l'intelligence en plusieurs éléments ; cette analyse se fait au moyen des relations extérieures et intérieures ; mais, dans le foyer même du sentiment, tous ces éléments se mêlent, comme les éléments du verre, dans une fusion dense et transparente. Le principe de ces éléments du plaisir comique est la jouissance de trois séries de pensées réunies et fixées dans un seul objet de connaissance : 1° la série véritable de nos propres pensées ; — 2° la série véritable des pensées d'autrui ; — 3° la série que nous attribuons illusoirement à autrui. Dans l'acte de connaissance, nous sommes obligés de parcourir tour à tour ces différentes séries, et c'est leur incompatibilité même qui fait de cette obligation une occupation arbitraire et sereine. Le comique est donc la jouissance ou plutôt l'imagination et la poésie de l'entendement tout à fait affranchi, qui s'exerce sur trois chaînes syllogistiques et fleuries, et qui s'y balance çà et là en dansant. Trois éléments distinguent cette jouissance de toutes ses autres jouissances. D'abord aucune impression forte n'entrave son libre cours en s'imposant à elle ; le comique passe devant la raison et le cœur sans les froisser, et l'intelligence se promène librement dans un vaste domaine aérien, où elle ne rencontre aucun obstacle. Son jeu est tellement libre qu'il peut l'exercer même sur des personnes qu'il aime et qu'il estime, sans les blesser, car le ridicule n'est qu'une apparence jetée en nous par nous-mêmes, et les autres peuvent consentir à être vus sous cette lumière.

Le second élément est l'affinité du comique avec l'esprit : mais il y a cet avantage pour le premier, qu'il va dans la voie de la bienveillance beaucoup plus loin que l'autre. Comme l'esprit (ce qui malheureusement ne pourra être démontré que dans la suite de cet ouvrage) est, à proprement parler, une intuition de l'intelligence, ou une pénétration sensible, on a été trop aisément conduit à le confondre avec le comique, malgré les nombreux exemples contradictoires d'un esprit sérieux et sublime et d'un comique sans esprit. En effet la différence la plus importante consiste en ce que, dans l'esprit, l'entendement ne parcourt et ne goûte que des rapports de choses et d'une seule face, tandis que, dans le comique, ce sont des rapports de personnes et à plusieurs faces. Là il y a des éléments intellectuels; ici, des éléments agissants. Là les rapports passent sans fondement durable, ici ils habitent sans nombre dans un seul homme. De même que la personnalité ouvre au cœur un espace pour se jouer, de même elle en fournit un plus illimité et plus vaste encore à l'entendement. Indépendamment de tout cela le comique a encore cet avantage, d'être saisissable par les sens. S'il arrive quelquefois que l'esprit devient comique, il doit emprunter ce caractère à des accessoires ou à une disposition comique. Quand par exemple Pope dit de son héroïne, dans son *vol de la boucle*, « qu'elle se trouve dans l'alternative embarrassante de tacher ou son honneur ou sa robe de brocart, de manquer sa prière ou une mascarade, de perdre au bal son cœur ou son collier », la force comique provient de la pensée de cette héroïne, et non du rapprochement de choses hétérogènes : car, dans le dictionnaire de Campe, les mots *tacher ses habits* et au figuré *tacher son honneur* pourraient se trouver les uns près des autres sans produire d'effet comique.

Un troisième élément du plaisir comique est le charme du vague ; cette espèce de chatouillement qui accompagne la transition d'un déplaisir purement apparent (causé par le minimum d'entendement d'autrui) au plaisir de notre propre pensée : ce sont là deux choses qui nous frappent et nous caressent d'une manière d'autant plus douce (plus piquante) qu'elles dépendent de notre volonté. C'est par là que le comique se rapproche du chatouillement corporel qui, comme un double son folâtre ou comme un double sens, s'éteint entre la douleur et le plaisir (96). Je ne m'aperçois que dans cette seconde édition d'une circonstance, qui correspond allégoriquement, d'une manière singulière et presque risible, avec la définition du risible que j'ai donnée dans la première : c'est que nous ne sentons qu'à moitié le chatouillement sous l'aisselle ou sous le pied, quand il est produit avec notre consentement par un doigt étranger, tandis que le nôtre n'y produit rien de semblable. Il ne se produit par conséquent que le quart de l'effet, quand on se touche soi-même avec une main étrangère et qu'on remue cette main suivant sa propre volonté; mais on éprouve immédiatement l'effet entier, dès que le doigt étranger, bien que tenu par notre main, s'agite à son propre gré. Tant il est vrai que l'homme est une chose aussi folle que celle à laquelle il est attaché. Le comique suit toujours par conséquent le fini spirituel. Quand, dans le tome XXIX° des *Flegeljahre* (97), le joueur de flûte nommé *Quod Deus vult* se plaint (mais probablement en plaisantant) de s'imaginer souvent d'une manière trop vive, dans ses heures de tristesse, qu'il va devenir bienheureux, et qu'il devra par conséquent, pendant des éternités, vivre comme un être accompli, au milieu d'êtres accomplis, sans rien de ce qu'on appelle ici-bas plaisanterie ou jeu d'esprit, notre homme assurément se désole sans raison; car l'illusion du changement de position comique reste aussi bien attachée au fini connaissant qu'au fini connu; seulement elle devient autre par l'élévation de degré, et l'on peut rire d'un ange même, à la condition d'être un archange.

CHAPITRE VII.

De la poésie humoriste.

---

§ 31. — *De l'humour.*

En opposition avec la poésie plastique, nous avons assigné à la poésie romantique l'infinité du sujet, comme un espace où le monde objectif perd ses limites de même que dans un clair de lune. Comment donc le comique peut-il devenir romantique, puisqu'il ne consiste que dans le contraste du fini avec l'infini, et qu'il ne peut admettre l'infini? L'entendement et le monde objectif ne connaissent que le fini. Ici il n'y a plus qu'un contraste infini entre les idées (de la raison) et le fini lui-même, pris dans sa totalité. Mais qu'arriverait-il si l'on attribuait et si l'on supposait ce fini comme contraste subjectif * à l'idée (infinité) en tant que contraste objectif, et qu'au lieu du sublime ou de la manifestation de l'infini, on fît naître une manifestation du fini dans l'infini, c'est-à-dire une infinité de contraste, en un mot une négation de l'infini?

Nous aurions en ce cas l'humour ou le comique romantique. Et en fait cela se passe ainsi. Bien que l'entendement soit l'athée de la religion de l'infini, il doit rencontrer ici un contraste qui va jusqu'à l'infini. Pour le prouver, j'expose ici d'une manière plus complète les quatre éléments de l'humour.

§ 32. — *Universalité de l'humour.*

L'humour, en tant que renversement du sublime, n'anéantit pas l'individuel, mais le fini dans son contraste avec l'idée. Pour lui il n'y a pas de sottise individuelle, pas de sots, mais seulement de la sottise et un monde sot. Différent des saillies du plaisant vul-

---

* Qu'on se rappelle que j'ai défini plus haut le contraste objectif une contradiction de l'action comique avec le rapport connu par les sens; et le contraste subjectif, cette seconde contradiction que nous attribuons à l'être comique en supposant notre connaissance à son action.

gaire, il ne met pas en évidence une folie individuelle. Il rabaisse la grandeur et exalte la petitesse, mais, différent aussi de la parodie et de l'ironie, c'est en plaçant le grand à côté du petit en même temps que le petit à côté du grand, et en les anéantissant ainsi l'un et l'autre ; car, devant l'infini, tout est égal et tout n'est rien. « Vive la bagatelle ! » s'écrie avec sublimité Swift à demi insensé (98), qui finit par ne plus aimer qu'à lire et à composer de mauvais livres : c'était dans ce miroir concave que le fini de la sottise, en tant qu'ennemi de l'idée, lui paraissait le mieux déchiré ; et, dans le mauvais livre qu'il lisait ou que même il composait, il jouissait de ce livre qu'il se créait dans son imagination. Le satirique ordinaire peut, dans ses ouvrages ou dans ses critiques, saisir quelques bévues ou quelques véritables fautes de goût, et les attacher sur son pilori, pour leur jeter, au lieu d'œufs pourris, quelques saillies pleines de sel ; mais l'humoriste préfère protéger la sottise individuelle, et sévir au contraire contre le bourreau et tous ses spectateurs, parce que ce n'est pas la sottise de telle ou de telle ville, mais la sottise humaine, c'est-à-dire l'universel, qu'il poursuit. Son thyrse n'est ni un bâton de chef d'orchestre ni un fouet, et ses coups tombent au hasard. Dans la *Foire de Plundersweiler* de Goethe, il serait absurde que le poëte eût voulu faire des satires isolées contre des marchands de bœufs, des comédiens, etc.; il faut donc qu'il ait voulu faire un arrangement épique et s'attaquer en général à la vie ordinaire. Les campagnes de *l'Oncle Toby* ne rendent pas seulement ridicules, comme on pourrait le penser, l'Oncle et Louis XIV (99); mais elles sont l'allégorie de toutes les manies humaines, et de cette tête d'enfant qui se conserve au fond de chaque tête humaine comme dans un carton à chapeau, et qui, bien que cachée sous plus d'une enveloppe, se dresse quelquefois nue dans l'air, et reste souvent seule sur les épaules et sous les cheveux blancs de l'homme arrivé à la vieillesse et à la décrépitude.

Cette universalité de l'humour peut par conséquent s'exprimer tout aussi bien symboliquement et par des parties (par exemple dans Gozzi, Sterne, Voltaire, Rabelais, dont on peut citer l'humour universel, moins à cause de leurs allusions contemporaines que malgré elles) que par la grande antithèse de la vie elle-même. Nous rencontrons ici l'incomparable Shakespeare avec sa taille de géant; dans Hamlet, comme dans quelques-uns de ses fous mélancoliques, il porte à son comble, sous le masque de la folie, ce mépris universel. Cervantès, dont le génie était trop grand pour faire une longue plaisanterie sur une démence accidentelle ou une simplicité vulgaire, mène jusqu'au bout, mais peut-être avec moins de connaissance de cause que Shakespeare, sous les regards de l'égalité infinie, le parallèle humoriste entre le réalisme et l'idéalisme, entre le corps et l'âme, et ses gémeaux de la folie se tiennent bien au-dessus de toute l'humanité. Le *Gulliver*, de Swift (moins humoriste pour la forme, mais plus humoriste par la pensée que son *Conte du tonneau*), se dresse sur la roche tarpéienne d'où cette pensée précipite l'humanité. Ce n'est que par de pures effusions lyriques dans lesquelles l'âme se contemple elle-même, que Leibgeber décrit son humour universel, qui ne touche jamais au particulier et ne le blâme jamais *; ce dernier cas est au contraire celui de son ami Siebenkæs (100), à qui j'attribue par conséquent de la *Laune* plutôt que de l'humour. Ainsi encore l'humour de Tieck, bien qu'il soit en partie imité de celui des autres, n'abonde pas en traits spirituels et a un caractère très-large. Rabener, au contraire, s'attache à flageller différents sots de la cour de Saxe, et les critiques flagellent différents humoristes de l'Allemagne.

Si Schlegel a eu raison de dire que le romantisme n'est pas un genre de poésie, mais que la poésie doit toujours être romantique, il est encore plus juste de

---

* Par exemple, sa lettre sur Adam comme loge maternelle de l'humanité, son autre lettre sur la gloire, etc.

dire en particulier du comique qu'il doit toujours être romantique, c'est-à-dire humoriste. Les élèves de la nouvelle école esthétique montrent dans leurs œuvres burlesques, jeux dramatiques, parodies, etc., un esprit comique universel plus élevé, qui n'est plus le dénonciateur et l'aumônier d'échafaud des fous individuels; il est vrai que cet esprit universel se manifeste avec assez de rudesse et de dureté, quand par hasard le disciple se trouve encore dans les classes inférieures avec son *Imitation* et son *Dokimastikum* (100 *bis*). Quant aux charmes comiques d'un Bahrdt, d'un Kranz, d'un Wetzel, d'un Merkel, et de la plupart des auteurs de la *Bibliothèque allemande universelle* (101), ils exaspèrent le bon goût bien plus que les taches de rousseur et les boutons de chaleur comiques (très-souvent une simple exagération de la droite tendance) qui peuvent se rencontrer dans Tieck, Kerner, Kanne, Arnim, Gœrres, Brentano, Weisser, Bernhardi, Fr. Horn, St. Schütze, E. Wagner, etc. Le faux railleur, celui qui parodie sa propre parodie, nous devient, par ses prétentions à se trop grandir, bien plus insupportable que le faux sentimental avec ses prétentions plus modestes à nous attendrir. Dès qu'on eut introduit Sterne en Allemagne, il forma et traîna derrière lui un long cortége larmoyant d'humoristes, ainsi nommés alors, mais oubliés depuis, qui n'étaient que les fanfarons d'une gaie satisfaction d'eux-mêmes. Je leur laisse cependant volontiers le nom d'humoristes dans le sens comique, comme en médecine on le donne aux galénistes, qui font dériver toutes les maladies des humeurs (*humores*). Wieland lui-même, quoique véritablement comique en poésie, s'est fourvoyé de beaucoup dans l'académie galéniste des humoristes par la prose de ses romans et de ses notes sur son *Damischmend* et sur son *Amadis*.

Différents phénomènes se rattachent à l'universalité de l'humour : par exemple elle se manifeste dans la structure des périodes de Sterne, qui réunit par des traits d'union non des parties, mais des touts, et aussi dans son habitude de généraliser ce qui n'est valable que dans un cas particulier; ainsi dans Sterne : « Ce n'est pas sans raison que de grands hommes écrivent des dissertations sur les longs nez. » Il y a un autre phénomène extérieur : c'est que le critique vulgaire étouffe et matérialise le véritable esprit humoriste universel en l'introduisant et en l'emprisonnant dans ses satires partielles; ce personnage insignifiant ne portant pas en lui-même l'étoffe d'un auteur comique, c'est-à-dire l'idée du mépris du monde, doit trouver le véritable comique sans tenue, même puérile, et sans but; il doit trouver qu'au lieu de faire rire, il est par lui-même ridicule, et doit préférer silencieusement, mais avec sincérité et sous plusieurs rapports, la *Laune* de Müller d'Itzehœ à l'*humour* de Shandy. Lichtenberg fit à la vérité le panégyrique de Müller (qui du reste méritait des éloges pour son *Siegfried de Lindenberg*, surtout dans la première édition); il a aussi loué avec excès les esprits facétieux et brillants du Berlin d'alors, et était un peu borné par son caractère exclusif d'anglomane et de mathématicien; mais néanmoins ses qualités humoristes étaient plus grandes qu'il ne le croyait lui-même; avec sa manière astronomique de considérer le va-et-vient du monde, et avec la richesse de son esprit, il aurait pu produire quelque chose de plus sublime que deux ailes qui s'agitent, dans le ciel à la vérité, mais qui ne s'agitent qu'avec de longues plumes collées ensemble.

Cette universalité explique encore la douceur et la tolérance de l'humour à l'égard des sottises individuelles; car celles-ci, se trouvant répandues dans la masse, ont moins de portée et sont moins blessantes; et d'ailleurs l'œil de l'humoriste ne peut méconnaître sa propre affinité avec l'humanité. Le satirique vulgaire, au contraire, n'observe et ne relève seulement, dans la vie ordinaire ou dans celle des savants, que des traits abdéritiques isolés et qui lui sont étrangers; dans le sentiment étroit et égoïste de sa supériorité, il croit être un hippocentaure au milieu d'onocentaures; et, comme un prédicateur du matin et du soir, dans cette maison de fous du globe terrestre, il fait, avec une sorte de fureur, du haut de son cheval, son sermon de capucin contre la folie. Combien est plus modeste celui qui se contente de rire de tout, sans excepter ni l'hippocentaure ni lui-même!

Mais comment, au milieu de cette raillerie universelle, l'humoriste qui réchauffe l'âme et le persifleur qui la glace, puisque tous deux tournent également tout en dérision, se distinguent-ils l'un de l'autre? L'humoriste, plein de sentiment, doit-il être mis à côté du froid persifleur qui ne fait ostentation que d'insensibilité? Cela est impossible, et ils se séparent l'un de l'autre, comme Voltaire se sépare souvent de lui-même et des Français, par l'idée anéantissante.

§ 33. — *L'idée anéantissante ou infinie de l'humour.*

Voici le second élément de l'humour, en tant que sublime renversé. De même que Luther appelle dans un sens défavorable notre volonté une *lex inversa*, l'humour est une *lex inversa* dans un bon sens. Sa descente aux enfers lui ouvre les portes du ciel. Il ressemble à l'oiseau Mérops qui monte vers le ciel, mais en tenant sa queue tournée vers lui; c'est un jongleur qui boit et aspire le nectar en dansant sur la tête.

Quand l'homme, comme les théologiens d'autrefois, contemple le monde terrestre du haut du monde immatériel, celui-là lui paraît plein de petitesse et de vanité; quand il se sert du petit monde, comme fait l'humour, pour mesurer le monde infini, il enfante ce rire où viennent se mêler une douleur et une grandeur. C'est pourquoi, de même que la poésie grecque, en opposition avec la poésie moderne, inspirait la sérénité, l'humour, en opposition avec l'ancienne plaisanterie, inspire surtout le sérieux. Il marche sur un brodequin, mais peu élevé, et porte souvent le masque tragique, du moins à la main; c'est pourquoi non-seulement de grands humoristes ont été, comme nous l'avons dit, très-sérieux, mais c'est à une nation très-mélancolique que l'on doit les meilleurs. Les anciens aimaient trop la vie pour la mépriser à la façon de l'humour. Cette introduction du sérieux dans les vieilles farces allemandes se révèle par ce fait, que le diable y sert de bouffon. Dans les farces françaises on trouve la *grande diablerie* *, c'est-à-dire l'alliance

---

* Flœgel, *Histoire du comique grotesque.*

bouffonne de quatre diables. Voici une idée caractéristique : je puis facilement imaginer le diable, en tant que renversement du monde divin et en tant que grande ombre de l'univers, qui par cela même dessine les contours du corps lumineux, je puis, dis-je, l'imaginer comme le plus grand humoriste et *whimsical man* (102); mais, comme la moresque d'une moresque (103), il serait beaucoup trop contraire à l'esthétique; car son rire serait trop désagréable et ressemblerait au costume bigarré et fleuri d'une victime qu'on mène à l'échafaud.

Après chaque tension pathétique, l'homme éprouve ordinairement le besoin du relâchement de l'humour. Mais, comme un sentiment ne peut exiger sa contre-partie, mais seulement son affaiblissement, il doit y avoir dans la plaisanterie que provoque le pathétique, un sérieux intermédiaire; et celui-ci habite dans l'humour. Il y a par conséquent dans la *Sacountala* (104), comme dans Shakespeare, un bouffon de cour, Madhawya; et Socrate, dans le *Banquet* de Platon, retrouve une disposition comique même dans le talent pour la tragédie (105). C'est encore pour cette raison qu'après la tragédie les Anglais offrent un épilogue humoriste et une comédie, de même que la tétralogie grecque faisait terminer son triple drame sérieux par un drame satirique; Schiller au contraire a commencé par ce dernier * (106). Chez les anciens, après les rhapsodes, les parodistes se mettaient à chanter. Quand, dans les anciens mystères français, un martyr ou le Christ devaient être flagellés, la bonhomie et la simplicité du vieux temps avaient soin d'avertir entre parenthèses, qu' « ici paraît Arlequin et qu'il parle pour remettre les spectateurs en gaieté ** ». Mais qui consentira jamais à descendre de la hauteur du pathétique jusqu'à un persiflage à la manière de Lucien ou seulement de Paris? « Le beau Léandre, dit Mercier ***, doit intéresser constamment; il a un bel habit, il doit jouer un rôle de sentiment; mais enfin la gaieté publique l'environne tout comme un autre; elle pourrait tomber sur sa personne. La pièce alors irait mal. Que font les entrepreneurs de grand spectacle? Ils ont senti par instinct ou par réflexion qu'il fallait que quelque comédien de la troupe se chargeât journellement du rôle de *Paillasse*, pour relever la sagesse, le sang-froid et le maintien du beau Léandre. » — La remarque est fine et vraie. Mais quel double abaissement du sublime et en même temps de

---

* Mais il a tort; car le comique ne prépare pas plus au pathétique que le repos ne prépare à l'effort; c'est le contraire qui a lieu.

** Flœgel, *Histoire du comique grotesque*.

*** *Tableau de Paris*, ch. 648.

l'humour, quand c'est le sublime qui repose et l'humour qui détermine un effort! Il est facile de parodier et de renverser une épopée; mais malheur à la tragédie qui ne continuerait pas son effet dans sa parodie même! On peut travestir Homère, mais non Shakespeare, car le petit anéantit le sublime, mais non le pathétique. Quand Kotzebue propose pour l'accompagnement de son *Ariane travestie* la musique de Benda, composée pour l'*Ariane* sérieuse de Gotter, afin de relever ses plaisanteries par le sérieux solennel de la musique, il oublie que cette musique, qui réunit tout à la fois les forces du pathétique et celles du sublime, ne peut être subordonnée et doit conserver le dessus : elle précipiterait plus d'une fois, comme déesse sérieuse, l'Ariane plaisante d'une hauteur plus grande que celle du rocher de Naxos. Il ne résulte alors que plus de sublimité de ce qui n'est que bas; et par exemple, dans la *Tragédie universelle* ou *Paradis perdu* de Thümmel[*], chacun sent avec une force égale la vérité et le mensonge, la nature divine et humaine de l'homme.

J'ai parlé, dans le titre de ce paragraphe, de l'idée anéantissante : on la retrouve partout. De même qu'en général la raison éblouit, écrase et transporte de force

---

[*] V. vol. V de ses voyages.

l'intelligence, par exemple dans l'idée d'une divinité infinie, et la traite comme un Dieu traiterait le fini; de même l'humour, différant en cela du persiflage, abandonne l'intelligence pour se prosterner pieusement devant l'idée. C'est pourquoi l'humour se réjouit souvent de ses propres contradictions et impossibilités : ainsi, dans le *Zerbino* de Tieck, les personnages eux-mêmes se donnent à la fin pour des personnages écrits et des non-entités; ils entraînent les lecteurs sur la scène et la scène sous la presse*. C'est encore pour cela que l'humour fait aboutir l'amour au vide pour résultat, tandis que le sérieux se termine épigrammatiquement par ce qu'il y a de plus important : par exemple la conclusion de la préface à la défense de l'arlequin par Moser, ou la conclusion misérable de mon oraison funèbre, ou plutôt de l'oraison funèbre de Fenk sur un estomac de prince (107). Ainsi encore Sterne parle plusieurs fois longuement et avec soin de certains événements, jusqu'à ce qu'il finisse par cette conclusion : qu'il n'y a pas un mot de vrai dans tout cela.

On peut sentir souvent dans la musique quelque chose de l'audace de l'humour anéantissant, ou pour mieux dire l'expression du mépris de l'univers : dans

---

* En cela il a imité Holberg, Foote, Swift, etc.

celle de Haydn par exemple, qui anéantit des séries de sons entières par une série étrangère, et qui s'agite alternativement entre *pianissimo* et *fortissimo,* entre *presto* et *andante.* Un second fait semblable est le scepticisme qui naît, d'après Platner, quand l'esprit promène ses regards sur la multitude terrible des opinions ennemies qui l'entourent; c'est là une espèce de vertige de l'âme, qui substitue tout à coup à notre mouvement rapide le mouvement extérieur de l'univers entier, qui est réellement tranquille.

Un troisième fait semblable, ce sont les fêtes humoristes des fous au moyen âge, qui, avec un libre *hysteronproteron,* dans une mascarade intérieure et spirituelle, sans aucune intention impure, renversent les États et les mœurs, tout cela sous la grande égalité et sous la liberté de la joie. Mais aujourd'hui notre goût ne serait plus assez délicat pour un pareil humour, si d'ailleurs notre âme n'était pas trop mauvaise.

§ 34. — *Subjectivité de l'humour.*

Ainsi que le sérieux romantique, le comique romantique est, comme en opposition avec l'objectivité classique, le roi de la subjectivité. Car, dès que le comique consiste dans le renversement du contraste qui existe entre les deux principes, le subjectif et l'objectif, et que, d'après ce que nous avons dit, le principe objectif doit être un infini que nous désirons saisir, je ne puis imaginer et poser ce dernier principe en dehors de moi, mais je le place en moi-même où je lui substitue le principe subjectif.

Je me mets par conséquent moi-même dans cette opposition, sans me mettre cependant à une place étrangère, comme il arrive dans la comédie; je divise mon moi en deux facteurs, le fini et l'infini, et je fais sortir ce dernier du premier. L'homme rit alors, car il se dit : « Cela est impossible! cela est absurde! » — Sans doute! c'est pour cela que dans l'humoriste le moi joue le premier rôle, et que, là où cela est possible, il entraîne sur son théâtre comique ses relations personnelles, mais seulement pour les anéantir poétiquement. Comme il est tout à la fois le fou, le quadrille comique de masques italiens, le directeur et le régisseur, il faut que le lecteur apporte de la bienveillance, ou du moins n'apporte pas de haine, et ne fasse pas un être réel de ce qui n'est qu'apparence; celui qui pourrait goûter entièrement une épigramme humoriste dirigée contre lui-même devrait être le meilleur lecteur du meilleur auteur. Il faut qu'il y ait pour chaque poëte, et surtout pour le poëte comique, autant de bienveillance qu'il doit y avoir au contraire de défiance hostile à l'égard du philosophe; et cela est à l'avantage de l'un et de l'autre.

Déjà, dans la réalité corporelle, le tissu serré de la haine ferme l'entrée aux ailes légères de la plaisanterie; mais le comique poétique a plus besoin encore d'un accueil sincèrement favorable; car, dans son imitation artistique et conventionnelle, il ne peut, quand son personnage est gêné et doublé par un autre personnage prosaïquement haineux, le mettre en jeu avec sérénité. Quand Swift emprunte un air de ruse ou d'arrogance, et Musæus un air de stupidité, comment pourront-ils produire un effet comique sur celui qui prend au sérieux leur apparence et se trouve par conséquent mal disposé à leur égard? L'auteur comique, en tant que représentant toujours de nouveau des irrégularités toujours nouvelles, a, pour se concilier son public, tout autrement besoin de bienveillance que le poëte sérieux qui s'attache à des sentiments et à des beautés qui existent depuis mille ans; et cette bienveillance a pour condition une certaine intimité avec le public lui-même; aussi est-il facile d'expliquer pourquoi des ouvrages de haut comique, qui ont fait rire la postérité, n'ont pas fait rire la première année de leur naissance, et ont été accueillis avec un sérieux stupide, tandis qu'un trait d'esprit vulgaire, mais faisant allusion à des choses contemporaines, volait de main en main et de bouche en bouche. Par exemple un Cervantès, afin de voir son Don Quichotte, négligé d'abord, exalté ensuite par la foule, dut l'attaquer et le rabaisser lui-même ; et, pour empêcher qu'il ne se perdît en l'air comme une fusée, dut écrire contre lui une critique sous le titre d'*el Buscapie*, c'est-à-dire *la Fusée*. Aristophane fut privé du prix que méritaient ses deux meilleures pièces, les *Grenouilles* et les *Nuées*, par un certain Amipsias, oublié depuis longtemps, qui avait du reste pour lui, dans le sens figuré, des chœurs de nuages et de grenouilles. Le *Tristram* de Sterne fut d'abord accueilli en Angleterre avec autant de froideur que s'il avait été écrit en Allemagne pour des Allemands. Un critique du *Mercure allemand**[*]*, qui d'ordinaire épargne et même prône tout ce qui est vigoureux, prononce sur le tome premier des *Voyages physionomiques* de Musæus le jugement suivant : « Le style est à la Schubart et a la prétention d'être plaisant. Il est impossible de parcourir ce livre, etc., etc. » Misérable, qui, dans cette seconde édition, et après tant d'années, réussis à me fâcher encore, parce que j'ai, malheureusement

---

[*] *Mercure allemand*, 1779, t. I, p. 275 (107 *bis*).

pour moi, mais pour le profit de l'esthétique, conservé mot pour mot un extrait de tes sottises! Et à côté de ce misérable, son frère jumeau dans la *Bibliothèque universelle allemande* * allait, comme un âne, ravager, avec des dents incisives semblables, les parterres de Musæus et en arracher les fleurs; c'est ce même Musæus qui avait l'humour véritablement allemand, c'est-à-dire ce caractère de père de famille qui se sourit bénévolement à lui-même, cette bonhomie qui atténue l'immixtion de la langue étrangère du cœur parmi les éléments du comique. *Plura exempla sunt odiosa.*

Revenons à la subjectivité de l'humour. Si l'humour faux rencontre une si grande répugnance, c'est qu'il veut paraître parodier une nature qui est déjà la sienne. Aussi, quand l'auteur n'est pas gouverné par un noble naturel, il n'y a rien de plus périlleux que de confier au bouffon lui-même la confession comique ; une âme vulgaire, comme l'est le plus souvent celle du *Gil Blas* de Lesage, qui est tantôt

---

* Musæus s'est, dans la suite, abaissé au point d'introduire son or dans les mines de plomb de la *Bibliothèque allemande*, et de lui fournir des critiques de romans. Il est vraiment dommage de laisser aujourd'hui ces critiques plaisantes périr avec les livres qui en sont les objets et avec la bibliothèque qui les renferme, au lieu de retirer ces perles du fatras et d'en faire un collier.

confessée et tantôt confessante, volontairement suspendue entre la connaissance et l'ignorance de soi-même, entre le repentir et l'endurcissement, entre le rire indécis et le sérieux, nous laisse également nous-mêmes dans cet état d'indécision. Pigault-Lebrun, dans son *Chevalier Mendoza*, inspire encore plus de dégoût par sa suffisance et par la nudité de son incrédulité banale. Dans le sel de Crébillon, au contraire, se reflète déjà quelque chose de plus élevé que les sots qu'il met en action. Avec quelle grandeur surgit à côté d'eux le noble génie de Shakespeare, quand il donne à un sot débauché l'humoriste Falstaff pour pendant! Comme ici l'immoralité, mais seulement en tant que faiblesse et habitude, se mêle à une sottise fantastique! La Folie d'Érasme, se critiquant elle-même, n'est pas moins répréhensible, d'abord comme moi vide et abstrait, c'est-à-dire comme non-moi; et ensuite parce qu'au lieu d'humour lyrique ou d'ironie sévère, cette Folie ne débite que des leçons universitaires de cette sagesse qui, de son trou de souffleur, crie encore plus haut que la Colombine, c'est-à-dire la folie elle-même.

Comme, dans l'humour, le moi se montre parodié, plusieurs Allemands, il y a environ vingt-cinq ans, ont laissé de côté le *moi* grammatical, pour le faire ressortir plus fortement par cette ellipse de langage.

Un meilleur auteur l'a plus récemment, dans la parodie de cette parodie, biffé de nouveau avec de grosses barres qui font apercevoir clairement la correction : c'est l'inappréciable Musæus, dans ses *Voyages physionomiques*, qui sont les véritables voyages pittoresques et de plaisir de Comus et du lecteur. Bientôt après, ces *moi* abattus furent ressuscités en masse par la non-entité, le subjectivisme et l'individualisme de Fichte. Mais d'où vient que ce suicide grammatical du *moi* est propre aux plaisanteries allemandes, tandis que ni les langues plus modernes et voisines de de l'allemand, ni les langues anciennes, n'en sont susceptibles? C'est probablement parce que nous sommes, comme les Persans ou les Turcs*, trop polis pour avoir un moi devant les grands personnages. Car un Allemand est volontiers tout ce qu'on voudra, excepté lui-même. Tandis que l'Anglais écrit grand son I (*je*), même au beau milieu d'une phrase, il y a toujours beaucoup d'Allemands qui, au milieu d'une lettre, se servent d'un i minuscule, et qui voudraient même en avoir un tellement petit qu'il fût à peine visible, et ressemblât plutôt au point mathématique qui accompagne cette lettre qu'à la barre qui la constitue. L'An-

---

* Les Persans disent : « Il n'a que Dieu qui puisse avoir un moi ; » — les Turcs disent : « Il n'y a que le diable qui dise moi. » — (*Bibliothèque des philosophes*, par Gauthier.)

glais ajoute toujours *self* à son *my*, comme le Français, même à son *moi*; l'Allemand au contraire ne dit que rarement *ich selber*, mais il dit volontiers *ich meines Orts*, c'est-à-dire *moi de mon côté*, expression où il espère que personne ne verra de l'orgueil. Il n'y a pas longtemps encore, il ne parlait jamais de la partie de sa personne qui s'étend des pieds jusqu'au nombril, sans demander pardon de son existence, de telle sorte qu'il portait toujours une moitié digne d'être invitée à la table des grands personnages et de faire partie d'un chapitre, sur une autre moitié malheureuse, déclarée roturière, comme sur un pilori. Il ne place hardiment son moi que dans les cas où il peut s'allier à un plus petit que lui : le recteur d'un lycée dit modestement à son gymnasiaste *nous* (wir). L'Allemand est le seul peuple qui se serve d'*il* au singulier et d'*ils* au pluriel, comme de moyens d'interpellation, et cela parce qu'il porte partout son exclusion du moi; car *toi* et *vous* supposent un *moi*. Il y eut un temps en Allemagne où il ne venait peut-être pas à la poste une seule lettre avec le mot *Ich* (*Je*). Plus heureux que les Français ou les Anglais, dont la langue ne permet pas une pure inversion grammaticale, nous pouvons, par une interversion de l'ordre des pensées, mettre partout le plus important d'abord, et ce qui a moins de valeur en second lieu. Nous pouvons écrire : « A Votre

Excellence, rapporte ou dédie cela. » Mais depuis quelque temps (ce qui est peut-être un des bons fruits de la révolution) il est permis d'écrire ouvertement : « A Votre Excellence je rapporte, je dédie. » Le milieu des lettres et des discours obtient ainsi un *je* faible, mais clair ; ce qui arriverait difficilement au commencement ou à la fin (108).

C'est à cette particularité que nous devons de devenir plus facilement comiques qu'aucune autre nation : comme dans la parodie humoriste, nous nous posons nous-mêmes poétiquement comme fous, et devons par conséquent rapporter à nous le comique, ce rapport du moi devient, par cette omission même du moi, non-seulement, comme nous l'avons dit, plus clair, mais aussi plus comique : car on n'en connaissait l'usage que dans les cas de sérieux et de politesse.

Cette valeur humoriste du moi se fait ressentir jusque dans les moindres particules; ainsi les expressions françaises : Je *m*'étonne, je *me* tais, sont plus significatives que *ich staune, ich schweige;* c'est pourquoi Bode traduit souvent *my self, him self* par *ich* ou *er selber*. Comme en latin le moi du verbe se dérobe, il ne peut être exprimé que par des participes ; par exemple, le docteur Arbuthnot à la fin de son *Virgilius restauratus* contre Bentley ; ainsi encore « *majora moliturus* ».

Ce rôle et cette nécessité du *moi* parodique renversent ce préjugé que l'humour doit être involontaire et s'ignorer soi-même. Home place Addison et Arbuthnot, à l'égard du talent humoriste, au-dessus de Swift et de la Fontaine, parce que ces deux derniers n'ont, à ce qu'il croit, possédé qu'un humour inné et sans conscience de lui-même. Mais, si leur humour n'était pas engendré librement, il n'aurait pu, pendant la composition, réjouir esthétiquement l'auteur aussi bien que le lecteur; or l'admission d'une pareille anomalie ferait prendre pour humoristes tous les hommes raisonnables, et elle deviendrait comme un capitaine insensé dans le navire rempli de fous qu'il commanderait. Ne voit-on pas dans les premiers écrits de jeunesse de Sterne, dans ses productions postérieures qui préparent de plus grands ouvrages [*], et, parmi ses lettres où le flot de la nature se répand le plus volontiers, dans celles qui sont les plus froides, ne voit-on pas que ses créations merveilleuses ne naissaient pas d'une introduction et d'une dissolution accidentelles de plomb dans de l'encre; mais qu'il les a rendues pointues et arrondies avec intention dans des moules et des formes de fonte?

On ne retrouve non plus dans la verve comique

---

[*] Par exemple, dans *The Koran or the life*, etc.

d'Aristophane ni la trace de l'étude qu'il faisait des sources ni celle de ses travaux nocturnes, qui cependant, comme ceux de Démosthène, sont passés en proverbe*. Il est vrai que ce qu'il y a de volontaire dans l'humour peut, à la longue, devenir instinctif : c'est ainsi que, chez le pianiste, la basse continue passe si bien de la tête dans les doigts que ceux-ci s'abandonnent aux caprices de l'inspiration sans se tromper, tandis que le pianiste est occupé à parcourir un livre **. Le plaisir que procure un ridicule plus élevé efface des ridicules moindres auxquels on s'habitue moitié sérieusement, moitié en badinant. Dans le poëte la bêtise peut être le résultat de la volonté libre tout aussi bien que le cynisme. Swift, connu pour sa propreté, qui était assez grande pour qu'un jour il ne mît rien dans la main d'une mendiante parce qu'elle n'était pas lavée, et plus connu encore par sa conti-

---

* Ad Aristophanis lucernam lucubrare. — V. dans la traduction *des Grenouilles* par Welcker, Introd., p. IV. — Je puis, sans qu'on vienne me reprocher d'empiéter par mes jugements sur le domaine de la philologie, où règnent tant de rois puissants, faire du moins l'éloge de cette traduction et de la traduction antérieure des *Nuées* pour leur force comique, et aussi parce qu'elles contribuent à introduire chez nous le grand Comus, qu'elles abondent en notes précieuses sur la matière, et enfin qu'elles se placent à un très-haut point de vue d'esthétique.

** Cicéron dit : « Adeo illum risi ut pene sim factus ille. »

nence platonique qui, suivant ses biographes, finit par devenir chez lui, comme chez Newton, l'impuissance des débauchés, n'en a pas moins écrit *Swift's works*, et parmi eux, d'un côté *Ladys Dressing-room*, et de l'autre, *Stréphon et Chloé*. Aristophane, Rabelais, Fischart et les vieux comiques allemands en général se présentent ici d'eux-mêmes à la mémoire : car leur immoralité d'auteur ne résultait point d'une immoralité habituelle, et n'en devint pas non plus la cause. L'indécence du véritable art comique séduit aussi peu que celle de l'anatomie : car l'art comique n'est-il pas une autre anatomie, avec cette différence qu'il est plus spirituel et plus ingénieux? De même que la foudre, dès qu'elle est conduite par le fil du paratonnerre, traverse la poudre elle-même sans l'enflammer, de même l'étincelle de l'indécence, attachée au conducteur comique, traverse, comme trait d'esprit et sans causer de dommage, la sensualité si facile à enflammer. Aussi est-il déplorable que notre temps sans élévation ne puisse supporter le cynisme comique qui n'a rien de dangereux, et qu'il se complaise au contraire dans la contemplation de ces images érotiques qui sont pleines de poison. Le hérisson, emblème du satirique, mange, d'après Bechstein, des cantharides sans en être empoisonné comme les autres animaux; le voluptueux recherche ces mêmes cantharides ou mouches d'Espagne, et s'empoisonne par leur moyen, comme on sait, de plus d'une manière : il bâtit des châteaux en Espagne sur des mouches d'Espagne. Mais revenons à la question.

Un caractère humoriste est tout autre chose qu'un poëte humoriste. Le premier est tout sans en avoir conscience; il est sérieux ou ridicule, mais il ne rend pas les autres ridicules; il peut devenir facilement le point de mire du poëte, mais il ne peut être son rival. Il est tout à fait faux d'attribuer au manque de fous humoristes le manque de poëtes humoristes en Allemagne : c'est là expliquer la rareté des sages par la rareté des fous; — c'est plutôt, tant dans l'auteur que chez le lecteur, l'indigence et la servitude du véritable esprit poétique comique, qui ne sait ni prendre ni goûter le gibier comique qui court depuis les montagnes de la Suisse jusqu'aux plaines de la Belgique. Car, puisqu'il ne prospère que sur la bruyère libre, on le trouve partout où il y a soit de la liberté intérieure, par exemple dans la jeunesse des académies ou chez les vieillards, etc., soit de la liberté extérieure, comme dans les plus grandes villes et les plus grands déserts, dans les domaines seigneuriaux ou chez les pasteurs de village, et dans les villes de l'empire, chez les riches, et en Hollande. Entre les quatre murs de leurs maisons, la plupart des hommes sont des originaux, comme le savent leurs femmes. Un caractère passivement humoriste ne serait pas encore pour cela un objet de satire : qui voudrait en effet faire une satire ou une caricature contre un monstre naturel isolé? Mais la déviation de la petite aiguille humaine doit être conforme à la déviation du grand aimant de l'univers, et en être le signe ; ainsi par exemple le vieux Shandy, pour n'être qu'un portrait, n'en est pas moins le type colorié et bigarré de toutes les pédanteries savantes et philosophiques*; et il en est de même de Falstaff, de Pistol, etc. (109).

§ 35. — *Perception de l'humour.*

Comme sans les sens il ne peut y avoir de comique, les attributs perceptibles, en tant qu'expression du

---

* Quoique le plus souvent le comique de Tristram repose sur de petites choses, il n'en est pas moins le comique de la nature humaine, et non celui d'une individualité accidentelle. Mais, quand ce caractère général fait défaut, par exemple dans Peter Pindar, aucun esprit ne peut sauver le livre de la mort. Que pendant plusieurs années Walther Shandy, chaque fois que sa porte crie, prenne la résolution d'y faire mettre de l'huile, etc., cela n'est pas seulement conforme à sa nature, mais aussi à la nôtre.

fini appliqué, ne peuvent jamais, dans l'objet humoriste, devenir trop colorés. Il faut que les images et les contrastes de l'esprit et de l'imagination, c'est-à-dire les groupes et les couleurs, abondent dans l'objet, pour remplir l'âme de ce caractère sensible; il faut qu'ils l'enflamment par ce dithyrambe*, qui relève contre l'idée et met en opposition avec elle le monde sensible, devenu anguleux et allongé comme dans un miroir concave. Comme un pareil jour final précipite le monde sensible dans un second chaos, mais seulement pour amener un jugement divin, et comme de son côté l'entendement ne peut habiter que dans un univers plein d'ordre, tandis que la raison, semblable à la divinité, ne peut même être contenue dans le plus grand des temples, on pourrait admettre une affinité apparente de l'humour avec la démence, qui perd naturellement, comme le philosophe le perd artificiellement, l'usage de ses sens et de son entendement, en conservant cependant, comme celui-ci, sa raison; l'humour est, comme les anciens appelaient Diogène, un Socrate en démence.

Nous allons étudier en détail le style de l'humour qui a la double propriété de métamorphoser son objet

---

* Plus Sterne avance dans le *Tristram*, plus il devient humoristement lyrique. Ainsi son voyage magistral au 7ᵉ volume; le dithyrambe humoriste dans le 8ᵉ volume, ch. 11, 12, etc.

et de parler aux sens. D'abord il individualise jusqu'aux plus petites choses, et même jusqu'aux parties de ce qu'il a subdivisé. Shakespeare n'est jamais plus individuel, c'est-à-dire ne s'adresse jamais plus aux sens, que lorsqu'il est comique. Aristophane, pour les mêmes raisons, offre, plus qu'aucun autre poëte de l'antiquité, les mêmes caractères.

Le sérieux, comme on l'a vu plus haut, met partout en avant le général, et nous spiritualise tellement le cœur, qu'il nous fait voir de la poésie dans l'anatomie, plutôt que de l'anatomie dans la poésie. Le comique, au contraire, nous attache étroitement à ce qui est déterminé par les sens ; il ne tombe pas à genoux, mais il se met sur ses rotules, et peut même se servir du jarret. Quand il a par exemple à exprimer cette pensée : « L'homme de notre temps n'est pas bête, mais pense avec lumière ; seulement il aime mal ; » il doit d'abord introduire cet homme dans la vie sensible, en faire par conséquent un Européen, et plus précisément encore un Européen du dix-neuvième siècle ; il doit le placer dans tel pays et dans telle ville, à Paris ou à Berlin ; il faut encore qu'il cherche une rue pour y loger son homme. Quant à la seconde proposition, il doit la réaliser organiquement de la même manière, ce qui se ferait le plus rapidement par une allégorie, jusqu'à ce qu'il puisse arriver à parler d'un habitant du quartier de Frédérichstadt à Berlin, écrivant près d'une lumière dans une cloche à plongeur, sans camarade de chambre ou de cloche, au sein de la mer froide, n'étant en communication avec le monde de son vaisseau que par le tuyau qui est la prolongation de sa trachée. « Et ainsi, dira en concluant l'auteur comique, cet habitant de Frédérichstadt n'éclaire que lui-même et son papier, et méprise entièrement tous les monstres et les poissons qui l'entourent. » Et voilà précisément l'expression comique de la pensée que nous avons proposée tout à l'heure.

On pourrait poursuivre cette individualisation comique jusque dans les moindres choses. Ainsi les Anglais aiment le bourreau qui pend et le fait d'être pendu ; nous autres aimons le diable, mais seulement comme comparatif du bourreau ; par exemple quand on dit : « Il est au diable ; » cela est plus fort que de dire : « Il est allé se faire pendre. » Il y a la même différence entre les expressions « gibier de potence » et « proie du diable ». On pourrait peut-être écrire à ses égaux que « le diable emporte un tel » ; mais, devant un supérieur, cette locution devrait être atténuée par le bourreau. Chez les Français, le diable et le chien occupent un rang plus élevé : « Le chien d'esprit que j'ai, » écrit la magistrale Sévigné, entre tous les Français la grand'mère de Sterne, comme Rabelais est son grand-père ; et, comme tous les Français, elle aime beaucoup à employer cette expression. Voici encore d'autres minuties à l'adresse des sens : on choisit partout des verbes actifs dans la présentation propre ou figurée des objets ; on fait, comme Sterne et d'autres, précéder ou suivre chaque action intérieure d'une courte action corporelle ; on indique partout les quantités exactes d'argent, de nombre et de chaque grandeur, là où l'on ne s'attendait qu'à une expression vague ; par exemple : « un chapitre long d'une coudée, » ou : « cela ne vaut pas un liard rogné, » etc. Ce caractère sensible du comique est favorisé en anglais par le monosyllabisme serré de cette langue : quand par exemple Sterne dit (*Tristram,* vol. XI, ch. x) qu'un postillon français ne monte que pour descendre, parce qu'il manque toujours quelque chose à la voiture, *a tag, a rag, a jay, a strap,* ce sont là des syllabes et surtout des assonances que l'Allemand rend moins facilement que le *ridiculus mus* d'Horace. En général, on ne trouve pas seulement chez Sterne (par exemple, ch. xxxi, *all the frusts, crusts, and rusts of antiquity*) les assonances produites par la verve comique ; mais ces espèces de rimes, comme camarades de chambre, se rencontrent encore dans Rabelais, Fischart et d'autres auteurs.

A cette catégorie des éléments du comique se

rattachent encore les noms propres et techniques. Aucun Allemand ne sent avec plus de tristesse que celui qui rit, le manque d'une capitale nationale ; car c'est là un obstacle à l'individualisation. Bedlam, Grubstreet (110), etc., sont parfaitement connus dans toute la Grande-Bretagne et au-delà des mers ; mais nous autres Allemands sommes réduits à dire : « maison d'aliénés, rue des Écrivassiers » ; et cela à cause du manque de capitale, parce que les noms propres de ces endroits dans les différentes villes sont ou trop peu connus ou trop peu intéressants. Ainsi l'humoriste qui individualise est très-heureux que Leipsick possède son Schwarzes-Bret (lieu où sont apposées les affiches universitaires), sa cour d'Auerbach (111), ses alouettes et ses foires *, qui sont assez

---

* C'est pour cette raison qu'on devrait autant que possible faire connaître beaucoup de particularités locales de toutes les villes allemandes, comme on a déjà fait pour les différentes bières ; cela mettrait avec le temps sous la main du comique tout un dictionnaire et un cadastre d'individualisation comique. Une pareille ligue de Souabe réunirait les villes séparées et en ferait les rues et même la scène d'un théâtre national comique. L'auteur aurait plus de facilité pour peindre, et le lecteur pour comprendre. Les Tilleuls (112), le Jardin des plantes, la Charité, la Wilhelmshœhe (113), le Prater (114), la terrasse de Brühle à Dresde, sont par bonheur des localités fécondes en individualisation pour les poëtes comiques. Mais, si l'auteur de ce livre voulait utiliser dans le même but les meilleures places et les rapports les mieux connus des quelques villes qu'il a habitées,

connues à l'étranger pour qu'on puisse les utiliser avantageusement; il serait à désirer qu'il en fût de même pour d'autres objets et pour d'autres villes.

On peut rapporter encore aux caractères sensibles de l'humour la paraphrase, c'est-à-dire la séparation du sujet et du prédicat, qui souvent peut n'avoir pas de fin, et qu'on peut imiter surtout d'après Sterne, qui lui-même a eu Rabelais pour guide. Quand par exemple Rabelais voulait dire que Gargantua jouait, il commençait (I, 22) : « Là jouoit :

>   au flux,
>   à la prime,
>   à la vole,
>   à la pille,
>   à la triumphe,
>   à la Picardie,
>   au cent,
>   etc., etc. »

Il nomme deux cent seize jeux. Fischart[*] cite jus-

---

c'est-à-dire de Hof, de Leipsick, de Weimar, de Meinungen, de Cobourg, de Baireuth, il serait mal compris à l'étranger et par conséquent peu goûté.

[*] Pour l'abondance des langues, des figures et des traits sensibles, Fischart surpasse Rabelais de beaucoup, et il est son égal pour l'érudition et la création aristophanesque de mots. Il a plutôt régénéré que traduit; son *Fleuve aux paillettes d'or*

qu'à cinq cent quatre-vingt-six jeux d'enfants et de société que j'ai comptés en me pressant et en m'ennuyant beaucoup. Cette paraphrase humoriste qui se trouve très-fréquemment et très-largement développée dans Fischart, Sterne la continue dans ses allégories, qui, par l'abondance des détails sensibles, se rapprochent des comparaisons homériques et des métaphores orientales. Ses spirituelles métaphores ont même pour encadrement une marge colorée et des digressions pleines de détails étrangers; et cette hardiesse est précisément la qualité que Hippel a parti-

---

serait digne de l'exploitation des érudits de langues et de mœurs. Voici quelques traits de sa peinture d'une belle fille dans son *Geschichtklitterung*(1590), p. 142 : « Elle avait des joues de rose, qui, par leur reflet et comme un arc-en-ciel, rendaient l'air environnant plus clair que les vieilles femmes quand elles sortent du bain; une gorge de la blancheur du cygne à travers laquelle on voyait couler le vin rouge comme dans un verre mauranique, une véritable gorge d'albâtre; une peau de porphyre, à travers laquelle paraissaient toutes les veines comme de petites pierres blanches et noires dans l'eau limpide d'une fontaine; un sein de marbre rond comme une pomme, et dur avec douceur, une vraie pomme de paradis, placée juste à la hauteur du cœur, ni trop haut comme en Suisse ou à Cologne, ni trop bas comme dans les Pays-Bas, mais à la française, etc. » Les rimes sont fréquentes dans sa prose et produisent quelquefois, par exemple ch. 26, p. 351, un très-bel effet. Ainsi le cinquième chapitre, sur les époux, est un chef-d'œuvre de description et d'observation sensuelles, mais chastes et libres comme la Bible et nos ancêtres.

culièrement choisie en lui pour l'imiter et la corriger ;
car chacun des imitateurs a choisi dans Sterne un
côté particulier : par exemple, Wieland, la paraphrase
du sujet et du prédicat ; d'autres, son incomparable
périodologie ; d'autres, ses éternels « *dit-il* » ; quelques-uns, rien du tout, et personne, la grâce de sa
facilité. Supposons par exemple que quelqu'un veuille
exprimer la pensée précédente à la manière d'Hippel ;
il devra, s'il veut qualifier les imitateurs de traducteurs transcendants, dire : « Ce sont les *tétra, hexa
et octopla origéniques* de Sterne. » Un exemple plus
clair encore serait de nommer les animaux une contrefaçon de librairie de Carlsruhe ou de Vienne du
genre humain, imprimée sur papier gris. On rafraî-
chit singulièrement l'esprit, quand on le force à ne
contempler que du général dans le particulier et
même dans l'individuel (comme ici Vienne, Carlsruhe
et papier gris), à ne voir en un mot la lumière que
dans la couleur noire.

Le mouvement, et surtout le mouvement rapide, ou
le repos à côté de ce dernier, peuvent contribuer à
rendre un objet plus comique, comme moyen de
rendre l'humour saisissable par les sens. Il en est de
même de la foule, qui fournit, en outre, par la prédominance du sensible et des corps, l'apparence comique
d'un mécanisme. C'est pourquoi nous autres auteurs

paraissons véritablement ridicules, à cause du grand nombre de têtes, dans tous les articles critiques de l'*Allemagne savante* de Mensel; et chaque critique plaisante un peu (115).

CHAPITRE VIII.

De l'humour épique, dramatique et lyrique.

§ 36. — *Mélange de tous les genres.*

Il y avait à Athènes* un tribunal de soixante membres pour juger des plaisanteries. Parmi tant d'académies, de Wetzlar (116) savantes, de tribunaux de paix ou de colère, tant de cours de justice avec leurs petites boîtes (116 *bis*), le journalisme n'a pas encore son jury de la plaisanterie : on juge et on plaisante à son gré. Il arrive rarement qu'un livre spirituel soit loué sans qu'on le dise rempli d'esprit, d'ironie, de *Laune*,

---

* D'après Pauw (*sur les Grecs*, tome I), qui cite comme autorité Athénée. Nicolaï a cependant prouvé que Pauw m'a menti, et que tout ce tribunal n'était qu'une réunion de farceurs parasites.

et même d'humour, comme si ces trois Grâces se tenaient toujours par la main. Les auteurs d'épigrammes n'ont le plus souvent que de l'esprit. Sterne a beaucoup plus d'humour que d'esprit ou d'ironie ; Swift, plus d'ironie que d'humour ; Shakespeare a de l'esprit et de l'humour, mais moins d'ironie proprement dite. Ainsi la critique vulgaire, cette corne d'abondance dorée d'esprit, de sentences et d'images, ce véritable veau d'or, appelle humoriste ce qui ne l'est que quelquefois. C'est ce qui est arrivé pour le noble Lichtenberg, dont les quatre fleuves célestes d'esprit, d'ironie, de *Laune* et de sagacité, portent toujours un vaisseau lourdement chargé de prose ; aussi ses magnifiques facultés comiques, qui suffisent à elles seules (comme ses autres facultés) pour le transfigurer en un Pope cubique, ont le centre de leur foyer dans l'homme même et l'empruntent à la science plutôt qu'à l'esprit poétique. C'est encore ainsi que le verbiage plaisant de Müller et de Wetzel dans les journaux passait pour de l'humour, et que Bode, dont les traductions de Sterne et de Montaigne sont des chefs-d'œuvre de reproduction, fut pris également, avec sa manie de se disloquer, pour un humoriste*; la *Laune* véritablement

---

* Je citerai pour preuves ses dédicaces et ses notes. Les facultés créatrices de celui qui peut répéter bassement et lamentablement les misérables jeux de mots déjà répétés par

poétique de Tieck a été au contraire presque inaperçue, et cela tient peut-être à cette seule raison, que sa substance est un peu plus solide et moins transparente. Ce siècle a eu, pour ainsi dire, comme mon livre, une seconde édition corrigée et augmentée ; car actuellement rien n'est aussi recherché, surtout par les éditeurs, que l'humour, et l'humour véritable. Un lecteur impartial trouve sur presque tous les titres où il n'y aurait eu autrefois que « *plaisant, comique, pour rire* », l'épithète d'*humoriste;* aussi peut-on presque affirmer, sans avoir de prévention, que dans la profession d'homme de lettres vient de renaître la société savante des humoristes (*bell'humori*) de Rome (117), qui avait un si bel emblème et de si belles armes. C'était un gros nuage laissant tomber sa pluie sur la mer avec cette inscription : « *Redit agmine dulci;* » ce qui veut dire que le nuage (la société) retombe dans la mer doux et sans sel, comme de l'eau pure et sans saveur étrangère. On découvre avec plaisir, dans cette compa-

---

Mylius et par Müller, se trouvent bien inférieures à ses facultés reproductrices. Les produits rampants et maladifs des meilleurs traducteurs et adorateurs des anciens et des modernes montrent bien comme les grands modèles, même lorsqu'ils sont intimement compris et chéris, sont peu capables d'ennoblir les facultés créatrices. Il faut toujours qu'il y ait, pour une conception immaculée, l'intervention immaculée d'un saint-esprit quelconque.

raison, une ressemblance accidentelle et s[..]re : car cette société des humoristes romains tirait [so]n origine d'un mariage de nobles pendant lequel les humoristes futurs avaient régalé les dames de sonnets. Cependant l'auteur désire que ce rapprochement, qu'il est allé chercher au loin, soit pris plutôt pour une plaisanterie que pour un paragraphe sérieux.

Du sérieux, il y en a pour tout le monde, mais, de l'humour, il n'y en a que pour quelques-uns ; et cela tient à ce que ce dernier exige un esprit poétique, et qui, de plus, s'élève jusqu'à la liberté et à la philosophie, doué, non d'un goût vide, mais d'une manière plus haute de considérer l'univers. Ainsi la foule, qui croit avoir du *goût*, croit *goûter* le *Tristram* de Sterne, quand les *Voyages d'Yorick*, qui ont moins de génie, lui plaisent. C'est de là que viennent toutes ces mauvaises définitions qui présentent l'humour comme une manière d'être ou comme une originalité ; de là vient aussi la froideur secrète à l'égard des créations réellement comiques. Aristophane, qu'ont cependant étudié Chrysostome et Platon, et qu'on a trouvé sous et sur l'oreiller de l'un et de l'autre, deviendrait pour la plupart des hommes l'oreiller lui-même si l'on était sincère et que ses paroles et ses fureurs ne fussent point grecques. Au lieu de cette nuée d'orage poétique et humoriste qui passe légèrement dans leur ciel en fertilisant et en rafraîchissant, accompagné d'éclairs et de tonnerre, et qui ne blesse que par hasard, la foule savante et la foule ignorante ne connaissent que ce nuage mesquin, lourd et terrestre des sauterelles de la plaisanterie maligne, butinant sur des rapports passagers, nuage qui fait du bruit, assombrit, mange ou ronge les fleurs, et périt lui-même hideusement par sa propre multitude.

Il suffira de rappeler encore quelques jugements approbatifs ou désapprobatifs, qui tous devraient être abolis. Boileau, l'artisan et l'ébéniste, satirique sans imagination et à vues étroites, passait autrefois (s'il ne passe pas encore à présent) aux yeux du peuple critique pour un poëte comique; je pourrais même prouver qu'on l'a comparé au satirique Pope, bien supérieur cependant par sa riche concision, sa connaissance des hommes, sa circonspection, les lumières de son esprit, sa pénétration et sa *Laune*, et, de plus, opposé à Boileau, en ce sens qu'il s'élève, comme la plupart des poëtes anglais, en dehors du sillon de la vie et du nuage au milieu desquels il est né, vers ce sommet d'où la vue s'étend au-delà de ce sillon et de ce nuage qu'on oublie. Si toutefois il devait rester entre eux quelque similitude, Boileau fleurirait comme un chardon satirique pour les papillons qui viennent s'y heurter, et Pope brillerait comme un cactus épanoui dans le désert. De même Scarron et Blumauer appartiennent à la classe des plaisants vulgaires, et il n'y a pas d'esprit qui puisse couvrir leur nudité poétique et morale ; à la même catégorie se rattache également Peter Pindar, qui, dès qu'on le détache du corps politique de l'Angleterre, perd toute vie comique, de même que le héros qu'il a chanté dans sa *Lousiade* (le Pou) perd la vie physique dès qu'on le sépare du corps humain.

A côté de l'élévation de ceux qui sont bas, il y a malheureusement l'abaissement de ceux qui sont élevés. Ainsi les tumeurs et les taches de Rabelais, du plus grand des humoristes, font oublier, même en Allemagne, son abondance savante et spirituelle ; on oublie qu'il est, par sa *Laune*, le précurseur de Sterne, et l'on apprécie au-dessous de leur véritable valeur les caractères si fortement dessinés du loyal et noble Pantagruel, plein d'un amour paternel et religieux, et de Panurge, le poltron original et savant*.

---

* Une traduction accompagnée de l'original serait, pour le philologue, un immense trésor de la langue française, quoiqu'elle ne puisse et ne doive être rien pour le gros du public. Le traducteur ne serait pas tenu d'expliquer, mais seulement de traduire ces allusions difficiles à certaines circonstances de temps et de lieu, en se fondant sur l'excellente édition des *Œuvres de maistre François Rabelais, avec des remarques historiques et critiques de Le Duchat. Amsterdam*, 1741, in-4°.

De la même manière le prosaïque et immoral Tartufe, de Molière, et les farces dues à son génie, sont attribués à un abaissement volontaire du poëte vers le peuple de la rue, tandis qu'on devrait voir au contraire dans plusieurs de ses comédies régulières un abaissement vers le vulgaire de la cour. Son seul *Impromptu de Versailles*, où il se joue vigoureusement comme dans un miroir des autres et de lui-même, aurait dû empêcher Auguste Schlegel de prononcer à son égard un jugement aussi injuste qu'à l'égard de Gozzi ; mais ce critique ne sait jamais louer que trop ou trop peu (118). Nous avons également ici à déposer une fleur sur la tombe de l'excellent Abraham à Santa-Clara, qui porterait certainement un laurier si elle avait été édifiée en Angleterre, et s'il y était né. Ce qui a nui à l'esprit qu'il mettait dans les formes et dans les mots et à son habitude de dramatiser humoristement, c'est seulement le siècle où il a vécu, et aussi trois lieux : l'Allemagne, Vienne et la chaire. Pourquoi enfin notre doigt ne montrerait-il pas ici un autre satirique allemand oublié, qui, par son émancipation poétique et aussi par sa manière facile et variée de traiter gaiement toutes les questions, a bien mérité qu'on citât ici le titre de son livre : « *le Satirique amusant, mettant sous les yeux d'une manière comique, avec maints discours plaisants et pensées curieu-*

ses, *les mœurs du monde actuel dans une agréable olla podrida du madré Fuchsmundi, etc.* » (1728)?

Il n'y a que la pratique qui soit peut-être encore plus mauvaise que la critique, car cette dernière peut du moins répéter, tandis que la première ne sait pas reproduire. Cependant nous préférons étudier l'une et l'autre dans ce qu'elles ont de vrai et de juste. Si la poésie comique doit, aussi bien que la poésie héroïque, remplir le premier rôle, c'est-à-dire le rôle épique dans la grande trinité poétique (épopée, poésie lyrique, drame), et si la poésie épique exige encore une objectivité plus complète et plus égale que le drame même, la question devient celle-ci : Où se rencontre l'objectivité comique? Il résulte de la détermination des trois éléments du comique, qu'on la trouve seulement là où est mis en avant le contraste ou le principe objectif, et où le contraste subjectif est caché ; mais c'est là précisément l'ironie, qui, puisqu'elle est le représentant pur de l'objet comique, doit toujours paraître sérieuse et louangeuse ; peu importe, à cet égard, la forme sous laquelle elle se présente, que ce soit le roman comme chez Cervantès, ou l'écrit élogieux comme chez Swift.

§ 37. — *L'ironie et son apparence sérieuse.*

Le sérieux de l'ironie a deux conditions. On doit en premier lieu étudier, quant au langage, l'apparence du sérieux pour rencontrer le sérieux de l'apparence ou le sérieux ironique. Quand un homme, et surtout un savant, veut énoncer sérieusement un avis, il ne le fait qu'avec timidité; il doute, il demande, il espère, il craint, il se borne à nier la négation ou le superlatif de son adversaire [*]; il dit qu'il n'ose affirmer que..., ou qu'on a tort de..., ou que d'autres devraient décider si..., ou qu'il ne voudrait pas dire que..., et enfin, que quelque chose lui paraît comme si..., et avec tout cela, il se sert de formules de commencement ou de connexion et de figures à la façon de Peuzer ou d'un autre styliste supportable. Il serait bon que le sérieux ironique offrît également ses assertions au public avec cette même apparence savante de modération ou de modestie. Je veux donner ici, autant que cela est possible, en dehors de la connexion poétique, un exemple de la meilleure ironie et de la plus mauvaise. Présentons d'abord la première, en rejetant nos explications dans des notes.

[*] Je veux parler de ce tour sérieux par lequel on dit, par exemple, d'un sot, que c'est un homme brillamment doué.

« On remarque avec plaisir (A) combien une certaine froideur impartiale et calme à l'égard de la poésie, froideur qu'on ne peut refuser (B) aux meilleurs de nos critiques, contribue à les rendre plus attentifs sur le compte des poëtes eux-mêmes. Aussi est-ce sans la moindre (C) immixtion de vues poétiques secondaires qu'ils estiment et jugent leurs amis et leurs ennemis. Je trouve (D) qu'ils sont en cela plutôt corrompus par le jardinier que par sa fleur poétique, et qu'ils ne sont guère différents (E) des chiens, qui, pour les parfums et pour la puanteur (F), ont le museau et le goût froids, mais qui font preuve d'un sens d'autant plus fin (pourvu qu'ils ne l'émoussent pas par des fleurs comme des chiens de chasse dans des prairies fleuries) pour leurs connaissances et leurs ennemis, et en général pour des personnes (par exemple des lièvres) plutôt que pour des choses. »

A) L'ironie doit toujours renverser les deux extrêmes, c'est-à-dire les signes d'une existence et les signes d'une valeur (comme le sérieux); là où elle aurait à exprimer une valeur, elle doit exprimer une existence, et *vice versâ*.

B) « Ne peut refuser », au lieu de « doit reconnaître ».

C) « La moindre »; puisque le superlatif fortifie le sérieux, il en peut aussi fortifier l'apparence.

D) Personne mieux que Swift ne sait présenter

avec calme, lenteur et respect des comparaisons basses.

E) « Ne sont guère différents ». Remarquez la négation de la négation.

F) « Puanteur »; quand le sérieux revêt une expression basse ou à l'adresse des sens, cela n'en est que mieux, et on se rapproche davantage de Swift.

Pour rendre cette même pensée ironique dans le style faux et généralement répandu, on devrait s'exprimer ainsi :

« On doit avouer et tout le monde sait * que messieurs les critiques ont un museau d'une sensibilité exquise, non pour le beau poétique (qui n'est qu'une bagatelle ridicule), mais pour tous ceux qui sont un peu en cachette leurs favoris ou leurs ennemis. Ces honorables écrivains peuvent très-bien être comparés ici au chien (en parlant toutefois avec tout le respect possible, et sans faire de comparaison), qui, etc. »

Il me répugne de prolonger davantage l'imitation de cette singerie ironique. Swift (ce *Vieux de la Montagne* de l'ironie, ce grand maître entre les anciens et les modernes, qui n'a fait entrer dans sa cheva-

---

* Ce sont là les seules formules de début ironique que je rencontre dans la littérature française ironique et dans ses copistes allemands. « Il faut avouer » a été si souvent employé ironiquement, qu'on ne peut plus guère s'en servir sérieusement.

lerie que le docteur Arbuthnot * parmi les Anglais, et qui, parmi nous, n'a fait que Liskov chevalier de la langue allemande **), Swift, dis-je, dégoûte de ces monstruosités tous ceux qui l'admirent. J'ai fait cependant un petit recueil d'idiotismes ironiques, tiré des auteurs plaisants de l'Allemagne, et des critiques allemands, par exemple de ceux de la *Nouvelle Bibliothèque allemande*, qui font des fautes au lieu d'en relever. Les substantifs sont *patron, homme honorable, monsieur* répété souvent, *ami, hôte, savantissime, sapientissime;* ensuite des diminutifs fréquents

---

* On connaît le travail commun de ces deux auteurs; comme renseignement littéraire, je ferai remarquer que la satire de Lichtenberg contre l'escamoteur Philadelphia (119) est prise, quant à ses idées principales et à quelques idées secondaires, dans la satire d'Arbuthnot contre un escamoteur, *The wonder of the wonders that ever the world wondered at.*

** Il a écrit toutes ses satires dans l'espace compris entre les années 1752 et 1756. Si l'extrême différence qu'on trouve entre la première et la dernière satire de ses quatre saisons satiriques, c'est-à-dire son progrès rapide, est incompréhensible, le silence et la retraite d'un esprit si riche ne l'est pas moins. C'est là un fait unique dans l'histoire des lettres. Et cependant la fortune nous en a fourni encore un autre, qui doit éveiller tout à la fois nos regrets et notre reconnaissance : ce jeune homme qui, dans son « *Inoculation de l'amour* », s'est élevé à la hauteur de nos plus grands poëtes comiques, a laissé s'écouler dans des années de sabbat et des vacances muettes toute la fleur de sa jeunesse où il aurait déjà pu surpasser tout le monde ; et cela, dans le seul but de surpasser, à sa maturité, les prosateurs comiques par ses « *Voyages* » (Thümmel).

employés comme signes trompeurs de l'affection *. Quant aux adjectifs **, ce sont toujours des termes très-élogieux : *habile, incomparable, dignissime, doctissime, excellent, agréable, vaillant, délicieux, confortable,* etc. Les adverbes sont : *bien, justement, hautement, tout à fait, évidemment, infailliblement, extraordinairement.* Enfin l'ironie affectionne encore les pronoms *mon, notre :* « *Mon héros.* » Les expressions théologiques, comme *pieux, édifiant, oint, onction,* et les expressions surannées, telles que *bellement, chacunement,* etc., ont la plus grande valeur comique, parce que les unes et les autres paraissent avoir un sérieux plaisant. Quand on veut aiguiser encore davantage la pointe de l'ironie, et lui faire faire un ricochet plus juste encore, on ajoute des points d'interrogation ou d'exclamation, des tirets, signes à deux tranchants dont le redoublement produit un double échec. Ces auteurs qui ne nous donnent pas

---

* J'ai déjà dit que l'amour se plaît à désigner son objet chéri par un diminutif, de sorte que c'est précisément dans les siècles les plus riches en amour qu'il y avait le plus de diminutifs.

** La fausse ironie n'a pour louer qu'un seul adjectif au superlatif ; tandis que l'ironie véritable change continuellement et qu'au lieu du plus élevé elle s'attache à ce qui est le mieux déterminé. Il est regrettable que non-seulement Voltaire (les Français en général), mais aussi Rabelais, se servent toujours de l'adjectif ironique *beau.*

le sérieux de l'apparence, mais l'apparence de l'apparence, ressemblent au muet, qui, tout en s'expliquant clairement par sa pantomime, y ajoute encore des sons désagréables et inutiles. On devrait établir une punition pour tous les cas où l'auteur interrompt le poëte, et cela non-seulement dans la poésie, mais aussi dans le roman ; c'est ainsi qu'à Nuremberg, le *Meistersænger* (120) qui, monté sur l'estrade *, interrompait son chant par de simples paroles, était puni suivant le nombre des syllabes qu'il avait prononcées. Il faudrait établir une punition semblable, quand même elle devrait exposer celui qui l'aurait instituée à payer quelquefois l'amende.

Les contrastes de l'esprit sont par conséquent dangereux pour le sérieux de l'apparence, parce qu'ils expriment trop faiblement le sérieux, et trop fortement le comique. Dans l'exemple des critiques et des chiens, que nous avons présenté plus haut, on a pu voir comment l'amertume de l'ironie augmente par sa froideur même et par son sérieux, sans que l'auteur le veuille, y mette de la haine et y prenne part en aucune façon. C'est précisément parce qu'elle est la plus sérieuse que l'ironie de Swift est aussi la plus amère ; et c'est pour la même raison qu'une certaine

---

* *Bragur*, l. III (121).

verve et une certaine abondance de langage, comme on en trouve chez Sturz, Schiller, Herder, se prêtent avec plus de peine à la froideur et au calme de l'ironie : on peut en dire autant du zigzag spirituel et dialectique et de la concision à deux tranchants de Lessing. L'ironie a au contraire beaucoup plus d'affinité élective avec la prose de Goethe : puisse l'auteur du *Faust*, avec les grandes facultés qu'il a pour un humour particulier et pour la narration froidement ironique des sottises humaines, se rapprocher de Shakespeare, son guide sur le Pégase dramatique, auquel Johnson attribue même une affection spéciale pour le comique ! Puisse-t-il ainsi nous enrichir d'autant de volumes plaisants, que des prédicateurs sérieux et célèbres auraient dû s'abstenir d'en publier !

Tout cela ouvre un abîme entre l'ironie et la *Laune*, cette dernière étant aussi lyrique et aussi subjective que la première est objective. Pour rendre cette différence encore plus sensible, je vais traduire en *Laune* les exemples d'ironie que j'ai donnés plus haut. Elle pourra s'exprimer à peu près de la manière suivante (ou autrement ; car la *Laune* a mille voies courbes ; l'ironie, comme le sérieux, n'a qu'une seule voie droite) :

« Monsieur, disais-je au monsieur avec quelque

respect (il était collaborateur de cinq journaux, et ne travaillait qu'à un seul), j'aurais bien voulu qu'il se fût écarté raisonnablement de la route de cet enragé gaillard, au lieu de se jeter dans ses pattes : car j'ai tiré sur lui, quoique ce fût peut-être un de mes meilleurs chiens, et sans cela le monde posséderait encore un des meilleurs museaux qui aient jamais flairé. Je puis jurer, Monsieur, que cet excellent Ars (c'est ainsi qu'il aimait à écrire son nom en latin) était fait pour son métier. Ce chien ne pouvait-il, je vous le demande, me suivre en sautant ici à travers le jardin fleuri, à travers les roses, les œillets, les tulipes et les giroflées ? En ce cas son museau serait resté froid à l'égard de tout, et sa queue serait restée calme. — Les chiens, disait-il souvent, ont les deux narines pour un tout autre usage. Mais si quelqu'un, désirant le mettre à l'épreuve, lui présentait autre chose, par exemple une taupe suspendue à un piége, ou un mendiant (son ennemi héréditaire) sous la porte du jardin, soit vous-même, mon ami, lorsque vous entriez, que croyez-vous que fît alors mon Ars? — Je puis, répondit le monsieur, me le figurer facilement. — Certainement, mon ami, répliquai-je, il critiquait sur place. — Il me semble, ajouta le monsieur après avoir réfléchi, que j'ai déjà entendu quelqu'un se servir d'une expression semblable à l'égard des chiens. — Eh ! mon cher, lui dis-je, c'était moi-même ; mais je parlais avec ironie. »

Dans un autre humour, par exemple dans celui de Shakespeare, la même pensée s'exprimerait tout à fait différemment. Nous revenons à l'ironie : on voit que, de même que la *Laune,* elle ne peut s'accommoder de la concision épigrammatique qui aurait dit en deux lignes : « Les critiques et les chiens n'ont pas de flair pour la senteur des roses et des fleurs, mais pour distinguer leurs amis de leurs ennemis. » La poésie ne veut pas seulement dire une chose, mais elle veut la chanter : ce qui est toujours plus long. Les longueurs de la prose de Wieland (car ses vers sont courts) viennent fréquemment d'une douce disposition humoriste ou ironique, qu'il se plaît à lui laisser au milieu du sérieux. La langue anglaise, qui conserve plus qu'aucune autre la périodologie latine, et par conséquent la langue latine elle-même, ont la meilleure construction pour l'ironie. Il en était de même de la langue allemande, quand elle se formait sur celle-là, comme au temps de Liskov. Rendons grâces au ciel de ce qu'aucun Allemand vigoureux ne prend plus pour modèle ce démembrement atomistique en points d'une période vivante, qui appartient aux Français, et ces parterres bigarrés avec des éclats de vaisselle. Ainsi l'ironie de Rabener, qui s'est rendu coupable de cette imitation, souffre, comme celle des Français, de cette dissection matérialiste, sans jouir des avantages de la langue française, de sa convenance pour l'épigramme et pour le persiflage. On devrait, comme Klotz et (quelquefois) Arbuthnot, écrire des ironies en latin, parce que cette dernière langue fournit pour les assertions ironiques un attrait indicible, au moyen des formules de concession, d'occupation, de dubitation et de transition, modestes avec vanité, des écrivains de la dernière période. Supposons qu'une personne soit aussi vaine que possible, que ce soit par exemple un auteur dramatique (dénomination qui, par elle-même, suppose déjà une double vanité), ou bien que ce soit la fille la plus riche, la plus belle et la plus lettrée d'une ville commerçante, ou que ce soit tout ce qu'on voudra, dans une position qui permette de commettre soixante fois par heure le péché de vanité, ce péché est encore commis plus souvent dans l'espace d'une heure, c'est-à-dire à chaque mot, par un recteur, un co-recteur, un sous-recteur, etc., lorsqu'ils lisent leurs discours, où il n'y a rien que du latin. Il se pourrait que chaque fleur, que chaque fleurette oratoire, ne fût qu'une branche de laurier conservée et séchée pour le purgatoire futur par l'ennemi du genre humain.

Comme l'ironie suppose qu'on est continuellement

maître de sa pensée ou qu'on l'objective, il est facile de voir qu'elle devient d'autant plus difficile que la matière est plus comique, tandis que la *Laune*, qui subjective et qui est plus lyrique, profite au contraire de l'essor que prend la matière. C'est pourquoi l'ironie est difficile surtout pour la jeunesse expansive, et elle devient toujours plus facile à mesure qu'on avance en âge; car la vie lyrique est devenue elle-même alors un passé fixe et tranquille, après avoir traversé la vie dramatique et la vie épique, le présent intérieur et le présent extérieur. C'est pourquoi des hommes de jugement sont plutôt portés à l'ironie, et des hommes d'imagination, à la *Laune*.

§ 38. — *La matière de l'ironie.*

Cette matière doit être objective : il faut que l'essence épique fasse d'elle-même un principe raisonnable en apparence; c'est elle-même qu'elle doit jouer, et non le poëte qui rit : par conséquent le sérieux de l'apparence ne doit pas seulement tomber sur le langage, mais aussi sur la chose elle-même, et l'auteur ne peut jamais donner à son objet trop de fondement et d'apparence. Swift est ici le comptoir d'emprunt pour la maison des aliénés. Mais, quant à la foule des auteurs ironiques qui se pressent autour de lui, on la voit suivre deux routes qui s'écartent l'une de l'autre. Les uns n'ont rien à offrir que des adjectifs ou quelque chose de pareil ; ils prennent le pur échange d'un non contre un oui et l'échange inverse pour de belles et bonnes plaisanteries. Les Français placent ordinairement dans la bouche de l'objet épique des expressions comme : « cet abominable progrès des lumières, — le fait détestable de penser, — l'auto-da-fé en l'honneur de Dieu et pour l'amour des hommes. » Leurs pointes contre les médecins, c'est l'éloge du fait de tuer ; celles contre les femmes, c'est l'éloge de l'infidélité. En un mot, à la place de l'absurdité poétique, ils mettent une démence objective, c'est-à-dire un manque tout prosaïque de jugement; en d'autres termes, les vues subjectives cachent chez eux les vues objectives. C'est pour cette raison que les *Lettres provinciales* de Pascal sont, à la vérité, excellentes comme analyses fines, incisives, calmes et morales du jésuitisme, mais qu'on peut leur reprocher d'être des présentations ironiquement objectives. Voltaire vaut mieux, quoique chez lui aussi le persiflage fasse souvent irruption dans l'ironie. L'ironie élogieuse, qui ne consiste que dans l'interversion des termes, comme par exemple *cet homme impie* au lieu de *ce brave homme*, etc., ne vaut guère mieux que l'éloge ironique. Swift a seul possédé au suprême degré l'art de draper et d'orner gracieusement une porte d'honneur avec des orties. Voiture en savait aussi quelque chose; il est du moins supérieur à Balzac, que les Français ont appelé longtemps un grand homme.

La seconde des fausses routes que suit l'ironie, c'est une imitation de la sottise tellement froide et prosaïque qu'elle n'en est plus que la copie; mais une ironie dont la clef ne se trouve que dans le caractère de l'auteur et non dans celui de l'ouvrage, n'a rien de poétique, comme par exemple celle de Machiavel et de Klopstock. La passion de la haine obscurcit également son ciel poétique, comme dans les lettres de Wolf à Heine. Ce ciel ne peut même souffrir l'apparition d'un enthousiasme illusoire, comme par exemple dans le discours de Thümmel à la réunion des juges.

C'est pour cette raison que l'épopée comique moderne, par exemple *la Boucle enlevée* de Pope, les chants analogues de Zachariæ, les rixes de Fielding qui veulent paraître sublimes (Smollet est au contraire le maître des coups de bâton, qu'il fait donner tranquillement et sans pompe), l'épopée comique moderne ne peut, je le crois du moins, à cause de sa surabondance de figures et de sérieux solennel, procurer qu'une jouissance inégale. Elle ne cause ni le charme serein du rire, ni l'élévation de l'humour, ni le sérieux moral de la satire. L'ironie pèche également quand elle ne montre que sa figure de folle ou quand elle présente le masque sérieux qui la couvre. Ce genre ne peut atteindre toute sa valeur que par la simplicité plastique de la *guerre des rats et des Grenouilles* ou du *Reineke Fuchs* de Goethe.

On pourrait définir le persiflage : l'allusion ironique. Horace est peut-être le premier persifleur, et Lucien le plus grand. Le persiflage naît plutôt du jugement que de la force créatrice comique; on pourrait l'appeler l'épigramme comique. La meilleure traduction qui existe d'Horace en tant que persifleur est celle de Galliani. Souvent elle ne diffère de l'original que par des circonstances de temps et parce qu'elle a moins de liberté. Cicéron a quelque droit à être rapproché de Swift par les saillies qu'on trouve dans ses discours ou que rapporte Valère Maxime, et aussi par son profil tranchant. De même qu'il y a un humour universel, on pourrait appeler l'ironie de Platon (et quelquefois celle de Galliani) une ironie universelle, planant en chantant et en jouant, non-seulement au-dessus des erreurs, mais au-dessus de toute science : car Platon ne s'élève pas seulement au-dessus des sottises humaines; et cette ironie ressemble à une flamme libre, qui consume et qui réjouit en même temps, qui est facile à agiter et qui cependant ne monte que vers le ciel.

§ 39. — *Le comique dans le drame.*

Sur le passage du Comus épique au Comus dramatique, nous rencontrons tout d'abord ce caractère distinctif, que beaucoup de poëtes épiques comiques, grands et petits, tels que Cervantès, Swift, l'Arioste, Voltaire, Steele, la Fontaine, Fielding, n'ont pu faire des comédies ou n'en ont fait que de mauvaises, tandis qu'on peut citer au contraire comme mauvais dans l'ironie de grands auteurs de comédies (par exemple Holberg dans ses dissertations en prose, et Foote dans sa pièce des *Parleurs*). Cette difficulté de passer d'un genre à un autre ou en général une difficulté quelconque suppose-t-elle une différence de mérite, ou seulement une différence de facultés et d'exercice? C'est probablement la seconde alternative qui est vraie. Homère se serait fait aussi difficilement Sophocle que Sophocle, Homère; l'histoire nous apprend qu'aucun grand poëte épique n'a été un grand poëte dramatique, et *vice versâ*. Le sérieux épique et le sérieux tragique sont plus éloignés l'un de l'autre que ne l'est chacun d'eux du comique qui lui est opposé, et qui se tient peut-être tout près derrière eux. Il en résulte du moins en général que les facultés épiques et la pratique de la poésie épique ne peuvent remplacer ni les facultés dramatiques, ni l'exercice de ces facultés, et réciproquement ; mais quelle est alors la hauteur du mur de séparation ?

D'abord l'épopée et le drame sérieux doivent être préliminairement séparés. Quoique tous deux objectivent leurs créations, celle-là s'attache surtout à l'extérieur, aux personnes, aux accidents ; le dernier, à l'intérieur, aux sentiments et aux résolutions ; celle-là, au passé ; celui-ci, au présent. L'épopée procède si lentement qu'elle fait précéder les actions par de longs monologues ; le drame fait jaillir des éclairs lyriques de parole et d'action. Les unités étroites de temps et de lieu sont aussi nuisibles à l'épopée qu'utiles à la poésie dramatique. Le drame est par conséquent plus lyrique ; car rien n'empêche de rendre lyriques tous les caractères d'une tragédie ; et, s'il en était autrement, les chœurs de Sophocle ne deviendraient-ils pas de longues dissonances dans cette harmonie ?

Mais, dans le comique, ces différences entre l'épopée et le drame présentent à leur tour des différences entre elles. Que le poëte épique sérieux s'élève aussi haut qu'il voudra : au-dessus du sublime et de l'élévation elle-même, il n'y a plus d'élévation possible; on peut seulement monter jusque-là; il faut par conséquent que le peintre trouve quelque chose à peindre qui confonde le peintre et son objet. Le poëte épique comique au contraire conduit plus loin l'opposition entre l'objet et celui qui le peint, et la valeur de la peinture augmente en raison de leur rapport d'opposition. Le poëte sérieux ressemble à l'acteur tragique dans l'intérieur duquel on ne veut pas et on ne doit pas supposer et remarquer la parodie ou la contre-partie de son rôle héroïque*; le poëte comique au contraire est

---

* La passion tragique peut en effet préexister, à l'état de disposition, dans la nature la plus noble. Ses conséquences immorales, en tant qu'élément essentiel, séparent d'une manière épique et toute particulière l'acteur de l'homme, et constituent un masque individuel meilleur que le masque corporel des anciens. L'acteur, c'est-à-dire l'acteur de génie, soit moral, soit immoral, devient la nature pure de l'art, et au plus haut degré s'approche de la satire à la manière de Juvénal. L'acteur comique au contraire doit à chaque minute renouveler et retenir le contraste entre un personnage et son jeu, quand même ils se confondraient aux yeux des autres. Aucun Fleck ne pourrait par son jeu rendre bonne une tragédie mauvaise, mais un Iffland peut très-bien corriger par son jeu une mauvaise comédie (121 *bis*). La différence qui existe entre le lecteur et le spectateur d'un drame fournit des règles particulières ou au moins quelques indications à l'acteur tragique aussi bien qu'à l'acteur comique. Pour le lecteur de la comédie, l'esprit et encore plus l'humour peuvent tenir la place de beaucoup d'action corporelle; mais, pour le spectateur, l'humour même le plus brillant, quand ce serait

comparable à l'acteur comique qui redouble le contraste subjectif au moyen du contraste objectif en l'entretenant en lui-même et dans le spectateur. Par conséquent la subjectivité (tout à fait dissemblable en cela du sérieux épique) s'élèvera précisément en raison de leur rapport d'opposition, au-dessus du niveau maritime de la poésie. Je parle du poëte épique comique; car le poëte dramatique comique (bien différent de celui qui est son interprète sur la scène) cache entièrement son moi dans le monde comique qu'il

celui de Falstaff, devient facilement trop long sur la scène, et laisse se refroidir l'auditeur; des défauts physiques au contraire, comme le bégayement, la dureté d'oreille, la répétition des particules, qui, à cause de la facilité qu'on a à les imaginer par une simple répétition, deviennent insignifiants pour le lecteur, s'enrichissent du charme de l'action corporelle, se rajeunissent, lorsqu'ils se répètent, par un voisinage nouveau et par les angles multiples de l'individualisation. Ainsi, dans les *Espiégleries de pages*, de Kotzebue, le personnage qui répète constamment : « Quand je voyageais de Stolpe à Dantzig, » produit toujours un effet comique. La lecture attend et désire également le retour ou la répétition des mêmes plaisanteries, seulement à des intervalles beaucoup plus éloignés. Quant à la tragédie, elle a, au contraire, le droit d'exposer sur la scène, au moyen des soupirs de ses discours, les souffrances secrètes du cœur; mais elle doit autant que possible cacher les cruelles blessures des poignards de l'action extérieure. Nous voulons bien imaginer les douleurs, mais nous ne voulons pas les voir, parce que ce qui est intérieur produit plus facilement de l'illusion que ce qui est extérieur.

créé; ce dernier seul doit exprimer le contraste objectif en même temps que le contraste subjectif; et, de même que, dans l'ironie, le poëte se donne l'air d'être insensé, il faut que, dans la comédie, celui qui se joue lui-même et qui joue aussi le poëte paraisse manquer de jugement. C'est précisément pour cette raison que le poëte dramatique épique est plus objectif, et que le poëte tragique devient plus lyrique. Mais quelle hauteur, quelle fermeté et quelle beauté sont nécessaires au poëte comique, pour qu'il puisse exprimer son idéal en l'alliant d'une manière régulière à des grimaces de singe et à un langage de perroquet, et pour continuer, semblable à la grande nature, l'image de Dieu à travers le règne animal des sots! Le poëte doit savoir écrire sa propre écriture à rebours, afin qu'elle devienne lisible par un second renversement dans le miroir de l'art. Cette union hypostatique de deux natures, l'une divine et l'autre humaine, est si difficile que le plus souvent, au lieu de l'union ou de l'alliance même, résulte un mélange et par conséquent un anéantissement des deux natures. Or, puisqu'il n'y a que les sots qui puissent exprimer et réunir à la fois le contraste subjectif et le contraste objectif *, on ne peut expliquer cet anéantissement

---

* Aucun sot n'est par conséquent aussi sot dans la réalité que

que par trois espèces de fautes : ou bien le contraste objectif est exagéré, et c'est ce qu'on appelle vulgarité ; ou bien c'est le contraste subjectif, ce qui est démence ou contradiction ; ou bien ils le sont l'un et l'autre, ce qui produit une comédie de Kruger, ou une comédie allemande ordinaire*. Il y a encore cette quatrième faute qui consiste à laisser tomber le caractère comique dans le caractère lyrique, à lui faire faire des saillies au lieu d'en provoquer, à le rendre ridicule (lui ou d'autres) au lieu de le laisser devenir ridicule. Congrève et Kotzebue ont souvent trop d'esprit, comme je l'ai déjà dit, pour ne pas tomber dans ce défaut.

Cette difficulté du double contraste conduit souvent ces mêmes auteurs, qui dans les autres genres sont imitateurs de la pruderie française, à produire des comédies de bas étage, par exemple Gellert, Wetzel, Antoine Wall, etc. On a remarqué que les jeunes gens produisent plus facilement une bonne tragédie qu'une bonne comédie : cette observation est juste, et cette

---

dans la comédie ; dans la réalité le contraste subjectif se trouve en dehors de l'objet.

* Il est malheureux pour Kotzebue qu'il ait trop d'esprit et trop de tendances secondaires non poétiques. Sans cela il nous donnerait des comédies bien meilleures que celles qu'il a le mieux réussies. Dans l'*Almanach dramatique*, la brièveté même du chemin le retient quelquefois dans le droit chemin.

autre remarque, que tous les peuples qui ont eu une jeunesse ont commencé par la comédie, ne la contredit pas : car la comédie, qui n'était d'abord qu'une imitation mimiquement corporelle, devint ensuite une reproduction mimiquement spirituelle, jusqu'à ce qu'elle fût devenue, mais tard seulement, une imitation poétique. Ce n'est pas le manque de connaissance des hommes propre à la jeunesse (car le génie dès sa première fleur possède cette connaissance), ni le manque plus important encore de connaissance des mœurs, qui ferme au jeune homme le théâtre comique, c'est une privation d'un ordre beaucoup plus élevé, le manque de liberté. Fortunatus obtint d'abord la bourse inépuisable, et plus tard seulement ce chapeau enchanté, ou de liberté, qui le transportait suivant ses souhaits sur la terre à travers les airs. Ce n'est ni une tempête, ni un miroir ardent*, mais une longue sérénité du soleil, qui fait mûrir les comédies de Shakespeare ; et cette fonction de censeur, comme

---

* C'est pour cela que des auteurs qui, dans le sérieux lyrique, sont nobles jusqu'au sublime, deviennent dégoûtants et grossiers quand ils plaisantent ; car ils continuent alors à attiser leur feu. C'est là ce qui arrive quand par exemple Schiller dit de Nicolaï et des verges de la satire, que celles-ci étaient maniées par des mains faites pour tenir plutôt le fouet ordinaire. On peut dire dans le même sens que le sublime Herder a quelquefois oublié sa propre élévation.

celle du censeur romain, ne peut être obtenue avant l'âge viril.

§ 40. — *Le Hanswurst ou Arlequin.*

Pour me transporter du Comus dramatique au Comus lyrique, je ne trouve pas de meilleur souffle et de meilleur vent intermédiaire que le Hanswurst. Il est le chœur de la comédie. De même que, dans la tragédie, le chœur anticipait le rôle du spectateur, et qu'il se tenait, dans son élévation lyrique, au-dessus des personnages, sans être un personnage lui-même ; de même l'Arlequin, sans avoir un caractère à lui, doit être pour ainsi dire le représentant des facultés comiques, et jouer également tout, avec désintéressement et sans passion : il doit être comme le véritable dieu du rire, l'humour personnifié. Par conséquent si nous avons quelque jour la meilleure des comédies, l'auteur bénira, dans la plus belle journée de sa création, le règne animal comique qu'il aura créé, et il y créera l'Arlequin comme un Adam réfléchi.

Ce qui a interdit à cet excellent représentant du chœur ses entrées sur la scène, ce n'est pas la bassesse de son comique (car cette bassesse se trouvait seulement dans certains rôles détachés des autres personnages, et surtout dans l'appartement de la valetaille, où nos auteurs vont cacher leur ignorance du Comus des maîtres), mais c'est la difficulté de cet humour*, qui devait devenir plus grande encore en raison des exigences du temps ; et, en second lieu, c'est la naissance et l'éducation ignobles d'Arlequin. Il était déjà avili chez les Romains grossiers sous sa forme d'esclave tondu, comme il l'est encore dans la plèbe. Simple parasite**, il eut à souffrir plus de plaisanteries qu'il n'en débitait pour se nourrir. Il devint ensuite un bouffon de table analogue qui était le point de mire plutôt que le tireur, passivement plutôt qu'activement comique : seulement, dans les cours, il lui était permis, en tant que renversement et coadjuteur hebdomadaire de l'aumônier, de prêcher sous les mêmes priviléges et sur les mêmes textes, mais dans un habit de différentes couleurs. Cet espèce d'égarement de l'humanité ne pouvait être agréable qu'aux Romains, qui présentaient sur la scène de véritables guerres et de véritables tortures ; mais pour d'autres

---

* Dans les véritables comédies de Shakespeare, les bouffons ou clowns ont plus d'esprit que de *Laune*; mais, dans ses pièces sérieuses, l'humour des rôles secondaires qui sont comiques s'élève jusqu'à la *Laune*.

** D'après les conjectures de Lessing, le parasite des anciens est le même personnage que l'Arlequin.

l'émotion pénible qu'on éprouvait à son aspect l'emportait sur la joie que causait son esprit comique; de sorte qu'on préféra pousser hors des coulisses cet objet de compassion encore plus que de gaieté. Mais est-ce qu'Arlequin, précisément pour cette raison, ne pourrait pas redevenir admissible à la table et à la scène, en reprenant quelque noblesse morale ; je veux dire à la condition de rester ce qu'il est pour le rire, mais de devenir ce qu'a été un jour dans le sérieux toute une secte moqueuse de Pasquins, c'est-à-dire libre, désintéressé, féroce, cynique? En un mot, que Diogène de Sinope revienne en qualité de Hanswurst, et nous le conserverons tous.

Mais, pour que cette révocation de l'édit de Nantes ne chasse pas sur les bords de la Pleisse (122), dont les eaux ont autrefois entraîné le Hanswurst, les esprits trop délicats, il faut que ce personnage abandonne à tout prix les noms culinaires de Hanswurst, de Pickelhæring (hareng-saur), de Kasperl (diminutif de Gaspard), de Lipperl (diminutif de Léopold). Scapin ou Truffaldino sont déjà des noms préférables. Il risquerait même de nous paraître plutôt un homme rangé, de poids et simplement enjoué, s'il prenait un nom étranger quelconque, par exemple un nom espagnol, comme Cosme ou Graziozo; car ces noms ne sont pas connus. Mais un Allemand doit préférer que l'on conserve un nom allemand à ce bon bouffon de cour ou courtisan, nom qu'il a déjà réellement; il doit désirer qu'on ne l'appelle pas autrement que conseiller (avec ennoblissement de l'expression et en lui ôtant la qualification de plaisant), surtout parce que les autres conseillers ont tous déjà des qualifications; par exemple : conseillers de chambre, de cour, d'ambassade, etc. A Leipsick même, on devrait souffrir un Hanswurst sous le nom de conseiller.

§ 41. — *Le comique lyrique, ou la « Laune »,* *et le burlesque.*

Tandis que dans l'épopée comique le poëte jouait le fou, et que, dans le drame, le fou se jouait lui-même et le poëte, mais avec prépondérance du contraste objectif, dans la poésie lyrique le poëte doit se jouer lui-même et jouer le fou, c'est-à-dire qu'il doit, dans un même moment de folie, rire et faire rire tout à la fois, mais avec prépondérance des qualités sensibles et en même temps du contraste subjectif. Quand l'humour, cet esprit comique universel, se présente comme esprit du foyer domestique ou de la forêt, comme l'hamadryade d'un buisson épineux, je veux dire comme *Laune*, il paraît rapetissé et emprisonné. De même que l'ironie se proportionne au persiflage, l'*humour* se proportionne à la *Laune*. Celui-là a un point de comparaison plus élevé, celle-ci en a un plus bas. Le poëte devient lui-même jusqu'à un certain point ce dont il rit, et, dans ce lyrisme, la subjectivité objective du *Pan* de Schelling reparaît sous le nom de burlesque. Le poëte burlesque décrit ce qui est bas ou vulgaire, et l'est lui-même en même temps. C'est une scène à moitié belle ; mais c'est précisément la moitié purement animale qui s'élève au-dessus de la surface de la mer ; c'est même souvent un poëme pastoral aboyé par un chien de berger.

Je range encore dans cette catégorie tout travestissement, malgré l'apparence de la forme épique, qui au fond n'existe jamais là où le poëte éprouve d'abord lui-même l'émotion de son lecteur ou de son objet. Je veux parler de cette contre-partie de l'ironie qui cache son rire autant que celle-ci découvre le sien. Mais alors comment le bas comique peut-il être représenté sans bassesse ? Je réponds que c'est par le moyen des vers. L'auteur de ce livre a été quelque temps sans comprendre pourquoi la prose comique de la plupart des auteurs lui répugnait comme trop basse ou trop subjective, tandis qu'il goûtait le Comus plus bas encore des petits vers de circonstance. De même que le cothurne du mètre fait monter l'homme, la parole et le spectateur dans un monde de liberté plus élevé, de même le brodequin de la versification comique permet poétiquement à l'auteur, comme une liberté de carnaval, un abaissement lyrique, qui, exprimé en prose, serait pénible à rencontrer dans un homme.

Cette disposition, qu'on rencontre dans les travestissements et au dix-septième siècle, quand la poésie burlesque était florissante à Paris, se rend plus comique elle-même que son objet, tandis que l'ironie fait précisément le contraire; et sa joyeuse irruption est bien exprimée par les mots: *se jouer de quelque chose*. Dans quelques ouvrages récents, par exemple dans les *Burlesques* de Bode, mais surtout dans *Hérode devant Bethléem* par Auguste Mahlmann, on voit briller, au milieu de cette application basse de la poésie, une lumière plus élevée, le sentiment de l'universel, tandis que les œuvres plus anciennes de Blumauer et d'autres ne sont que des terrains profondément marécageux, pleins de limon, mais à la vérité pleins de sel en même temps.

La même raison pour laquelle il est nécessaire que le burlesque soit mis en vers exige aussi, dès qu'il revêt la forme dramatique (qui du reste ne lui convient guère), qu'il soit joué par des marionnettes plutôt que par des hommes. Un délire lyrique qui, par exemple dans les *Burlesques* de Bode, passe légèrement et seulement comme objet devant l'imagination, nous tourmente dès qu'il se présente sous la forme palpable d'un être vivant, comme une apparition qui n'a rien de naturel. Les marionnettes, au contraire, sont pour le spectacle le plus bas ce qu'était pour le spectacle le plus sublime le masque des anciens; et, de même qu'ici la forme individuelle vivante est trop petite pour une imagination remplie d'images divines, là elle est trop grande pour l'imagination qui anéantit tout.

La poésie comique et de bas comique a ceci de particulier, qu'elle se sert surtout de deux espèces de mots et de phrases, d'abord des termes étrangers, et ensuite des termes les plus généraux. Pourquoi est-ce au moyen de ce qui est étranger que nous produisons le plus fortement l'effet comique, de même que nous devenons nous-mêmes ridicules, surtout comme membres honoraires et comme enfants adoptifs de toutes les nations et principalement de la nation française (123)? Un mot latin sérieux devient ridicule pour nous dès que nous y ajoutons une simple flexion allemande; des mots français prennent toujours, lorsqu'ils reçoivent une terminaison allemande, un caractère de mépris, en partie à cause de la haine populaire* contre l'ancien

---

* Les Français et les Anglais ne manquent pas, pour avoir

système princier représentatif où les princes allemands n'étaient plus que les vice-rois et les *missi regii* de Louis XIV, en partie parce que la confusion des langues faite alors par les cours et les savants (par exemple *flattieren, charmieren, passieren*) se répandit dans le peuple, et se conserve encore chez lui comme une source où nous pouvons puiser des locutions vulgaires. Les mots latins sont estimés et élevés, et par conséquent ils se prêtent très-bien au burlesque par le contraste. Les mots grecs sont admissibles à la table des grands, même dans l'épopée; il en est de même des mots latins, pourvu qu'ils ne subissent pas d'inflexion allemande.

La source la plus riche et la plus brillante de locutions comiques, dont Wieland a arrosé avec tant de bonheur ses plantations comiques, c'est le trésor de nos locutions générales vulgaires. Des phrases qui enveloppent dans le général ce qu'il y a de plus vulgaire et qui, par conséquent, n'expriment jamais le comique d'une manière trop sensible, phrases dont l'allemand est si riche, ont infiniment plus de valeur que tous ces mots comiques du bas allemand qui s'adressent aux sens, et que Mylius et d'autres voudraient

cette source de comique, d'une haine réciproque : mais leurs langues ont trop de ressemblances et elles manquent de flexions. Ils ne font échange que de leurs mètres héroïques et burlesques.

faire passer pour humoristes; car on pourrait avec autant de raison présenter des expressions mordantes, tant élégiaques que tragiques; et d'ailleurs l'humour et même la *Laune* burlesque ont horreur de l'étalage intempestif du comique.

Je ne jetterai jamais le moindre coup d'œil sur un livre dont le titre porte : « A mourir de rire, — Pour se désopiler la rate, etc. » Plus les mots *plaisant*, *comique*, *humoriste*, se trouvent souvent dans un ouvrage comique, moins celui-ci l'est réellement. C'est ainsi qu'un ouvrage sérieux, en répétant fréquemment des expressions telles que : « Sort touchant, — merveilleux, — inouï, » nous annonce seulement l'effet sans le produire.

CHAPITRE IX.

De l'esprit.

---

§ 42. — *Ses définitions.*

Chacun peut dire sans vanité qu'il a du jugement, de la raison, de l'imagination, de la sensibilité, du goût, mais non qu'il a de l'esprit; de même qu'on peut se vanter de la force, de la santé, de la souplesse du corps, mais non de la beauté. Les raisons sont les mêmes, car, par eux-mêmes, l'esprit et la beauté sont toujours, quel que soit leur degré, des qualités; mais la raison, l'imagination, la force corporelle, etc., désignent seulement un possesseur de facultés à un degré au-dessus du vulgaire. En second lieu, l'esprit et la beauté sont des facultés et des supériorités sociales; car de quelle utilité pourrait être l'esprit à un anachorête, ou la beauté à une solitaire? et on ne peut, en messager de soi-même, rapporter ses propres victoires dans l'art de plaire sans s'exposer à être battu en route.

Qu'est-ce donc que l'esprit? Ce n'est pas du moins une faculté qui puisse venir à bout de se décrire elle-même. Il y a beaucoup à dire contre cette ancienne définition qui la présente comme la faculté de trouver des ressemblances éloignées. Le terme *éloigné* est ici aussi vague que le terme *ressemblance* est faux; car une *ressemblance éloignée* n'est, pour quitter le style figuré, qu'une *ressemblance dissemblable*, c'est-à-dire une contradiction. Si cette expression veut désigner une similitude faible ou seulement apparente, elle est mal choisie; car la ressemblance, prise absolument, est toujours une véritable égalité limitée seulement à un nombre plus ou moins grand de parties; mais l'égalité ne comporte par elle-même ni degré ni apparence[*]. On peut faire les mêmes remarques, mais en les renversant, à l'égard de la dissemblance.

Mais si la ressemblance faible ou éloignée veut seulement indiquer une égalité partielle, nous dirons que cette dernière existe également à l'égard des autres facultés et de leurs produits; car toute autre comparaison ne présente qu'une égalité partielle: si elle était

---

[*] *Palingenesien*, II, 297 (II, 433).

complète, il y aurait identité. Il y a de plus une espèce d'esprit (sans parler du jeu de mots) que j'appellerai tout à l'heure, par analogie avec le cercle logique, le *cercle* spirituel qui rentre en lui-même et dont l'égalité est égale à elle-même. Les cercles de la logique et de l'esprit sont souvent, par les philosophes contemporains de l'école de l'identité (et l'expression dont je viens de me servir me range moi-même dans cette catégorie) (124), décrits et employés d'une manière concentrique*. Quand l'Anthologie, introduisant une différence dans le sujet lui-même, dit : *Oindre l'onguent*, ou quand Lessing dit : « Épicer les épices, » il y a là un trait d'esprit, mais sans ressemblance éloignée ; car c'est au contraire l'identique qui est rendu dissemblable. On peut en dire autant par exemple du trait d'esprit qui revient sur lui-même, si usité en France ; par exemple : « Le plaisir de prendre ou de donner du plaisir ; l'amie de son amie, etc. » L'éloignement n'existe pas non plus dans les jeux de mots ; par exemple : « Un échange de lettres avec des lettres de change. » La seconde partie de la définition voudrait exclure entièrement de la sagacité, qui trouve des dissemblances, l'esprit qui découvre les similitudes ; mais non-seulement les comparaisons de l'esprit rappro-

---

* V. *Flegeljahre*, I, 141 ; III, 26 (125).

chent souvent des dissemblances (quand on dit par exemple : « Agésilas habitait les temples pour faire connaître sa manière de vivre ; l'hypocrite les habite pour cacher la sienne ; » ou : « L'art de se taire est classé parmi les arts de la parole, » ou, en général, les antithèses) ; mais ce sont précisément les comparaisons faites par la sagacité qui découvrent le plus de similitudes, et une bonne preuve de sa ressemblance avec l'esprit en fournirait un exemple. Une sagacité comme celle d'un Sénèque, d'un Bayle, d'un Lessing, d'un Bacon, frappe tout à fait, comme l'éclair de l'esprit, par la rapidité de sa manifestation. Il est assez difficile de décider si l'antithèse continue qui, dans la prose philosophique de Reinhold et de Schiller, produit souvent un parallélisme psalmodique (126), appartient à l'esprit ou à la sagacité, ou si ce n'est pas plutôt à l'un et à l'autre en même temps.

§ 43. — *Esprit, sagacité, profondeur.*

Avant de définir spécialement l'esprit dans un sens particulier, l'esprit esthétique, nous avons à examiner l'esprit dans le sens le plus large, c'est-à-dire la faculté de comparer en général. Au degré le plus bas d'où l'homme part, il y a une première et une très-facile comparaison de deux conceptions, dont les objets sont ou des sensations ou d'autres conceptions, ou un mélange des unes et des autres ; il y a déjà là de l'esprit, mais seulement dans le sens le plus large. La troisième conception, qui expose le rapport des deux premières, n'en est pas seulement le résultat ; car elle n'en serait alors qu'une partie, un membre, et non le résultat ; mais elle est la naissance merveilleuse de notre moi créateur, créé aussi bien librement (car nous avons fait acte de volonté et d'effort) que par nécessité (car sans cela le créateur aurait vu la créature avant de l'avoir faite, ou, ce qui est ici la même chose, avant de l'avoir vue). Pour que le feu embrase le bois placé à côté de lui, il doit faire ce même saut, impossible pour les jambes d'un singe, que font les étincelles qui partent d'une peau de chat jusqu'aux étincelles d'une nuée d'orage. C'est par conséquent l'esprit seul qui invente, et qui invente sans intermédiaire ; et Schlegel l'appelle avec raison une « génialité fragmentaire ». C'est pourquoi le mot *Witz* est dérivé de *wissen*, en tant qu'il est la faculté de savoir ; de là le mot *witzigen* (apprendre à quelqu'un la circonspection à ses dépens) ; c'est pourquoi encore le mot « esprit » signifiait autrefois le génie tout entier ; c'est enfin de là que se sont formées, dans la plupart des langues, les diverses dénominations subjectives comme *Geist*, *esprit*, *spirit*, *ingenuosus*. Mais la sagacité et la profondeur comparent tout aussi bien que l'esprit, quoique avec un effort plus élevé : la première, pour découvrir la dissemblance ; la seconde, pour établir l'identité. Et ici se rencontre partout et de la même manière cet enfant merveilleux, l'esprit sacré, cette troisième conception qui, comme une troisième personne, naît du rapport de deux autres conceptions.

Mais, quant aux objets, il y a une triple différence ; l'esprit, en ne le prenant que dans son sens le plus étroit, découvre un rapport de ressemblance, c'est-à-dire une identité partielle cachée sous une dissemblance plus grande. La sagacité découvre le rapport de dissemblance, c'est-à-dire de la non-identité partielle, caché sous une ressemblance plus grande. La profondeur trouve, sous toutes les apparences, une identité absolue (une non-identité totale est une contradiction, et par conséquent inconcevable). La surprise, qu'on considère ailleurs comme un signe et un résultat de l'esprit, sert peu à distinguer son activité de celle d'autres facultés, telles que la sagacité, la profondeur, l'imagination, etc., etc.; chacune de ces facultés surprend par son exercice ; seulement il est vrai que l'esprit surprend par le sien plus fortement encore, parce que ses nains ailés et bigarrés sautent aux yeux avec plus de facilité et de rapidité. Mais est-ce que l'esprit, quand il est lu deux fois, perd sa valeur en perdant le pouvoir de surprendre?

Tout cela ne fournit pas encore une définition précise. L'esprit, dans le sens le plus étroit, présente surtout les rapports de ressemblance qui existent entre des grandeurs incommensurables, c'est-à-dire les ressemblances entre le monde matériel et le monde spirituel (par exemple entre le soleil et la vérité); en d'autres termes, l'identité entre lui et le monde extérieur, en un mot, entre deux intuitions. C'est un instinct naturel qui nous fait découvrir ces ressemblances*, et c'est pour cela qu'elles se présentent d'une manière plus claire, continue et simultanée. L'esprit saisit intuitivement ses rapports; la sagacité, au contraire, qui trouve et distingue de nouveaux rapports entre les rapports déjà découverts de grandeurs commensurables et semblables, fait passer à travers une longue série de notions cette lumière, qui, dans l'esprit, jaillit spontanément du nuage. Ici le lecteur doit se donner lui-même la même peine que s'est donnée l'auteur; l'esprit au contraire l'en dispense.

* On trouvera dans les paragraphes qui suivent des déterminations plus précises.

La sagacité, comme second degré de l'esprit, doit par conséquent distinguer et diviser de nouveau des similitudes établies.

C'est alors que la troisième faculté prend son essor, ou plutôt c'est toujours la même faculté qui se montre tout à fait à l'horizon : la profondeur. Cette faculté, qui s'allie à la raison, comme l'esprit s'allie à l'imagination, tend à introduire l'égalité et l'unité dans tout ce que l'esprit a intuitivement combiné, et que la sagacité a divisé par l'entendement. Cependant la profondeur est une qualité de tout l'esprit humain plus encore qu'une de ses facultés particulières ; elle en est tout ce côté qui est tourné vers l'invisible, et vers ce qu'il y a de plus élevé (127). Car elle ne peut jamais cesser d'identifier ; il faut au contraire qu'après avoir aboli toutes les différences les unes après les autres, elle arrive enfin (de même que l'esprit avait besoin d'objets à comparer, et que la sagacité (128) avait besoin de comparaisons pour les comparer elles-mêmes), comme un esprit divin et plus élevé, jusque près du dernier être des êtres, et là elle se perd dans l'existence la plus haute, comme la sagacité se perd dans la science la plus élevée.

§ 44. — *L'esprit non figuré*

L'esprit esthétique, ou l'esprit dans le sens le plus étroit, ce prêtre en costume qui marie tous les couples, se sert de différentes formules de bénédiction. La plus vieille et la plus pure, c'est celle de l'esprit non figuré, qui se fonde sur l'entendement. Quand Butler compare l'aurore à une écrevisse cuite (129), ou quand je dis : « Les femmes et les éléphants ont peur des souris, » la comparaison ne repose pas sur une ressemblance figurée, mais sur une ressemblance réelle; seulement de tels rapports ne se rangent pas, comme ceux de l'esprit économique, les uns après les autres, à titre de prémisses et de conclusions; mais ils restent, comme des statues, dans l'isolement et dans l'inaction. A cette catégorie appartiennent les traits d'esprit spartiates et attiques, comme aussi par exemple les traits suivants de Caton : « Il vaut mieux pour un jeune homme rougir que pâlir; » — ou « des soldats qui agitent les mains pendant la marche et les jambes dans le combat, et qui ronflent plus haut qu'ils ne crient*; » ou le trait de cette mère

---

* Il veut parler des cris de guerre.

spartiate : « Reviens avec ou sur ton bouclier! » D'où naît alors le plaisir que nous fait éprouver cette augmentation de lumière? Ce n'est pas du simple rapprochement des objets, comme dans l'exemple des femmes et des éléphants que nous avons présenté tout à l'heure; car ils se trouvent souvent, pour d'autres raisons, rapprochés dans l'histoire naturelle. Il ne naît pas non plus du prédicat commun de la peur des souris, qu'éprouvent deux êtres différents; car, dans un article d'histoire naturelle traitant des souris, ces deux êtres qui les craignent pourraient être mentionnés dans un large espace, et cependant on ne verrait là rien de spirituel. Il arrive souvent dans un dictionnaire que deux idées hétérogènes se trouvent réunies sous l'enseigne d'un seul mot : dira-t-on pour cela qu'Adelung le lexicographe est bourré d'esprit? On dira au contraire que l'apparence esthétique, fondée sur un point de comparaison qui pourtant n'a rien de figuré, provient seulement de la rapidité d'escamotage et de jeu de mots propre à la langue, qui introduit l'égalité là où il n'y a que des moitiés, des tiers et des quarts de ressemblance, parce qu'on a trouvé un même prédicat pour l'un et l'autre objet. Cette égalité de langage produite par le prédicat met bientôt l'espèce à la place du genre, le tout à la place de la partie, la cause à la place de l'effet, et réciproquement : cela produit l'apparence de clarté esthétique d'un nouveau rapport, tandis que l'ancien rapport est conservé en nous par le sentiment du vrai ; et c'est cette discordance entre deux apparences qui entretient ce doux chatouillement de l'entendement éveillé, qui, dans le comique, devient même un sentiment ; c'est là aussi le principe de l'affinité qui existe entre le comique et l'esprit (130). « J'aiguisais l'oreille et la plume, » dit par exemple un auteur ; on trouve ici la même expression pour deux actions d'aiguiser tout à fait différentes ; car il arrive assez souvent que l'oreille et la plume se trouvent réunies sans que l'esprit y ait part. Quand un Français dit : « Beaucoup de filles, mais peu de femmes ont des hommes, » cette antithèse n'est produite que par le mot *ont*, qui, en tant que prédicat du genre et de l'espèce, est attribué en même temps à l'un et à l'autre dans un rapport inverse.

Voltaire, dans sa correspondance avec le roi de Prusse, ne peut quitter l'idée que celui-ci livrait au monde des vers et des batailles en même temps..... (Je fournis ici moi-même un exemple en en citant un, mais je ne le fais remarquer qu'à cause de l'ordre des paroles ; car le fait de livrer des vers est placé le premier, parce qu'il est le moins commun ; et, une fois qu'il est accepté par l'auditeur, il est plus facile de mettre à la suite le fait plus ordinaire de livrer des batailles; si j'avais employé l'ordre contraire, l'auditeur aurait cru, et avec raison, que j'avais réuni avec peine et avec effort la seconde livraison à la première.....) Si Voltaire s'était borné à appeler Frédéric II un guerrier et un poëte, il n'aurait pas dit grand'chose; mais on dirait moins encore si on s'exprimait de la sorte : « Vous avez composé pendant la guerre de Sept ans plusieurs poésies en langue française. » — « Il fait la guerre et il écrit, » vaudrait déjà mieux; mais d'un autre côté cela serait moins juste; car le terme « il écrit », étant plus déterminé que l'expression « il fait la guerre, » est moins compréhensif. « Il instruit ceux qu'il combat, » est encore préférable : car dans la conception du combat il y a aussi des villes, des chevaux, des champs de blé, etc.; dans « instruit », il n'y a que des âmes; là il y a un tout, ici une partie, et tous deux sont identifiés. — On pourrait multiplier ces tours jusqu'à l'infini, surtout si l'on veut aller jusqu'au fait de compter des syllabes et des soldats, jusqu'à faire sauter le cavalier, comme un écuyer anglais, de Bucéphale sur Pégase. Ici la brièveté, l'illusion et la discordance sont augmentées; au lieu de deux touts relativement peu différents, l'art de la guerre et l'art de la poésie, qui se réunissent dans la notion générale de force ou d'imagination, on prend des parties de leurs parties (syllabes et soldats); on prend leurs dissemblances les plus dissemblables, en tant qu'elles représentent et signifient les touts, pour identifier ces dissemblances et leurs touts sous un même prédicat (dans une même mesure) destiné seulement aux parties, et qui est accepté tout à la fois géométriquement, arithmétiquement et acoustiquement. Comme l'entendement arrive à embrasser de la manière la plus facile et en même temps la plus rapide une pareille série de rapports, et qu'il a devant lui la perspective obscure d'une autre série véritable, l'esprit ne pourrait-il pas, avec son jeu si facile et si multiple, être appelé le jugement intuitif ou esthétique, de même qu'on appelle le sublime l'intuition de l'idée de la raison, et le comique l'intuition du manque de jugement? Je ne demanderais pas si cela est possible, si cela ne devait être. On pourrait encore appeler l'esprit la sagacité sensible, et par conséquent la sagacité, l'esprit abstrait.

§ 45. — *De la concision du langage.*

Avant de suivre le développement de l'esprit non figuré jusqu'à l'esprit figuré, il faut que nous jetions quelques regards sur la concision du langage. La concision, c'est-à-dire la diminution du nombre des signes, nous affecte agréablement, non parce qu'elle fait penser davantage; car, puisque l'on pense toujours, le nombre des pensées est toujours le même : la répétition de la même idée fait toujours nombre, et chaque signe superflu en éveille toujours une; mais c'est par l'amélioration de ces pensées. Cette amélioration se produit de deux manières : la première est de nous présenter d'abord, au lieu de la pensée grammaticale et vide de sens, la pensée la plus importante *; de nous baigner d'un torrent de pluie au lieu de nous arroser d'une pluie légère. La seconde manière est de rassembler, pour les unir sous des rayons d'une clarté plus vive, les points de comparaison et les objets, à force de faire abstraction de tous les accessoires dissemblables qui affaiblissent et masquent la comparaison. Toute dissemblance éveille l'activité de l'esprit : dans les sentiers unis d'un jardin, on marche avec nonchalance; dans un chemin accidenté, il faut faire des sauts. Dans sa paresse qui approche de la somnolence, le lecteur croit toujours avoir saisi la conclusion dès les prémisses, et pouvoir par consé-

---

* Par exemple cette inscription sur la statue d'un roi français paresseux : « Statua statuæ; » ou ce mot sur un parterre vide : « Il est le double de l'autre. »

quent employer agréablement à se délasser le temps qu'il lui aurait fallu pour lire cette conclusion ; mais il est pris comme d'un saisissement, qui d'ailleurs augmente ses forces, lorsqu'il découvre qu'il n'a rien deviné et qu'il lui faut, de virgule en virgule, reprendre le fil de ses pensées.

La concision est le corps et l'âme de l'esprit ; elle est l'esprit lui-même ; elle seule peut isoler assez pour produire des contrastes ; car des pléonasmes ne présentent point des différences. C'est pourquoi ce poëme qui n'est composé que pour mettre l'esprit en relief, je veux parler de l'épigramme, a tout à la fois aussi peu de lignes et aussi peu de paroles qu'il est possible d'en avoir. Tacite et les habitants de Sparte, de même que la plupart des dictons populaires, ne sont devenus spirituels que par suite de leur *lex minimi* et de leur concision perpétuelle. Il en est de même de Caton, de Hamann, de Gibbon, de Bacon, de Lessing, de Rousseau, de Sénèque. Il y a dans l'esprit peu de pléonasmes quant aux signes, bien qu'il puisse y en avoir quant aux pensées, par exemple dans Sénèque ; et c'est précisément pour cette raison que les Anglais soulignent les mots, pour faire apercevoir leur affinité à l'œil intérieur au moyen de l'œil extérieur. Par exemple : « Le génie et la science vont en s'affaiblissant, dit Young ; nos jours à leur déclin deviennent *sombres* et *froids*. » L'obscurité et le froid, s'ils n'étaient ici soulignés, se seraient pénétrés l'un l'autre dans l'imagination aussi facilement que dans la nuit. Les Français doivent la précision de leur langage à leur esprit non figuré ou esprit de réflexion, et ils doivent cet esprit à leur langage. Combien d'avantages spirituels leur donne à cet égard leur seule particule *en!* La prose anglaise et la prose allemande, qui n'ont pas encore, comme la prose française, brisé et décomposé en anneaux la chaîne des périodes classiques, se servent moins d'anneaux que de chaînes* pour former leurs combinaisons. Quand un empereur romain, pour railler un étranger de la ressemblance de figure qu'il a avec lui, lui demande si sa mère est souvent venue à Rome, et que celui-ci lui répond : « Non, mais mon père y est souvent venu; » l'étincelle d'esprit qui brille dans cette réponse, résulte moins du choc de ressemblances très-éloignées, que du choc de choses très-rapprochées; il suffirait de les présenter dans leur réalité claire pour que le trait d'esprit fût complétement dissous. Mais où se trouve alors ce dernier? C'est dans la concision même : on parcourt, dans quelques paroles

---

* C'est-à-dire moins d'antithèses que de séries de ressemblances figurées, comme cela se verra plus loin, quand il sera question de l'esprit figuré.

qui vous saisissent, la première série de pensées éveillées par la question, et la série subitement renversée par la réponse. Si je disais à cette occasion, moins pour faire une plaisanterie que pour donner un exemple : « Dans l'ancienne Rome c'étaient les temples qui conservaient les bibliothèques, mais aujourd'hui ce sont les bibliothèques qui conservent les temples *, » je forcerais l'entendement en peu de temps et avec peu de paroles à renverser rapidement et à parcourir deux fois une même série de pensées.

C'est quand la prose se met au service de la philosophie pure que triomphe la concision française. Pour cette espèce de connaissance, qui ne demande que des rapports, et non des formes vivantes (comme l'imagination), il ne peut y avoir de concision trop concise **. La plupart des philosophes allemands et des philosophes anglais devraient se traduire eux-mêmes en français (132);

---

* Car notre service divin a lieu le plus souvent dans les livres.

** Il faut faire une exception pour celle de Hamann dont les virgules sont quelquefois autant de systèmes planétaires, et les périodes, autant de systèmes solaires; chacun de ses mots (comme ceux des langues naissantes, d'après Herder) (131) est une phrase entière. Souvent la précision est plus commode pour l'auteur que pour le lecteur : le premier réussit à exprimer sa pensée principale à force de retrancher toutes les pensées secondaires; le lecteur doit au contraire suppléer ces pensées pour comprendre la précision de la pensée principale.

c'est ainsi que la précision du style de Fichte prouve qu'il a pris celle de Rousseau pour modèle. L'antithèse, par exemple, en tant qu'elle produit une abréviation, est à la vérité peu favorable à l'invention poétique ; mais elle l'est d'autant plus à la production philosophique, et c'est un avantage qui se fait sentir dans Lessing et dans Rousseau. Kant, et ses disciples encore plus, deviennent obscurs par leurs répétitions, de même qu'un corps transparent devient opaque à force de se répéter lui-même. Il y a beaucoup d'Allemands qui ne peuvent dire un mot sans y ajouter quelques résonnances et ensuite quelques échos, de sorte que les sons de leur voix deviennent confus et multiples, comme les paroles d'un prédicateur dans une église mal construite au point de vue de l'acoustique. Ils montrent une précision rare quand ils disent : « Un tel reçu à Saint-Cosme, oculiste pour les yeux. » C'est bien avec une lunette microscopique, et non avec des verres qui rapetissent les objets, qu'on peut connaître un paysage. En outre le lecteur ne se presse jamais tant que lorsqu'il lit un philosophe diffus. Si l'auteur de ce livre avoue combien, dans certains ouvrages de philosophie, il faut sauter de pages pour arriver au fait, combien dans ces ouvrages d'abstraction il est obligé de faire lui-même d'abstractions ou de retranchements afin de pouvoir quelque peu réfléchir, ce n'est pas dans l'intention d'offenser des écrivains dont les œuvres doivent être dépouillées de leur enveloppe, avant qu'on puisse en tirer le fruit. Mais pourquoi ces philosophes ne veulent-ils pas écrire comme Klopstock peignait?

Mais pourquoi Klopstock lui-même ne peignait-il pas fréquemment comme ceux-là écrivent? Car la précision de la philosophie, transportée dans la poésie, n'y enfante que des pygmées (133). Tandis que l'entendement n'extrait (ne distille) de toutes les formes particulières que des rapports insaisissables pour les sens, l'imagination développe au contraire ses formes d'une manière vivante. Pour la poésie, il n'y a point de concision absolue, et le jour le plus court est chez elle peu différent d'une nuit. C'est pourquoi Klopstock, surtout dans ses dernières odes, est d'autant moins poétique qu'il serre davantage son style au profit de l'entendement. Au lieu du rosier lui-même, il nous offre une cellule d'abeille, pleine de miel de rose ; et, au lieu d'un rivage couvert de violettes, il nous présente une cuillerée de sirop de violettes. Pour prouver ce que j'avance, je demanderai seulement s'il a écrit, surtout dans ces derniers temps, beaucoup d'odes où le comparatif qui lui est propre (ce rejeton prosaïque de la réflexion) n'étende pas son bras décharné. C'est à un rang infiniment plus élevé que se tiennent non-seulement son sublime épigrammatique ou plutôt les pointes sublimes par lesquelles il termine quelquefois ses poésies, mais aussi ses réminiscences de cette simplicité concise, qui n'a pas conscience d'elle-même. Pour ne pas oublier d'être concis, à force de parler de la concision, il est temps de la quitter pour arriver au cercle d'esprit.

§ 46. — *Le cercle d'esprit.*

Cette partie de l'esprit non figuré ou de réflexion consiste en ce qu'une idée se met en opposition avec elle-même, pour conclure en définitive avec son non-moi, non la paix de l'identité, mais celle de la ressemblance. Il ne s'agit pas ici de philosophie, mais du cercle d'esprit, cette véritable *causa sui*. Il est si facile à faire qu'il suffit de le vouloir ; par exemple : « Limer la lime de la critique, emprisonner la Bastille, se reposer du repos, voler des voleurs. » Indépendamment de la concision, il y a encore cette cause de plaisir, que l'esprit, qui doit éternellement marcher, voit revenir la même idée, par exemple celle du repos, et cette seconde fois en lutte avec elle-même ; et il se oit obligé, par cette identité, à chercher dans cette idée une ressemblance avec elle-même. Cette guerre illusoire engendre une paix illusoire. Quelque chose de plus compliqué encore, ou plutôt une sorte de polygone multicolore, c'est ce cercle de madame du Deffant, qui, trouvant le célèbre mécanicien Vaucanson très-ennuyeux et très-gauche, disait : « J'ai conçu de lui une grande opinion ; je parierais qu'il s'est fabriqué lui-même. »

§ 47. — *L'antithèse.*

A l'esprit de réflexion se rattache l'antithèse, mais l'antithèse entièrement sans figures; car, chez les Français, elle est le plus souvent à moitié sans figures, et à moitié figurée dans l'un ou l'autre terme ; on cède alors aux entraînements de l'imagination, par exemple : « Que ces arbres réunis soient de nos feux purs et l'asile et l'image! » — L'antithèse met en opposition des propositions ; le plus souvent elle oppose la cause à l'effet et l'effet à la cause. Un sujet reçoit des prédicats contradictoires, de même que tout à l'heure un même prédicat tombait sur des sujets contradictoires. Cette illusion esthétique naît également d'un tour de cartes de la langue. Quand l'esprit d'Young dit d'un homme qui veut se faire passer pour distrait : « Il prend des notes pour oublier quelque chose ; » la vérité dirait : « Il prend des notes pour se souvenir qu'il doit se donner l'air d'oublier quelque chose. » — Ce qu'il y a de faux dans l'antithèse se cache souvent avec finesse dans le langage même, par exemple : « Il faut que les Français deviennent les juges ou les sujets de Robespierre. » Car il n'y a à opposer aux juges que les parties jugées ; et aux sujets, que le maître ; mais il n'y a pas d'antithèse entre juges et sujets.

Pour donner l'existence, de la lumière et de la force à une proposition antithétique, le Français la fait souvent précéder d'une autre proposition ordinaire. Un Français disait en se servant d'une tournure vieille comme le monde : « Je ne sais pas * ce que les Grecs auraient dit sur le compte d'Éléonore, mais ils n'auraient rien dit sur le compte d'Hélène (134). » C'est Voltaire qui a porté le plus loin, et jusqu'à l'absurdité et à l'impiété, cette fade tournure, quand il dit de Fénelon, à l'occasion de la querelle des jansénistes : « Je ne sais si Fénelon est hérétique, parce qu'il soutient que la divinité doit être aimée pour elle-même ; mais je sais que Fénelon mérite d'être aimé pour lui-

---

* C'est quand les Français nous ont présenté cette tournure assez souvent pour nous en dégoûter, que les singes de l'Allemagne viennent nous en débiter les imitations.

même. » D'Alembert cite ce trait dans son panégyrique de Fénelon comme un bel éloge de ce dernier dans la bouche de Voltaire. « J'aime mieux, dit Caton le jeune, qu'on me demande pourquoi je n'ai pas de statue que pourquoi j'en ai une. » Sans cette interversion des propositions, Caton serait ici, comme moi tout à l'heure, moins brillant et moins triomphant ; je veux dire que cette saillie aurait été moins frappante pour la postérité et la postérité de la postérité, si elle avait montré l'éclair après le tonnerre, en tournant la phrase ainsi : « Il me serait plus désagréable d'entendre demander pourquoi j'ai eu une statue. » « Cela est clair, répondront les postérités, mais nous ne comprenons pas pourquoi vous nous dites cela ; » il serait par conséquent obligé de continuer, et sa seconde proposition, quoique meilleure, viendrait affaiblir la première. Ainsi, pour le guerrier comme pour ses traits d'esprit, c'est la position qui donne la victoire.

C'est quand l'antithèse devient presque imperceptible, qu'elle a le plus de beauté et d'élévation. « Il faut beaucoup de temps, dit Gibbon, pour qu'un monde périsse, mais il ne faut que cela. » Dans la première proposition, qui n'est pas sans force par elle-même, le temps était simplement présenté comme le compagnon d'une Parque inconnue de l'univers; mais ensuite il se présente comme la Parque elle-même. Ce saut d'une conception à une autre prouve une liberté qui est le plus beau don de l'esprit, et qui, comme telle, doit finir par arriver jusqu'à nous.

§ 48. — *La finesse.*

C'est aussi à l'esprit non figuré que je rapporte la finesse. On pourrait à la vérité la nommer aussi l'*incognito* de la flatterie, la *reservatio mentalis* poétique de l'éloge, ou encore l'enthymème du blâme, et ce n'est pas sans raison; mais dans ce paragraphe je l'appelle le signe du signe. « Quand on est assez puissant pour la grâce de son ami, il ne faut demander que son jugement. » C'est que le mot jugement comprend et rend possible tout à la fois la condamnation et la grâce; de sorte que l'imagination est forcée de prendre pour une seule chose le jugement et la grâce, le genre et l'espèce. Il en est de même quand de la Motte dit à propos d'un choix à faire entre le vice et la vertu : « Hésiter, ce serait choisir. » Ce qui rend ce trait agréable, c'est sa concision et son apparence de nécessité exclusive, qui viennent de ce que le mot choix signifie ici le choix du mal, et qu'hésiter (le signe du signe) signifie à son tour choisir. Un Gascon, après avoir donné par politesse son assentiment à une histoire incroyable, ajouta seulement : « Mais je ne la répéterai pas à cause de mon accent. » Cet accent signifie le gascon; le gascon, le manque de véracité; et ce manque signifie ce dont il s'agit. Ici il y a des signes pour les signes des signes.

Or, pour qu'un homme puisse parler avec finesse, il faut qu'indépendamment de son talent, il y ait encore quelque chose qui le fasse comprendre. C'est pourquoi les finesses qui se rapportent aux équivoques érotiques sont si faciles; car chacun sait, dès qu'il ne peut deviner un double sens, qu'il n'a qu'à chercher un sens simple, c'est-à-dire la chose la plus déterminée parmi ce qu'il y a de plus général. Du reste l'imagination de l'Europe va tellement en se corrompant de siècle en siècle, qu'il finira par devenir impossible, dans les cas où l'on ne sait pas ce qu'on dit, de ne pas être d'une finesse extrême à l'égard de ces allusions. C'est pour la même raison qu'on ne peut louer avec finesse que les personnes qui ont déjà été louées d'une manière bien tranchée. L'éloge tranchant est le signe; l'éloge fin est le signe du signe, et on peut alors, au lieu du signe élogieux, ne donner même que le signe nu. C'est pourquoi la plus haute finesse se change facilement en son contraire, toutes les fois que les antécédents ne font pas présupposer qu'on parle avec conscience de soi-même et avec délicatesse. Parmi toutes les dédicaces faites en Europe, les françaises sont les meilleures; mais les allemandes sont les pires, parce qu'elles sont les moins fines, c'est-à-dire les plus claires. Car l'Allemand aime à mettre tout quelque peu en lumière, même la lumière elle-même, et il n'a pas le courage de la finesse, cette concision de la politesse (135).

L'auteur de ce livre peut, sans manquer à la modestie, espérer qu'il a toujours dédié ses ouvrages avec autant de finesse que peu de Français; ce qui à la vérité prouve un mérite réel,... non pas le sien, mais celui de la personne à laquelle son livre est dédié.

§ 49. — *L'esprit figuré; sa source.*

De même que le jugement joue un grand rôle à l'égard de l'esprit non figuré, de même l'imagination devient prédominante à l'égard de l'esprit figuré. Le premier est aidé par l'illusion et par la rapidité du langage ; le second l'est par une magie tout à fait différente. Cette même force inconnue, qui a, par des flammes, confondu dans une seule vie deux êtres aussi hétérogènes que le corps et l'âme, cette même force reproduit en nous et hors de nous cet ennoblissement et ce mélange, en nous obligeant, sans fin et sans transition, à délivrer du poids de la matière le feu léger de l'esprit, à tirer la pensée d'un son, les facultés et les agitations de l'esprit des parties et des traits du visage, et à inférer ainsi en général le mouvement intérieur du mouvement extérieur.

De même que l'intérieur de notre corps reproduit ce qu'il y a de plus intime dans l'intérieur de notre âme, la colère et l'amour; de même que les passions deviennent des maladies, de même l'extérieur du corps est le miroir de l'extérieur de l'âme. Aucune nation ne branle la tête pour dire oui. Les métaphores de tous les peuples (ces incarnations naturelles du langage) ont entre elles de la ressemblance, et aucune n'appelle lumière l'erreur, et obscurité la vérité. S'il n'y a pas de signe absolu (car tout signe est lui-même un objet), il n'y a aussi dans le fini aucune chose absolue, car chaque chose a sa signification et devient elle-même un signe. Comme l'homme est l'image de la divinité, la nature est l'image de l'homme *. L'homme habite ici-bas une île pleine d'esprits; rien n'y est sans vie, sans signification; des voix sans formes, des formes qui se taisent, s'appartiennent peut-être les unes aux autres; c'est notre pressentiment que nous devons prendre pour guide; car tout dirige nos regards vers une mer inconnue, au-delà de cette île des esprits.

C'est à cette ceinture de Vénus, à ce bras de l'amour qui attache l'esprit à la nature comme un enfant reste jusqu'à sa naissance attaché à sa mère, que nous devons non-seulement notre idée de Dieu, mais aussi cette petite fleur poétique, la métaphore. Le nom même de métaphore est à lui seul le résumé d'une preuve. — Chose singulière (qu'on me permette ici cette digression)! le goût, qui est matériel, et l'odorat qui est immatériel, sont, comme deux images réunies de la matière et de l'esprit, tout à la fois loin et près l'un de l'autre. Kant appelle l'odorat un prolongement du goût; mais je pense qu'il a été induit en erreur par la simultanéité continue de l'exercice de ces deux sens. La fleur mâchée a encore du parfum alors qu'elle se dissout. Mais qu'on enlève à la langue, en ne respirant que par la bou-

---

* *Quintus Fixlein*, 2ᵉ éd., p. 363 (I, 733, 1).

che, la coopération du nez, la langue paraîtra, comme il arrive par exemple dans les rhumes, s'appauvrir et pour ainsi dire mourir dans sa jouissance solitaire, tandis que le nez n'a pas besoin d'elle (ceci est encore une image : celle du rapport entre un réaliste et un idéaliste purs). L'odorat, par son expansion fantastique, ressemble plutôt à la musique ; tandis que le goût, dans sa précision prosaïque, ressemble plutôt à la vue ; mais cette expansion vient souvent s'ajouter à cette précision, de même que, lorsqu'on tâtonne, la main s'aide de la température du corps en même temps que de leur figure. Le peu de cas que nous faisons du nez (136), qui se contracte dédaigneusement lui-même quand nous prononçons son propre nom, comme s'il était le pilori du visage, montre bien comme nous avons, relativement aux Indiens, peu de disposition poétique et musicale. Une autre preuve, c'est le peu de mots que nous avons pour exprimer ce qui se rapporte à l'odorat, et l'abondance de ceux qui ont rapport à la langue. Il y a même en Allemagne des districts entiers qui ne « sentent » pas les fleurs, mais qui les « goûtent ». A Nuremberg et à Vienne, par exemple, un bouquet s'appelle un *goûter*. — Revenons maintenant à la différence esthétique (semblable au rapport entre le corps et l'âme) entre le goût et l'odorat, différence qui fait vivre le premier par l'eau *, le second par l'éther, qui symbolise le premier par le fruit, le second par la fleur. C'est pourquoi les métaphores choisissent précisément comme images de l'esprit soit les objets invisibles de ce dernier sens, soit leur élément également invisible, qui en diffère comme l'odeur diffère de l'air ; ou bien encore c'est l'inverse qui arrive ; par exemple : *pneuma, animus, spiritus,* esprit odorant, esprits acides, *spiritus rector*, esprit de sel, esprit d'ammoniaque, etc. Comme il est beau de voir les métaphores, ces transsubstantiations de l'esprit, semblables aux fleurs qui peignent l'esprit et le corps d'une manière si gracieuse ! Ce sont comme autant de fleurs spirituelles, ou d'esprits en fleur.

§ 50. — *Les deux routes de l'esprit figuré.*

L'esprit figuré peut ou spiritualiser le corps ou matérialiser l'âme.

Primitivement, quand l'homme et l'univers fleurissaient encore, greffés pour ainsi dire l'un et l'autre

* La dissolution de l'objet dans l'eau est la condition du goût.

sur le même tronc, cette double métaphore n'existait pas encore; l'esprit figuré ne comparait pas des différences, mais il proclamait l'identité; les métaphores étaient alors, comme le sont celles des enfants, seulement des synonymies involontaires du corps et de l'âme. De même que l'écriture symbolique a précédé l'écriture en caractères, la métaphore qui désignait des rapports et non des objets, a été, dans le langage, la parole primitive qui n'a eu seulement, pour devenir la véritable expression, qu'à perdre peu à peu ses couleurs*. Le fait de matérialiser et celui de spiritualiser étaient encore confondus, parce que le moi et l'univers l'étaient également. C'est pourquoi toute langue n'est, dans ses abstractions, qu'un dictionnaire de métaphores qui ont perdu leur couleur.

Dès que l'homme se sépare de l'univers, et que le monde invisible se sépare du monde visible, l'esprit doit commencer à spiritualiser, bien qu'il ne matérialise pas encore; il prête son moi à l'univers, sa vie à la matière qui l'entoure; seulement, comme il ne

---

* Un fait pour ainsi dire symbolique, c'est que le commerce, cet ennemi de la poésie, a été la cause du remplacement de l'écriture symbolique par l'écriture en caractères (v. Buhle, *Histoire de la philosophie*, tome I). Le commerçant aime à écrire avec concision (137).

se connaît lui-même que sous la forme d'un corps qui s'agite, il n'a à donner à ce monde étranger rien d'autre et rien de plus immatériel que des membres, des yeux, des bras, des pieds, qui cependant doivent être vivants. La personnification, voilà la première figure poétique, créée par le sauvage; la métaphore la suit, comme une personnification abrégée. Mais le sauvage, quand il se sert de ces métaphores, ne pense nullement à paraître faire du style d'après Adelung et Batteux, pas plus que l'homme en colère ne pense à faire passer son jurement pour une interjection; ou un amant, son baiser pour un tiret. Chaque image est ici une image sainte et divine qui opère des miracles. Les paroles du sauvage sont comme autant de statues, ces statues sont des hommes, et ces hommes, c'est lui-même. L'Américain du Nord croit que l'âme du défunt entraîne avec elle l'âme de sa flèche.

Quand j'affirme, dans la comparaison figurée, la priorité de la spiritualisation de ce qui est corporel, je me fonde sur ce que le spirituel, en tant que plus général, se trouve plutôt dans le matériel, en tant que particulier, que le matériel dans le spirituel; ainsi il est plus facile de tirer la morale de la fable que la fable de la morale. C'est pourquoi (indépendamment d'autres raisons) je placerais la morale avant la fable.

Bacon a pu facilement trouver à la mythologie une signification allégorique; mais il lui aurait été dix fois plus difficile d'inventer un système mythologique en accord avec un sens allégorique donné. Ceci me conduit à la seconde opération de l'esprit figuré, à sa matérialisation de ce qui est immatériel. Il est partout pour l'imagination plus difficile de créer des corps que des esprits; les corps exigent une individualisation plus tranchée; les formes sont plus définies que les facultés, et par conséquent plus différentes entre elles. Nous ne connaissons qu'un moi, mais nous connaissons des millions de corps. Il est par conséquent plus difficile, dans le jeu capricieux et variable des formes déterminées, d'en trouver une qui puisse, dans ses limites, exprimer un esprit avec la forme qui lui correspond. Il était beaucoup plus facile de donner une âme à ce qui est matériel, en disant : « La tempête sévit avec fureur, » que de matérialiser ce qui est spirituel en disant : « La fureur est une tempête. »

Qu'un poëte se promène dans un champ de blé mûr; les épis droits et vides lui suggéreront facilement cette comparaison, que les têtes creuses se dressent de même (Montaigne a emprunté cette comparaison à Plutarque, comme il lui en a emprunté d'autres, et comme il a emprunté des sentences à Sénèque); mais ce même poëte, placé en face d'un homme insignifiant et orgueilleux, aurait quelque peine à trouver, au milieu de l'immense série des corps, une fleur qui puisse en être le type. Car, le chemin d'une comparaison étant le plus souvent ouvert par une métaphore (ici par exemple on choisit *vide* à la place d'*insignifiant*, et *droit* à la place d'*orgueilleux*), il se présenterait des routes innombrables et divergentes; au lieu de *vide*, on pourrait choisir tout aussi bien : « Étroit, malade, plat, débile, obscur, mal tourné, malsain, rabougri, creux, flétri, etc. » L'embarras du choix ferait manquer le but, qu'on atteint cependant, comme nous venons de le dire, en se promenant dans un champ de blé.

C'est pourquoi on doit dans la comparaison placer d'abord l'immatériel et ensuite le matériel, ne fût-ce que pour éviter ce pléonasme caché qui consiste en ce que, par la pensée du matériel, on embrasse déjà à moitié la pensée du spirituel; et, en se servant de l'ordre inverse, il serait impossible d'éviter ce pléonasme. Si cette excellente C. Pichler nous ennuie par ses comparaisons, c'est précisément à cause de ce tour si fécond en pléonasmes. Il n'y a qu'un seul cas où l'image puisse se présenter plus tôt que son objet : c'est celui où cette image est tellement inconnue et est tirée de si loin, que le lecteur doit d'abord en acquérir la connaissance dans le sens propre, pour en acquérir ensuite la connaissance dans le sens figuré, et l'employer en se jouant (138). Les comparaisons de Klopstock, tirées des dispositions de l'âme, sont plus faciles à trouver que celles d'Homère, qui sont tirées des corps, parce qu'il est facile de modifier ces dispositions de l'âme selon le besoin qu'on en a. Une espèce particulière d'esprit, que le génie d'Hippel a rehaussée, c'est de coordonner plusieurs propositions générales pour en faire les allégories d'une seule proposition, et les comparer avec cette dernière. Ainsi par exemple Hippel [*], pour dire qu'il ne veut donner que des indications et non de longues descriptions, se met à décrire, pendant une page et demie environ, ce qu'il y a de faux dans les longues descriptions, et l'avantage qu'on trouve à en faire de courtes ; et il se sert pour cela des comparaisons suivantes : « Les dames aiment mieux se laisser refroidir qu'apporter le moindre dérangement à leur toilette. Les gourmands écartent tout ce qui est étranger à leur passion, même une belle perspective, la musique de table, les conversations enjouées. Tout ce qui est gigantesque est fai-

---

[*] Dans son *Perfectionnement de la condition sociale des femmes*, p. 342.

ble. Quand on veut déifier l'homme, on ne réussit qu'à le rendre plus petit que ne le font déjà les lois de Dieu et de la nature. » Et il continue longtemps de la sorte. Il est difficile avec cette ellipse des termes *comme* et *pour ainsi dire*, avec ces sauts non pas d'une image à une autre, mais d'une idée à une autre, avec cette indépendance du sens de chaque trait nouveau, qu'on n'aille pas se perdre dans la jouissance même des détails, au lieu de s'en servir seulement comme de couleurs dont le rôle passif est purement de colorier le dessin principal. Mais ce qui est presque trop difficile pour l'auteur, c'est de rencontrer toujours la voie du bon goût sur ce sol mouvant, je dirai même liquide. Un critique formé par la lecture des anciens peut-il approuver une surabondance si luxueuse de comparaisons? Il ne le pourra qu'avec peine; à moins qu'il ne fasse une exception pour Pindare qui, comme un Hippel anticipé, a l'habitude de confondre dans une comparaison une série de propositions générales, sans aucun lien grammatical; ce qui n'est pas commode pour l'entendement de ses éditeurs modernes. La voie de l'esprit figuré s'écarte beaucoup de l'imagination figurée : celle-ci ne veut que décrire, celle-là ne veut que colorier. Celle-ci veut seulement vivifier et orner une forme au moyen de tout ce qui lui ressemble et d'une manière épique;

l'esprit, indifférent au contraire pour les deux objets mis en rapport, les dissout l'un et l'autre dans le résultat purement immatériel de leur relation. Homère ne se sert pas de la comparaison comme d'un pur moyen, mais il communique une vie toute particulière à cet instrument secondaire. Les comparaisons de l'esprit, au contraire, étant plus indépendantes et plus lyriques, conviennent mieux aux poëmes ironiques, surtout quand elles y sont introduites par la main habile de Swift, tandis que la métaphore et l'allégorie conviennent mieux à la *Laune* de la poésie lyrique. C'est pourquoi les anciens avaient peu d'esprit figuré, parce que dans leur objectivité ils aimaient mieux créer des formes qu'analyser avec esprit. C'est pourquoi la poésie anime plutôt ce qui est mort, tandis que l'esprit dégage plutôt l'âme du corps. C'est pourquoi encore l'imagination figurée est strictement liée à l'unité de ses images; car il faut qu'elle vive, et un être formé d'organes hétérogènes ne le peut pas; l'esprit figuré, qui ne vise au contraire qu'à présenter une mosaïque inanimée, peut obliger le lecteur à faire un bond à chaque virgule; il peut, sous le prétexte de se comparer lui-même, changer sans scrupule et à son gré, au milieu d'une période, ses ballons d'artifice, ses sonneries, ses cosmétiques, ses ciselures, ses tables de toilette. Et c'est à cela que souvent les critiques pensent trop peu, quand ils jugent cette *Introduction à l'esthétique.*

Les Anglais et les Allemands ont beaucoup plus d'esprit figuré; les Français ont plus d'esprit de réflexion; car ce dernier convient mieux à la société, tandis que, pour le premier, l'imagination a besoin d'ouvrir de larges voiles; ce qui devient trop long et demande un théâtre plus vaste qu'un salon de restaurateur. Quelle série de ressemblances se reflétant les unes les autres est souvent contenue dans une seule comparaison d'Young ou de Musæus! Que sont les perles françaises pâles et de troisième eau au prix des joyaux anglais dont rien ne surpasse l'éclat! Mme de Necker note comme un exemple d'heureuse hardiesse que l'ardent Buffon ait osé combiner avec *volonté* l'épithète métaphorique et énergique *vive.* Tandis que toute la France correcte accueillit par des applaudissements cette figure poétique qui donne un corps à la volonté, l'Allemagne philosophique n'y voit qu'une expression juste et même un pléonasme, car la volonté est la seule chose véritablement vivante.

Le trésor des images françaises ne possède guère, si l'on en retranche le mobilier mythologique, autre chose que l'appareil tragique vulgaire et l'attirail poétique: Trône, sceptre, poignard, fleur, temple, victime, quelques flammes et de l'or, point d'argent, un échafaud, et les membres les plus importants du corps humain. C'est pourquoi, tenant toujours cette trousse de poëte à la main, les écrivains français se servent de ces membres, et surtout des pieds, des mains, des lèvres et de la tête, aussi fréquemment et avec autant de hardiesse que les Orientaux et les sauvages, qui, semblables aux matérialistes français d'aujourd'hui, composent leur Moi d'organes. « Le sommeil caressé des mains de la nature, » disait Voltaire. « Ses mains cueillent des fleurs et ses pas les font naître, » dit un autre poëte, un peu moins mal. C'est ainsi qu'avec une hardiesse toute orientale, ils attribuent des mains à l'Espérance, au Temps, à l'Amour, dès que l'antithèse peut de son côté ajouter et opposer à ces mains des pieds, des lèvres, le sein ou le cœur.

Ce pauvre cœur! Dans la vaillante Allemagne, il y a du moins un autre nom pour le courage. Mais, dans la poésie française, il est, comme dans l'anatomie, quoique ses nerfs soient les plus petits, le muscle le plus fort. Un poëte comique ne craindrait peut-être pas d'appeler ce cœur imprimé le *globe de compression* ou le *globulus hystericus* de la muse française, ou la balle de son fusil à vent, ou la roue de feu de ses œuvres, son cylindre de montre ou de langage, ou sa caisse de surplus, ou son haut fourneau, et tout le reste. Mais il faut avoir peu ou n'avoir point de goût pour trouver que tout cela est incompatible avec le ton qui convient à une *Introduction à l'esthétique*.

FIN DU TOME PREMIER.

ERRATA.

Page 38, note : *au lieu de* 1810, *lisez* 1800.
Page 55, ligne 15 : *au lieu de* à ces, *lisez* aux.
Page 69, ligne 19 : *au lieu de* théologies, *lisez* théologiens.
Page 79, ligne 16 : *au lieu de* qu'il y a, *lisez* ce qu'il y a.
Page 89, ligne 14 : *au lieu de* généralement, *lisez* généreusement.
Page 93, ligne 21 (note) : *au lieu de* Briefen, *lisez* Briefe.
Page 133, ligne 20 : *après* imitation, *ajoutez* belle.
Page 146, ligne 12 : *après* mondes, *supprimez la virgule.*
Page 203, ligne 15 : *au lieu* d'univers, *lisez* universel.
Page 253, ligne 7 : *au lieu de* Linsret, *lisez* Linguet.
Dans plusieurs passages on a écrit Bouterweck *au lieu de* Bouterwek.

www.ingramcontent.com/pod-product-compliance
Lightning Source LLC
Chambersburg PA
CBHW051833230426
43671CB00008B/936